全国“七五”普法统编教材
QUANGUO QIWU PUFA TONGBIAN JIAOCAI

以案释法版

公务员
学法用法读本

中国社会科学院法学研究所法治宣传教育与公法研究中心◎组织编写

总顾问：张苏军

总主编：李 林　本册主编：莫纪宏　宋玉珍

中国出版集团
中国民主法制出版社
全国百佳图书出版单位

图书在版编目（CIP）数据

公务员学法用法读本 ：以案释法版 / 中国社会科学院法学研究所法治宣传教育与公法研究中心组织编写. --北京 ：中国民主法制出版社，2016.6
全国“七五”普法统编教材
ISBN 978-7-5162-1209-7

Ⅰ. ①公… Ⅱ. ①中… Ⅲ. ①法律—中国—公务员—学习参考资料
Ⅳ. ①D920.4

中国版本图书馆CIP数据核字(2016)第132891号

责任编辑 / 刘佳迪
装帧设计 / 郑文娟　陈明永

书　　名 / 公务员学法用法读本（以案释法版）
作　　者 / 莫纪宏　宋玉珍

出版·发行 / 中国民主法制出版社
社　　址 / 北京市丰台区右安门外玉林里7号（100069）
电　　话 / 010-62155988
传　　真 / 010-62151293
经　　销 / 新华书店
开　　本 / 16开　710mm×1000mm
印　　张 / 17.5
字　　数 / 278千字
版　　本 / 2016年6月第1版　　2016年6月第1次印刷
印　　刷 / 北京精乐翔印刷有限公司

书　　号 / ISBN 978-7-5162-1209-7
定　　价 / 38.00元

丛书编委会名单

总 序

搞好法治宣传教育　营造良好法治氛围

全面推进依法治国，是坚持和发展中国特色社会主义，努力建设法治中国的必然要求和重要保障，事关党执政兴国、人民幸福安康、国家长治久安。

我们党长期重视依法治国，特别是党的十八大以来，以习近平同志为总书记的党中央对全面依法治国作出了重要部署，对法治宣传教育提出了新的更高要求，明确了法治宣传教育的基本定位、重大任务和重要措施。十八届三中全会要求“健全社会普法教育机制”；十八届四中全会要求“坚持把全民普法和守法作为依法治国的长期基础性工作，深入开展法治宣传教育”；十八届五中全会要求“弘扬社会主义法治精神，增强全社会特别是公职人员尊法学法守法用法观念，在全社会形成良好法治氛围和法治习惯”。习近平总书记多次强调，领导干部要做尊法学法守法用法的模范。法治宣传教育要创新形式、注重实效，为我们做好工作提供了基本遵循。

当前，我国正处于全面建成小康社会的决定性阶段，依法治国在党和国家工作全局中的地位更加突出，严格执法、公正司法的要求越来越高，维护社会公平正义的责任越来越大。按照全面依法治国新要求，深入开展法治宣传教育，充分发挥法治宣传教育在全面依法治国中的基础作用，推动全社会树立法治意识，为“十三五”时期经济社会发展营造良好法治环境，为实现“两个一百年”奋斗目标和中华民族伟大复兴的中国梦作出新贡献，责任重大、意义重大。

为深入贯彻党的十八大和十八届三中、四中、五中全会精神，贯彻落实习近平总书记系列重要讲话精神特别是依法治国重要思想，深入扎实地做好“七五”普法工作，中国社会科学院法学研究所联合中国民主法制出版社，经过反复研究、精心准备，特组织国内从事法律教学、研究和实务的专家学者，在新一轮的五年普法规划实施期间，郑重推出“全面推进依法治国精品书库（六大系列）”，即《全国“七五”普法统编教材（以案释法版，25册）》《青少年法治教育系列教材（法治实践版，30册）》《新时期法治宣传教育工作系列丛书（30册）》《“谁执法谁普法”系列丛书（以案释法版，70册）》《“七五”普法书架——以案释法系列丛书（60册）》和《“谁执法谁普法”

系列宣传册（漫画故事版，70册）》。六套丛书均注重采取宣讲要点、以案释法、图文并茂、通俗易懂的形式，紧紧围绕普法宣传的重点、法律规定的要点、群众关注的焦点、社会关注的热点、司法实践的难点，结合普法学习、法律运用和司法实践进行了全面阐释。丛书涵盖了中国特色社会主义法律体系的方方面面，系统收录了各类法律法规和规章，筛选了涉及经济、政治、文化、社会和生态文明建设的各类典型案例，清晰展现了法律教学研究和司法工作的生动实践，同时兼顾了领导干部、青少年学生、工人和农民等不同普法对象的学习需求，具有很强的实用性和操作性，对于普法学习、法学研究和司法实务均具有较好的参考价值。

丛书的出版，有助于广大公民深入学习中央关于全面推进依法治国的战略布局，系统掌握宪法和法律规定，学会运用多样的权利救济途径表达诉求、维护合法权益；有助于广大行政执法人员和法律工作者进一步优化知识结构，丰富相关法律知识储备，强化能力素质和提高工作水平；有助于广大司法实务工作者准确把握法律应用方面的最新进展，解决实际工作中存在的司法疑难问题。

诚然，中国特色社会主义的建设日新月异，依法治国的实践也在不断丰富和发展。丛书出版后，还需要结合普法实践新进展，立法工作新动态和执法司法新需求，及时进行修订完善和内容更新，以确保读者及时、准确掌握中央全面推进依法治国的新要求、立法执法的新进展，使丛书的社会应用价值不断提升。

全面建成小康社会、实现中华民族伟大复兴的中国梦，必须全面推进依法治国；落实依法治国基本方略，必须不断提高全社会的法律应用水平。衷心希望这六套丛书的出版，能够在普法学习宣传、法学理论研究和教学、法律工作实务方面起到应有作用，切实有助于广大公务人员能够更好地运用法治思维和法治方式推动工作，带头在宪法法律范围内活动；有助于执法司法工作人员始终坚持严格执法、公正司法，不断提升执法司法能力；有助于广大干部群众坚持依法治理，加强法治保障，运用法治思维和法治方式化解社会矛盾，更好地营造学法尊法守法用法的良好氛围。

本书编委会

2016年5月

目　录

第一章　全面推进依法治国的重大战略布局

本 章 要 点

★依法治国，就是广大人民群众在党的领导下，依照宪法和法律规定，通过法定形式管理国家事务，管理经济文化事业，管理社会事务，保证国家各项工作都依法进行，逐步实现民主制度化、法律化，建设社会主义法治国家。

★全面推进依法治国，是我们党从坚持和发展中国特色社会主义，实现国家治理体系和治理能力现代化，提高党的执政能力和执政水平出发，总结历史经验、顺应人民愿望和时代发展要求作出的重大战略布局。

★全面推进依法治国，必须坚持中国共产党的领导，坚持人民主体地位、坚持法律面前人人平等，坚持依法治国和以德治国相结合，坚持从中国实际出发。

★坚持依法治国、依法执政、依法行政共同推进，坚持法治国家、法治政府、法治社会一体建设，实现科学立法、严格执法、公正司法、全民守法，促进国家治理体系和治理能力现代化。

★“七五”普法有七项主要任务。

第一节　依法治国方略的形成与发展过程

依法治国，从根本上讲，就是广大人民群众在党的领导下，依照宪法和法律规定，通过法定形式管理国家事务、管理经济文化事业、管理社会事务，保证国家各项工作都依法进行，逐步实现民主制度化、法律化，建设社会主义法治国家。

全面推进依法治国的提出，是对我们党严格执法执纪优良传统作风的传承，是对党的十五大报告提出的“依法治国，建设社会主义法治国家”的深化。历史地看，我们党依法治国基本方略的形成和发展，经历了一个长期的探索发展过程。

早在革命战争年代，我党领导下的革命根据地红色政权就陆续制定和颁布过《中华苏维埃共和国宪法大纲》《中国土地法大纲》《陕甘宁边区施政纲领》等一系列法律制度规定，为新生红色政权的依法产生和依法办事，为调动一切抗日力量抵御外来侵略者，为解放全中国提供了宪法性依据和法律遵循。遵守法纪、依法办事成为这一时期党政工作的一大特色。尽管从总体上看，为适应战时需要，当时主要实行的还是政策为主、法律为辅，但在战争年代，尤其是军事力量对比实力悬殊的情况下，我们党依然能够在革命根据地和解放区坚持探索和实践法制建设，充分显示了一个无产阶级政党领导人民翻身解放、当家作主的博大胸怀。

1949年中华人民共和国的建立，开启了中国法治建设的新纪元。从1949年到20世纪50年代中期，是中国社会主义法制的初创时期。这一时期中国制定了具有临时宪法性质的《中国人民政治协商会议共同纲领》和其他一系列法律、法令，对巩固新生的共和国政权，维护社会秩序和恢复国民经济，起到了重要作用。1954年第一届全国人民代表大会第一次会议制定的《中华人民共和国宪法》，以及随后制定的有关法律，规定了国家的政治制度、经济制度和公民的权利与自由，规范了国家机关的组织和职权，确立了国家法制的基本原则，初步奠定了中国法治建设的基础。20世纪50年代后期以后，特别是“文化大革命”的十年，给中国社会主义法制遭到严重破坏。

20世纪70年代末，中国共产党总结历史经验，特别是汲取“文化大革命”的惨痛教训，作出把“党和国家的工作重心转移到社会主义现代化建设上来”的重大决策，实行改革开放政策，并明确了一定要靠法制治理国家的原则。为了保障人民民主，必须加强社会主义法制，使民主制度化、法律化，使这种制度和法律具有稳定性、连续性和权威性，使之不因领导人的改变而改变，不因领导人的看法和注意力的改变而改变，做到有法可依，有法必依，执法必严，违法必究，成为改革开放新时期法治建设的基本理念。在发展社会主义民主、健全社会主义法制的基本方针指引下，现行宪法以及刑法、刑事诉讼法、民事诉讼法、民法通则、行政诉讼法等一批基本法律出台，中国的法治建设进入了全新发展阶段。

20世纪90年代，中国开始全面推进社会主义市场经济建设，由此进一步奠定了法治建设的经济基础，也对法治建设提出了更高的要求。1997年召开的中国共产党第十五次全国代表大会，将“依法治国”确立为治国基本方略，将“建设社会主义法治国家”确定为社会主义现代化的重要目标，并提出了建设中国特色社

会主义法律体系的重大任务。1999年，将“中华人民共和国实行依法治国，建设社会主义法治国家”载入宪法。中国的法治建设揭开了新篇章。

进入21世纪，中国的法治建设继续向前推进。2002年召开的中国共产党第十六次全国代表大会，将“社会主义民主更加完善，社会主义法制更加完备，依法治国基本方略得到全面落实”作为全面建设小康社会的重要目标。2004年，将“国家尊重和保障人权”载入宪法。2007年召开的中国共产党第十七次全国代表大会，明确提出全面落实依法治国基本方略，加快建设社会主义法治国家，并对加强社会主义法治建设作出了全面部署。

2012年，党的十八大召开以来，党中央高度重视依法治国。2014年，党的十八届四中全会专门作出《中共中央关于全面推进依法治国若干重大问题的决定》，描绘了全面推进依法治国的总蓝图、路线图、施工图，标志着依法治国按下了“快进键”、进入了“快车道”，对我国社会主义法治建设具有里程碑意义。在新的历史起点上，我们党更加重视全面依法治国和社会主义法治建设，强调落实依法治国基本方略，加快建设社会主义法治国家，必须全面推进科学立法、严格执法、公正司法、全民守法进程，强调坚持党的领导，更加注重改进党的领导方式和执政方式；依法治国，首先是依宪治国；依法执政，关键是依宪执政；新形势下，我们党要履行好执政兴国的重大职责，必须依据党章从严治党、依据宪法治国理政；党领导人民制定宪法和法律，党领导人民执行宪法和法律，党自身必须在宪法和法律范围内活动，真正做到党领导立法、保证执法、带头守法。

现在，全面建成小康社会进入决定性阶段，改革进入攻坚期和深水区。我们党面对的改革发展稳定任务之重前所未有、矛盾风险挑战之多前所未有，依法治国在党和国家工作全局中的地位更加突出、作用更加重大。全面推进依法治国是关系我们党执政兴国、关系人民幸福安康、关系党和国家长治久安的重大战略问题，是完善和发展中国特色社会主义制度、推进国家治理体系和治理能力现代化的重要方面。我们要实现党的十八大和十八届三中、四中、五中全会作出的一系列战略部署，全面建成小康社会、实现中华民族伟大复兴的中国梦，全面深化改革、完善和发展中国特色社会主义制度，就必须在全面推进依法治国上作出总体部署、采取切实措施、迈出坚实步伐。

以案释法 01

严肃法纪、引以为戒

【案情介绍】1937年10月5日傍晚，延河边刮着寒风，河滩上扬着尘土，红军抗日军政大学第三期6队队长黄克功与第二期15队学员刘茜沿河滩漫步。两人因情感纠葛再次发生争执。黄克功为了挽回这段恋情，情急之下拔出手枪。本想吓阻刘茜改变主意、回心转意，可他得到的回应是冷峻的眸子、厉声的斥责和响亮的耳光。呯！呯！黄克功手里的勃朗宁手枪响了……

“黄克功案件”在边区内外引起了巨大的反响。一时间，人们议论纷纷，有的探询事件细节，有的揣测如何处理。有人主张，黄克功刚刚经过二万五千里长征，是红军的重要干部，民族解放战争正需要这样的人去冲锋陷阵，应当给他戴罪立功的机会。

在黄克功提出戴罪立功请求，干部群众提出依法偿命和从轻发落不同意见的情况下，作为时任陕甘宁边区高等法院代院长、本案审判长的雷经天，在坚持依法审理的同时，又及时向毛泽东主席报告了案情和惩处意见。

鉴于本案案情重大，具有典型的法制教育意义，边区政府及高等法院根据党中央的指示，于10月11日在被害人所在单位——陕北公学大操场，召开了数千人的大会，进行公开审判。公审大会上，雷经天接到并当着黄克功本人的面，当场宣读了毛主席的回信。

雷经天同志：

你及黄克功的信均收阅。

黄克功过去的斗争历史是光荣的，今天处以极刑，我及党中央的同志都是为之惋惜的。但他犯了不容赦免的大罪，一个共产党员、红军干部而有如此卑鄙的，残忍的，失掉党的立场的，失掉革命立场的，失掉人的立场的行为，如赦免他，便无以教育党，无以教育红军，无以教育革命，根据党与红军的纪律，处他以极刑。正因为黄克功不同于一个普通人，正因为他是一个多年的共产党员，正因为他是一个多年的红军，所以不能不这样办。共产党与红军，对于自己的党员与红军成员不能不执行比一般平民更加严格的纪律。当此国家危急革命紧张之时，黄克功卑鄙无耻残忍自私至如此程度，他之处死，是他自己的行为决定的。一切共产党员，一切红军指战员，一切革命分子，都要以黄克功为前车之鉴。请你在公审会上，当着黄克功及到会群众，除宣布法庭判决外，并宣布我这封信。对刘茜同志之家属，应给以安慰与体恤。

毛泽东

1937年10月10日

随着雷经天宣读的声音停止，大家再将目光转向黄克功时，如梦初醒的他，终于意识到了自己罪行之深重，跟着行刑队走出会场……

【以案释法】法治是治国理政的重要途径，是社会秩序的根本保障，是文明进步的显著标志。黄克功一案的处理从一个侧面反映，我们党历来有着严肃法纪、强调依法办事的优良传统。红色根据地时期，我们党立即在夺取政权后的边区治理中注重立法、完备法制，并严格依法办事，为新中国成立后的法治建设奠定了基础。

时任抗大副校长的罗瑞卿强调：“黄克功敢于随便开枪杀人，原因之一就是自恃有功，没有把法律放在眼里，如果我们不惩办他，不是也没有把法律放在眼里吗？任何人都要服从法律，什么功劳、地位、才干都不能阻挡依法制裁。”黄克功案判决书中也载明：“刘茜今年才16岁，根据特区的婚姻法律，未达到结婚年龄。黄克功是革命干部，要求与未达婚龄的幼女刘茜结婚，已属违法，更因逼婚未遂，以致实行枪杀泄愤，这完全是兽行不如的行为，罪无可逭。”

著名民主人士李公朴先生评价此案：“它为将来的新中国建立了一个好的法律榜样。”

以案释法 02

治国就是治吏

【案情介绍】1952年2月10日，在河北省保定东关校场，两声清脆的枪声，结束了原天津地委书记刘青山、专员张子善的生命。这两个党的高级干部，因贪污腐化而被判处死刑，这在新中国成立之初尚属首次，也是我党建国之后反腐败的第一大案。

刘青山，曾任中共天津地委书记，被捕前任中共石家庄市委副书记。张子善，曾任中共天津地委副书记、天津专区专员，被捕前任中共天津地委书记。经查，在短短的两年内，刘青山、张子善二人先后盗窃国家救济粮、治河专款、干部家属救济粮、克扣民工粮、机场建筑款及骗取国家银行等，总计达170.6272亿元（旧币1万元约折合今人民币1元）。

最后，河北省人民法院在公判大会上宣布，奉中央人民政府最高人民法院令，判处大贪污犯刘青山、张子善死刑，立即执行，并没收其本人全部财产。同案其他各犯另行审判。

【以案释法】刘青山、张子善贪污案，被称为新中国开国第一大案。刘青山和张子善作为战争年代的革命功臣，建国后因居功自傲、贪污腐化堕落成犯罪分子。我们党向党内腐败行为开的第一刀，杀的就是身居高位的刘、张两人。相比今天的巨贪来说，刘青山、张子善的贪污案的案值可能并不算大，那么为什么一定要对他们处以极刑？这在当时是经过审慎权衡的。刘青山、张子善贪污案披露后，在河北省各级干部中引起极大的震动。一些干部特别是当年曾和刘青山、张子善一起出生入死闹革命的干部，感到惋惜，有不少的议论。有的说：“他们是有功之臣，不能杀呀！”有的认为：“可以判个重刑，让他们劳动改造，重新做人。”有的呼吁：“希望中央能刀下留情！”有的感叹：“三十多岁正是好年华，说杀就杀了，实在可惜，应该给他们一个立功赎罪的机会。”

由于刘青山、张子善的地位和影响，以及广大干部在认识上的不尽一致，因而对刘、张的量刑十分审慎。在广泛听取各种不同意见的基础上，毛泽东同志明确表示：是要他们俩，还是要新中国？正因为他们两人的地位高，功劳大，影响大，所以才要下决心处决他们。只有处决他们，才可能挽救20个、200个、2000个、2万个犯有各种不同程度错误的干部。我建议重读一下《资治通鉴》。治国就是治吏！我说过的，杀人不是割韭菜，要慎之又慎。但是事出无奈，不得已啊！问题若是成了堆，就要积重难返了啊！

显然，建国之初，我们党从革命党成功转型为执政党，新生的红色政权刚刚建立，战后的中国正值百废待兴之际，端正党风、严肃法纪、惩治贪腐事关民心所向、社稷安危，一旦腐败蔓延开来就会危及党的生死存亡。

以案释法03

严格依法办事、坚持从严治党

【案情介绍】2015年5月22日，天津市第一中级人民法院鉴于周永康案中一些犯罪事实证据涉及国家秘密，依法对周永康案进行不公开审理。

天津市第一中级人民法院经审理认为，周永康受贿数额特别巨大，但其归案后能如实供述自己的罪行，认罪悔罪，绝大部分贿赂系其亲属收受且其系事后知情，案发后主动要求亲属退赃且受贿款物全部追缴，具有法定、酌定从轻处罚情节；滥用职权，犯罪情节特别严重；故意泄露国家秘密，犯罪情节特别严重，但未造成特别严重的后果。

根据周永康犯罪的事实、性质、情节和对于社会的危害程度，天津市第一中级人民法院于2015年6月11日宣判，周永康犯受贿罪，判处无期徒刑，剥夺政治权利终身，并处没收个人财产；犯滥用职权罪，判处有期徒刑七年；犯故意泄露国家秘密罪，判处有期徒刑四年，三罪并罚，决定执行无期徒刑，剥夺政治权利终身，并处没收个人财产。

周永康在庭审最后陈述时说，我接受检方指控，基本事实清楚，我表示认罪悔罪；有关人员对我家人的贿赂，实际上是冲着我的权力来的，我应负主要责任；自己不断为私情而违法违纪，违法犯罪的事实是客观存在的，给党和国家造成了重大损失；对我问题的依纪依法处理，体现了全面从严治党、全面依法治国的决心。

【以案释法】周永康一案涉及建国以来第一例因贪腐被中纪委立案审查的正国级领导干部。周永康的落马充分反映了我们党全面从严治党、全面依法治国的坚定决心。说明反腐没有“天花板”，无论任何人，不管位有多高，权有多大，只要违法乱纪，一样要严惩不贷。周永康一案的宣判表明，无论是位高权重之人，还是基层党员干部，都应始终要敬畏党纪、敬畏国法，不以权谋私，切忌把权力当成自家的“后花园”。通过办案机关依法办案、文明执法，讲事实、讲道理，周永康也认识到自己违法犯罪的事实给党的事业造成的损失，给社会造成了严重影响，并多次表示认罪悔罪。

综观周永康一案从侦办、审理和宣判，整个过程都坚持依法按程序办案，很好地体现了“以法治思维和法治方式反对腐败”的基本理念。这充分说明，我们党敢于直面问题、纠正错误，勇于从严治党、依法治国。周永康案件再次表明，党纪国法绝不是“橡皮泥”“稻草人”，无论是因为“法盲”导致违纪违法，还是故意违规违法，都要受到追究，否则就会形成“破窗效应”。法治之下，任何人都不能心存侥幸，都不能指望法外施恩，没有免罪的“丹书铁券”，也没有“铁帽子王”。

上述三个案例，尽管时间上跨度很大，分别为新民主主义革命时期、新中国成立初期和中国特色社会主义建设时期，但共同显示出我们党严格依法办事和从严治党的决心与信心没有变。

第二节　全面推进依法治国的重大意义

全面推进依法治国，是我们党从坚持和发展中国特色社会主义、实现国家治理体系和治理能力现代化、提高党的执政能力和执政水平出发，总结历史经验、顺应人民愿望和时代发展要求作出的重大战略布局，具有重大的现实意义和深远的历史意义。

一、全面推进依法治国开启了法治中国建设新的历程

法治是治国理政的重要手段，是政治文明的重要标杆，我们党长期重视法治建设。早在新民主主义革命时期，我们党就在局部执政的革命根据地，颁布宪法法律，探索和实践依法行政。1949年新中国成立，我们党由革命党成功转型为执政党后，宪法和一大批法律法规相继出台，法治建设步入快车道。但由于对社会主义条件下如何搞法治建设的成功经验不足、思想准备不够、社会基础不牢，以至于“左倾”

冒进、急功近利思想逐步占据上风，由反右斗争扩大化逐渐酝酿成灾难性的“文化大革命”。在此期间，各级人民代表大会长期休会，各级人民政府被革命委员会取代，公检法被砸烂，法治被废弛。“文化大革命”的深刻教训再次表明，法治昌明，则国泰民安；法治松弛，则国乱民怨。

1978年党的十一届三中全会郑重提出，为了保障人民民主，必须加强社会主义法制，使民主制度化、法律化，使这种制度和法律具有稳定性、连续性和极大的权威，做到有法可依，有法必依，执法必严，违法必究。1984年10月，党的十二届三中全会明确提出，社会主义经济是在公有制基础上的有计划的商品经济；1992年10月，党的十四大进一步提出了建立社会主义市场经济体制的改革目标，为推进法治建设注入了市场经济的内在动力。1997年9月，党的十五大把依法治国确立为基本治国方略。2002年11月，党的十六大明确提出发展中国特色社会主义民主政治，必须坚持党的领导、人民当家作主、依法治国有机统一。2007年10月，党的十七大提出要全面落实依法治国基本方略，加快建设社会主义法治国家。2012年11月，党的十八大明确提出要全面推进依法治国。2013年11月，党的十八届三中全会明确提出，建设法治中国，必须坚持依法治国、依法执政、依法行政共同推进，坚持法治国家、法治政府、法治社会一体建设。

上述情况表明，在我国，法治建设经历了一个从局部实践到全面实施，从徘徊挫折到坚定不移，从专项部署到整体规划的逐步发展和升华过程。当前，我们党所处的执政方位和执政环境发生了深刻变化，面临着复杂严峻的执政考验、改革开放考验、市场经济考验、外部环境考验，存在着精神懈怠的危险、能力不足的危险、脱离群众的危险、消极腐败的危险。严峻的现实表明，我们党要提高执政能力、巩固执政地位，实现长期执政，就必须更加自觉地运用法治思维和法治方式加强党的执政能力建设，推进党执政的制度化、规范化、程序化，提高依法治国、依法执政水平，巩固党执政的法治基础。正是在这样的关键时刻，2014年11月，党的十八届四中全会就全面推进依法治国的重要性和必要性、全面推进依法治国的指导思想、总体目标、基本原则，以及立法、行政、司法、守法、队伍建设、党的领导等各方面的工作，作了全面部署，开启了法治中国建设新的历程。

二、全面推进依法治国为全面深化改革提供了良好的法治平台

为了确保到2020年实现全面建成小康社会的宏伟目标，党的十八届三中全会作出了全面深化改革的战略部署。当前，我国正处于全面建成小康社会的决定性阶段，改革进入攻坚期和深水区，国际形势复杂多变，国内经济社会发展面临着增长速度换挡期、结构调整阵痛期、前期刺激政策消化期的三期叠加态势。党和国家所面对的改革发展稳定任务之重前所未有、矛盾风险挑战之多前所未有，依法治国在党和国家工作全局中的地位更加突出。此外，经过多年的深化改革，剩下的改革任务都触及最深层次利益关系调整，医疗、教育、住房、食品安全、环境保护等，每个领域的改革都互相牵扯、互相交织，涉及错综复杂的利益再调整。唯有通过全面推进依法治国，发挥法治的引领和保障作用，为全面深化改革提供良好的法治平台，推进国家治理体系和治理能力现代化，才能更好地整合社会利益、化解社会矛盾、凝聚社会力量，使各项改革发展有序推进，各项改革成果惠及全体人民。

三、全面推进依法治国为实现中国梦提供了有力的法治保障

法治作为治国理政的基本方式，作为国家治理体系的重要依托，在党和国家事业发展上，发挥着带有根本性、全局性、稳定性的制度保障作用。推进全面依法治国，不仅有助于极大地巩固党的执政地位，而且可以通过妥善的制度安排和有效的制度执行，确保党的路线方针政策的延续性，进而确保全党、全国上下始终不渝地为实现中华民族伟大复兴的中国梦而努力奋斗。

中国梦的基本内涵是实现国家富强、民族振兴、人民幸福。奋斗目标是，到2020年国内生产总值和城乡居民人均收入在2010年的基础上翻一番，全面建成小康社会；到本世纪中叶建成富强民主文明和谐的社会主义现代化国家。实现中华民族伟大复兴的中国梦，是一项既崇高伟大、又艰巨繁重的历史重任，对国家治理体系和治理能力提出了新的更高的要求。我们党要提高执政能力、巩固执政地位，实现长期执政，就必须更加自觉地运用法治思维和法治方式，加强党的执政能力建设，大力推进党执政的制度化、规范化、程序化，不断巩固党执政的法治基础。

全面推进依法治国，从制度体系上把法治同整个国家的发展、把党领导人民的奋斗目标、人民的幸福生活、社会的和谐稳定等一系列重大问题紧密结合起来，从而为实现中华民族复兴的中国梦提供了有力的法治保障和内生动力。

四、全面推进依法治国是反腐治权的治本之举

全面推进依法治国，形成完备的法律规范体系、高效的法治实施体系、严密的法治监督体系、有力的法治保障体系，完善的党内法规体系，坚持依法治国、依法执政、依法行政共同推进，法治国家、法治政府、法治社会一体建设，实现科学立法、严格执法、公正司法、全民守法。这对完善权力制约和监督机制，把权力放进法律制度的笼子里，充分运用法治思维和法治方式推进反腐治权，切实

从体制、机制和法治上遏制并解决权力腐败问题具有重大意义，是反腐治权的治本之举。

实践表明，尽管公权力腐败表现形式五花八门，公权力腐败原因不尽相同，但归根结底都属于权力寻租。各类主体的腐败，基本上都是政府官员和公职人员，同属掌握和行使公权力者。全面推进依法治国，形成严密的法治监督体系，就是要依法分权治权，从严治官治吏。全面推进依法治国，有助于从制度设计上扎紧反腐防腐的篱笆，使腐败行径受制于将然之时、受惩于已然之际。形成严密的不敢腐、不能腐、不想腐的法治氛围。

第三节　全面推进依法治国必须坚持的基本原则

全面推进依法治国是一项系统工程，是国家治理领域一场广泛而深刻的革命，需要付出长期艰苦努力，这一过程中，既要避免不作为，又要防范乱作为。为此，党的十八届四中全会明确提出了全面推进依法治国必须要坚持的基本原则，即坚持中国共产党的领导，坚持人民主体地位，坚持法律面前人人平等，坚持依法治国和以德治国相结合，坚持从中国实际出发。

一、党的领导原则

党的领导是中国特色社会主义最本质的特征，是社会主义法治最根本的保证。把党的领导贯彻到依法治国全过程和各方面，是我国社会主义法治建设的一条基本经验。我国宪法确立了中国共产党的领导地位。坚持党的领导，是社会主义法治的根本要求，是党和国家的根本所在、命脉所在，是全国各族人民的利益所系、幸福所系。党的领导和社会主义法治是一致的，社会主义法治必须坚持党的领导，党的领导必须依靠社会主义法治。只有在党的领导下依法治国、厉行法治，人民当家作主才能充分实现，国家和社会生活法治化才能有序推进。依法执政，既要求党依宪依法治国理政，也要求党依据党内法规管党治党。实践证明，只有把依法治国基本方略的贯彻实施同依法执政的基本方式统一起来，把党领导立法、保证执法、支持司法、带头守法统一起来，把党总揽全局、协调各方同人大、政府、政协、审判机关、检察机关依法依章程履行职能，开展工作统一起来，把党领导人民制定和实施宪法法律同党坚持在宪法法律范围内活动统一起来，才能确保法治中国的建设有序推进、深入开展。

二、人民主体原则

在我国，人民是依法治国的主体和力量源泉，法治建设以保障人民根本权益为出发点和落脚点。法治建设的宗旨是为了人民、依靠人民、保护人民、造福人民。

因此，全面推进依法治国，必须要保证人民依法享有广泛的权利和自由、承担应尽的义务，维护社会公平正义，促进共同富裕。

全面推进依法治国，就是为了更好地实现人民在党的领导下，依照法律规定，通过各种途径和形式管理国家事务，管理经济文化事业，管理社会事务。法律既是保障公民权利的有力武器，也是全体公民必须一体遵循的行为规范，因此全面推行依法治国，必须要坚持人民主体原则，切实增强全社会学法尊法守法用法意识，使法律为人民所掌握、所遵守、所运用。

三、法律面前人人平等原则

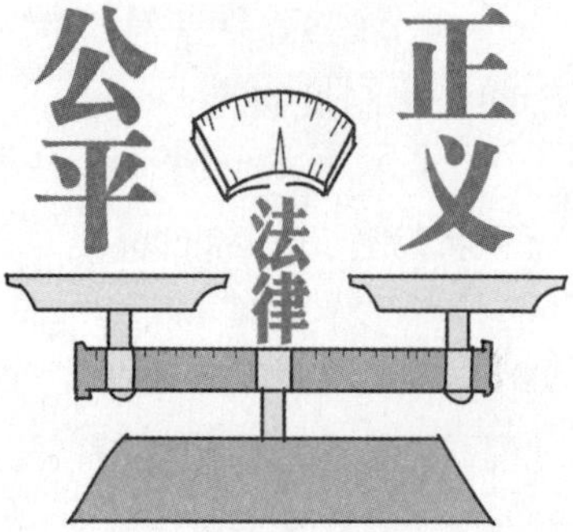

平等是社会主义法律的基本属性。法律面前人人平等，要求任何组织和个人都必须尊重宪法法律权威，都必须在宪法法律范围内活动，都必须依照宪法法律行使权力或权利、履行职责或义务，都不得有超越宪法法律的特权。全面推行依法治国，必须维护国家法制统一、尊严和权威，切实保证宪法法律有效实施，任何人都不得以任何借口任何形式以言代法、以权压法、徇私枉法。必须规范和约束公权力，加大监督力度，做到有权必有责、用权受监督、违法必追究。坚决纠正有法不依、执法不严、违法不究行为。

四、依法治国和以德治国相结合原则

法律和道德同为社会行为规范，在支撑社会交往、维护社会稳定、促进社会发展方面，发挥着各自不同的且不可替代的交互作用，国家和社会治理离不开法律和道德的共同发挥作用。全面推进依法治国，必须要既重视发挥法律的规范作用，又重视发挥道德的教化作用，要坚持一手抓法治、一手抓德治，大力弘扬社会主义核心价值观，弘扬中华传统美德，培育社会公德、职业道德、家庭美德、个人品德。法治要体现道德理念、强化对道德建设的促进作用，道德要滋养法治精神、强化对法治文化的支撑作用，以实现法律和道德相辅相成、法治和德治相得益彰。

五、从实际出发原则

全面推进依法治国是中国特色社会主义道路、理论、制度实践的必然选择。建设法治中国，必须要从我国基本国情出发，同改革开放不断深化相适应，总结和运用党领导人民实行法治的成功经验，围绕社会主义法治建设重大理论和实践问题，深入开展法治建设，推进法治理论创新。

第四节　全面推进依法治国的总体要求

十八届四中全会是我党历史上，第一次通过全会的形式专题研究部署、全面推进依法治国问题。全会在对全面推进依法治国的重要意义、重大作用、指导思想和基本原则作了系统阐述的基础上，站在总揽全局、协调各方的高度，对全面推进依法治国进程中的人大、政府、政协、审判、检察等各项工作提出了工作要求。

一、加强立法工作，完善中国特色社会主义法律体系建设和以宪法为核心的法律制度实施

（一）建设中国特色社会主义法治体系，坚持立法先行，发挥立法的引领和推动作用，抓住提高立法质量这个关键

立法工作要恪守以民为本、立法为民理念，贯彻社会主义核心价值观，要符合宪法精神、反映人民意志、得到人民拥护。要把公正、公平、公开原则贯穿立法全过程，完善立法体制机制，坚持立改废释并举，增强法律法规的及时性、系统性、针对性、有效性。坚持依法治国，首先要坚持依宪治国、坚持依宪执政。一切违反宪法的行为都必须予以追究和纠正。

为了强化宪法意识，党和国家还确定，每年12月4日定为国家宪法日。在全社会普遍开展宪法教育，弘扬宪法精神。建立宪法宣誓制度，凡经人大及其常委会选举或者决定任命的国家工作人员正式就职时公开向宪法宣誓。

（二）完善党对立法工作中重大问题决策的程序

凡立法涉及重大体制和重大政策调整的，必须报党中央讨论决定。党中央向全国人大提出宪法修改建议，依照宪法规定的程序进行宪法修改。法律制定和修改的重大问题由全国人大常委会党组向党中央报告。

健全有立法权的人大主导立法工作的体制机制。建立由全国人大相关专门委员会、全国人大常委会法制工作委员会组织有关部门参与起草综合性、全局性、基础性等重要法律草案制度。增加有法治实践经验的专职常委比例。依法建立健全专门委员会、工作委员会立法专家顾问制度。

加强和改进政府立法制度建设，完善行政法规、规章制定程序，完善公众参与政府立法机制。重要行政管理法律法规由政府法制机构组织起草。

明确立法权力边界，从体制机制和工作程序上有效防止部门利益和地方保护主义法律化。明确地方立法权限和范围，依法赋予设区的市地方立法权。

（三）深入推进科学立法、民主立法

加强人大对立法工作的组织协调，健全立法起草、论证、协调、审议机制，健全向下级人大征询立法意见机制，建立基层立法联系点制度，推进立法精细化。更

多发挥人大代表参与起草和修改法律作用。充分发挥政协委员、民主党派、工商联、无党派人士、人民团体、社会组织在立法协商中的作用，拓宽公民有序参与立法途径，广泛凝聚社会共识。

（四）加强重点领域立法

依法保障公民权利，加快完善体现权利公平、机会公平、规则公平的法律制度，保障公民人身权、财产权、基本政治权利等各项权利不受侵犯，保障公民经济、文化、社会等各方面权利得到落实，实现公民权利保障法治化。增强全社会尊重和保障人权意识，健全公民权利救济渠道和方式。

二、深入推进依法行政，加快建设法治政府

各级政府必须坚持在党的领导下、在法治轨道上开展工作，创新执法体制，完善执法程序，推进综合执法，严格执法责任，建立权责统一、权威高效的依法行政体制，加快建设职能科学、权责法定、执法严明、公开公正、廉洁高效、守法诚信的法治政府。

（一）依法全面履行政府职能

完善行政组织和行政程序法律制度，推进机构、职能、权限、程序、责任法定化。行政机关要坚持法定职责必须为、法无授权不可为，勇于负责、敢于担当，坚决纠正不作为、乱作为，坚决克服懒政、怠政，坚决惩处失职、渎职。行政机关不得法外设定权力，没有法律法规依据不得作出减损公民、法人和其他组织合法权益或者增加其义务的决定。

（二）健全依法决策机制

把公众参与、专家论证、风险评估、合法性审查、集体讨论决定确定为重大行政决策法定程序，确保决策制度科学、程序正当、过程公开、责任明确。

建立重大决策终身责任追究制度及责任倒查机制，对决策严重失误或者依法应该及时作出决策但久拖不决造成重大损失、恶劣影响的，严格追究行政首长、负有责任的其他领导人员和相关责任人员的法律责任。

（三）深化行政执法体制改革

根据不同层级政府的事权和职能，按照减少层次、整合队伍、提高效率的原则，合理配置执法力量。

推进综合执法，大幅减少市县两级政府执法队伍种类，重点在食品药品安全、工商质检、公共卫生、安全生产、文化旅游、资源环境、农林水利、交通运输、城乡建设、海洋渔业等领域内推行综合执法，有条件的领域可以推行跨部门综合执法；严格实行行政执法人员持证上岗和资格管理制度，未经执法资格考试合格，不得授予执法资格，不得从事执法活动。严格执行罚缴分离和收支两条线管理制度，严禁收费罚没收入同部门利益直接或者变相挂钩。

（四）坚持严格规范公正文明执法

依法惩处各类违法行为，加大关系群众切身利益的重点领域执法力度。完善执法程序，建立执法全过程记录制度。明确具体操作流程，重点规范行政许可、行政处罚、行政强制、行政征收、行政收费、行政检查等执法行为。严格执行重大执法决定法制审核制度。

全面落实行政执法责任制，严格确定不同部门及机构、岗位执法人员执法责任和责任追究机制，加强执法监督，坚决排除对执法活动的干预，防止和克服地方和部门保护主义，惩治执法腐败现象。

（五）强化对行政权力的制约和监督

加强党内监督、人大监督、民主监督、行政监督、司法监督、审计监督、社会监督、舆论监督制度建设，努力形成科学有效的权力运行制约和监督体系，增强监督合力和实效。

加强对政府内部权力的制约，对财政资金分配使用、国有资产监管、政府投资、政府采购、公共资源转让、公共工程建设等权力集中的部门和岗位实行分事行权、分岗设权、分级授权，定期轮岗，强化内部流程控制，防止权力滥用。改进上级机关对下级机关的监督，建立常态化监督制度。完善纠错问责机制，健全责令公开道歉、停职检查、引咎辞职、责令辞职、罢免等问责方式和程序。

完善审计制度，保障依法独立行使审计监督权。对公共资金、国有资产、国有资源和领导干部履行经济责任情况实行审计全覆盖。

（六）全面推进政务公开

坚持以公开为常态、不公开为例外原则，推进决策公开、执行公开、管理公开、服务公开、结果公开。各级政府及其工作部门依据权力清单，向社会全面公开政府职能、法律依据、实施主体、职责权限、管理流程、监督方式等事项。重点推进财政预算、公共资源配置、重大建设项目批准和实施、社会公益事业建设等领域的政府信息公开。

涉及公民、法人或其他组织权利和义务的规范性文件，按照政府信息公开要求和程序予以公布。推行行政执法公示制度。推进政务公开信息化，加强互联网政务信息数据服务平台和便民服务平台建设。

三、保证公正司法，提高司法公信力

必须完善司法管理体制和司法权力运行机制，规范司法行为，加强对司法活动的监督，努力让人民群众在每一个司法案件中感受到公平正义。

（一）完善确保依法独立公正行使审判权和检察权的制度

建立领导干部干预司法活动、插手具体案件处理的记录、通报和责任追究制度。任何党政机关和领导干部都不得让司法机关做违反法定职责、有碍司法公正的事情，任何司法机关都必须执行党政机关和领导干部不得违法干预司法活动的要求。对干预司法机关办案的，给予党纪政纪处分；造成冤假错案或者其他严重后果的，依法追究刑事责任。

（二）优化司法职权配置

健全公安机关、检察机关、审判机关、司法行政机关各司其职，侦查权、检察权、审判权、执行权相互配合、相互制约的体制机制。

完善审级制度，一审重在解决事实认定和法律适用，二审重在解决事实法律争议、实现二审终审，再审重在解决依法纠错、维护裁判权威；建立司法机关内部人员过问案件的记录制度和责任追究制度。完善主审法官、合议庭、主任检察官、主办侦查员办案责任制，落实谁办案谁负责。

（三）推进严格司法

健全事实认定符合客观真相、办案结果符合实体公正、办案过程符合程序公正的法律制度。加强和规范司法解释和案例指导，统一法律适用标准。全面贯彻证据裁判规则，严格依法收集、固定、保存、审查、运用证据，完善证人、鉴定人出庭制度，保证庭审在查明事实、认定证据、保护诉权、公正裁判中发挥决定性作用。明确各类司法人员工作职责、工作流程、工作标准，实行办案质量终身负责制和错案责任倒查问责制，确保案件处理经得起法律和历史检验。

（四）保障人民群众参与司法

坚持人民司法为人民，依靠人民推进公正司法，通过公正司法维护人民权益。在司法调解、司法听证、涉诉信访等司法活动中保障人民群众参与。推进审判公开、检务公开、警务公开、狱务公开，依法及时公开执法司法依据、程序、流程、结果和生效法律文书，杜绝暗箱操作。

（五）加强人权司法保障

强化诉讼过程中当事人和其他诉讼参与人的知情权、陈述权、辩护辩论权、申请权、申诉权的制度保障。健全落实罪刑法定、疑罪从无、非法证据排除等法律原则的法律制度。完善对限制人身自由司法措施和侦查手段的司法监督，加强对刑讯逼供和非法取证的源头预防，健全冤假错案有效防范、及时纠正机制。

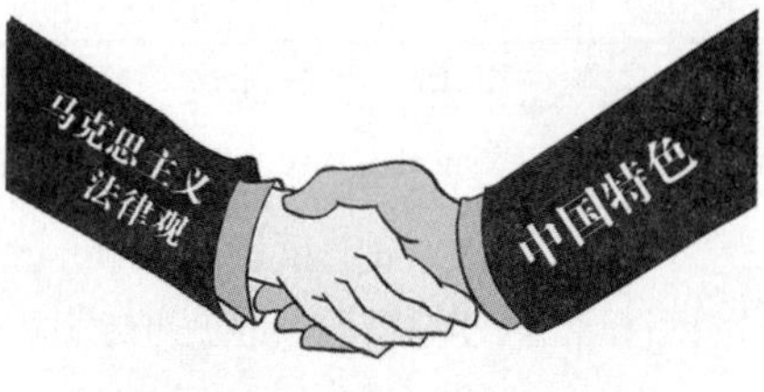

（六）加强对司法活动的监督

完善检察机关行使监督权的法律制度，加强对刑事诉讼、民事诉讼、行政诉讼的法律监督。完善人民监督员制度，重点监督检察机关查办职务犯罪的立案、羁押、扣押冻结财物、起诉等环节的执法活动。

依法规范司法人员与当事人、律师、特殊关系人、中介组织的接触、交往行为。严禁司法人员私下接触当事人及律师、泄露或者为其打探案情、接受吃请或者收受其财物、为律师介绍代理和辩护业务等违法违纪行为，坚决惩治司法掮客行为，防止利益输送。

四、增强全民法治观念，推进法治社会建设

弘扬社会主义法治精神，建设社会主义法治文化，增强全社会厉行法治的积极性和主动性，形成守法光荣、违法可耻的社会氛围，使全体人民都成为社会主义法治的忠实崇尚者、自觉遵守者、坚定捍卫者。

（一）推动全社会树立法治意识

坚持把全民普法和守法作为依法治国的长期基础性工作，深入开展法治宣传教育，引导全民自觉守法、遇事找法、解决问题靠法。坚持把领导干部带头学法、模范守法作为树立法治意识的关键，完善国家工作人员学法用法制度，把法治教育纳入国民教育体系，从青少年抓起，在中小学设立法治知识课程。

健全普法宣传教育机制，各级党委和政府要加强对普法工作的领导，宣传、文化、教育部门和人民团体要在普法教育中发挥职能作用。实行国家机关“谁执法谁普法”的普法责任制，建立法官、检察官、行政执法人员、律师等以案释法制度。把法治教育纳入精神文明创建内容，开展群众性法治文化活动，健全媒体公益普法制度，加强新媒体新技术在普法中的运用，提高普法实效；加强社会诚信建设，健全公民和组织守法信用记录，完善守法诚信褒奖机制和违法失信行为惩戒机制，使尊法守法成为全体人民共同追求和自觉行动；加强公民道德建设，弘扬中华优秀传统文化，增强法治的道德底蕴，强化规则意识，倡导契约精神，弘扬公序良俗。发挥法治在解决道德领域突出问题中的作用，引导人们自觉履行法定义务、社会责任、家庭责任。

（二）推进多层次多领域依法治理

深入开展多层次多形式法治创建活动，深化基层组织和部门、行业依法治理，支持各类社会主体自我约束、自我管理。发挥市民公约、乡规民约、行业规章、团体章程等社会规范在社会治理中的积极作用。建立健全社会组织参与社会事务、维护公共利益、救助困难群众、帮教特殊人群、预防违法犯罪的机制和制度化渠道，发挥社会组织对其成员的行为导引、规则约束、权益维护作用。

（三）建设完备的法律服务体系

完善法律援助制度，扩大援助范围，健全司法救助体系，保证人民群众在遇到法律问题或者权利受到侵害时获得及时有效法律帮助。

（四）健全依法维权和化解纠纷机制

强化法律在维护群众权益、化解社会矛盾中的权威地位，引导和支持人们理性表达诉求、依法维护权益。建立健全社会矛盾预警机制、利益表达机制、协商沟通机制、救济救助机制，畅通群众利益协调、权益保障法律渠道。把信访纳入法治化轨道，保障合理合法诉求依照法律规定和程序就能得到合理合法的结果。

健全社会矛盾纠纷预防化解机制，完善调解、仲裁、行政裁决、行政复议、诉讼等有机衔接、相互协调的多元化纠纷解决机制。

完善立体化社会治安防控体系，有效防范化解管控影响社会安定的问题，保障人民生命财产安全。依法严厉打击暴力恐怖、涉黑犯罪、邪教和黄赌毒等违法犯罪活动，绝不允许其形成气候。依法强化危害食品药品安全、影响安全生产、损害生态环境、破坏网络安全等重点问题治理。

此外，十八届四中全会还就法治工作队伍建设、党对全面推进依法治国的领导等重大问题提出了加强和改进要求。

以案释法 04

让人民群众在司法案件中感受到公平正义

【案情介绍】欠债还钱，天经地义，支付罚息，也理所应当。但是，银行却在本金、罚息之外，另收“滞纳金”，并且还是按复利计算，结果经常导致“滞纳金”远高于本金，成了实际上的“驴打滚”。中国银行某高新技术产业开发区支行起诉信用卡欠费人沙女士，请求人民法院依法判令沙女士归还信用卡欠款共计375079.3元（包含本金339659.66元及利息、滞纳金共计35419.64元）。银行按每日万分之五的利率计算的利息，以及每个月高达5%的滞纳金，这就相当于年利率高达78%。受理本案的人民法院认为，根据合同法、商业银行法，我国的贷款利率是受法律限制的，最高人民法院在关于民间借贷的司法解释中明确规定：最高年利率不得超过24%，否则就算“高利贷”，不受法律保护。但问题在于，最高法的司法解释针对的是“民间高利贷”，而原告是根据中国人民银行的《银行卡业务管理办法》收取滞纳金的，该如何审理？

【以案释法】在我国社会主义法律体系中，宪法是国家的根本大法，处于最高位阶，一切法律、行政法规、司法解释、地方性法规和规章、自治条例和单行条例都不得与宪法规定精神相违背。依法治国首先是必须依宪治国。十八届四中全会重申了宪法第五条关于“一切违反宪法和法律的行为，必须予以追究”的原则，强调要“努力让人民群众在每一个司法案件中感受到公平正义”。此案中，法官引述了宪法第三十三条第二款规定："中华人民共和国公民在法律面前一律平等。"法官认为："平等意味着对等待遇，除非存在差别对待的理由和依据。一方面，国家以贷款政策限制民间借款形成高利；另一方面，在信用卡借贷领域又形成超越民间借贷限制一倍或者几倍的利息。这显然极可能形成一种'只准州官放火，不许百姓点灯'的外在不良观感。"法官从宪法"平等权"等多个层面，提出应对法律作系统性解释，认为"商业银行错误将相关职能部门的规定作为自身高利、高息的依据，这有违于合同法及商业银行法的规定"，从而最终驳回了银行有关滞纳金的诉讼请求，仅在本金339659.66元、年利率24%的限度内予以支持。

思考题

1. 全面推进依法治国的重大意义是什么？
2. 全面推进依法治国必须坚持的基本原则有哪些？
3. 全面推进依法治国的总体要求是什么？

第二章　建设中国特色社会主义法治体系

本 章 要 点

★ 全面推进依法治国，总目标是建设中国特色社会主义法治体系，建设社会主义法治国家。

★ 从“法律体系”到“法治体系”是一个质的飞跃，是一个从静态到动态的过程，是一个从平面到立体的过程。

★ 建设中国特色社会主义法治体系是在法治领域为推进国家治理现代化增添总体效应的重要举措。

★ 中国特色社会主义法治体系包括完备的法律规范体系、高效的法治实施体系、严密的法治监督体系、有力的法治保障体系、完备的党内法规体系五个子系统。

★ 以高度自信建设中国特色社会主义法治体系。

第一节　建设中国特色社会主义法治体系的提出

中国特色社会主义法律体系是在中国共产党领导下，适应中国特色社会主义建设事业的历史进程而逐步形成的。法律体系是指由一国全部现行法律规范分类组合为不同法律部门而形成的有机整体，党的十五大报告将它正式上升到政策层面。十五大报告提出了21世纪第一个十年国民经济和社会发展的远景目标，确立了“依法治国，建设社会主义法治国家”的基本方略，明确提出到2010年形成中国特色社会主义法律体系。截至2011年8月底，我国已制定现行宪法和有效法律共240部、行政法规706部、地方性法规8600多部，涵盖社会关系各个方面的法律部门已经齐全，各个法律部门中基本的、主要的法律已经制定，相应的行政法规和地方性法规比较完备，法律体系内部总体做到科学和谐统一。作为一项法治建设目标，中国特色社会主义法律体系在实践中如期基本形成。

十八届四中全会通过的《中共中央关于全面推进依法治国若干重大问题的决定》提出："全面推进依法治国，总目标是建设中国特色社会主义法治体系，建设社会主义法治国家。"这是我们党的历史上，第一次提出建设中国特色社会主义法治体系的新目标。从"法律体系"到"法治体系"是一个质的飞跃，是一个从静态到动态的过程，是一个从平面到立体的过程。

一、中国特色社会主义法治体系的提出是观念创新

党的十八届四中全会决定，在表述"全面推进依法治国"总目标时突显了在目标上的新认识。习近平总书记对此作了详细说明，即："提出这个总目标，既明确了全面推进依法治国的性质和方向，又突出了全面推进依法治国的工作重点和总抓手。一是向国内外鲜明宣示我们将坚定不移走中国特色社会主义法治道路。中国特色社会主义法治道路，是社会主义法治建设成就和经验的集中体现，是建设社会主义法治国家的唯一正确道路。在走什么样的法治道路问题上，必须向全社会释放正确而明确的信号，指明全面推进依法治国的正确方向，统一全党全国各族人民认识和行动。二是明确全面推进依法治国的总抓手。全面推进依法治国涉及很多方面，在实际工作中必须有一个总揽全局、牵引各方的总抓手，这个总抓手就是建设中国特色社会主义法治体系。依法治国各项工作都要围绕这个总抓手来谋划、来推进。三是建设中国特色社会主义法治体系、建设社会主义法治国家是实现国家治理体系和治理能力现代化的必然要求，也是全面深化改革的必然要求，有利于在法治轨道上推进国家治理体系和治理能力现代化，有利于在全面深化改革总体框架内全面推进依法治国各项工作，有利于在法治轨道上不断深化改革。"

所谓"抓手"，就是政策的制度落脚点。将"建设中国特色社会主义法治体系"形容为全面推进依法治国的总抓手，对于深刻领会党的十八届四中全会首次明确将"建设中国特色社会主义法治体系"作为全面推进依法治国总目标的意义非常重要。党的十八届三中全会通过的《中共中央关于全面深化改革若干重大问题的决定》首次提出了"推进法治中国建设"的概念，"法治中国"相对于"法治国家"来说，突出了法治国家中的"国家"的主权特征，使得法治国家具有了明确的空间效力，故法治中国是落实法治国家的一个重要制度抓手。党的十八届四中全会决定提出了"建设中国特色社会主义法治体系"并明确其内涵，在实践中解决了"依什么法、治什么国、如何实现"等问题。既有明确的实现目标，又有具体的制度设计，对推进依法治国和法治中国建设具有科学性和实践性的指导作用。

这个总抓手可以从两个方面来理解。一是从依法治国的角度来看。党的十五大报告在政策指导层面上对"依法治国"的内涵作了比较明确的解释。即"依法治国，就是广大人民群众在党的领导下，依照宪法和法律规定，通过各种途径和形式管理

国家事务，管理经济文化事业，管理社会事务，保证国家各项工作都依法进行，逐步实现社会主义民主的制度化、法律化，使这种制度和法律不因领导人的改变而改变，不因领导人看法和注意力的改变而改变”。从制度落实角度来看，党的十五大报告提出的“依法治国”并没有说明具体如何加以落实，仍然停留在政策指导层面。“依法治国”的理论价值只体现在“破”上，也就是说，强调“依法治国”有利于打破“人治”和各种非法治思想的禁锢和干扰，有利于进一步解放思想，但是，“依法治国”在“破”的过程中要“立什么”，特别是要在制度上具体怎样做，“依法治国”概念并没有给予明确的回答。在法治实践中必然就会遇到“依什么法”“治什么国”等类似问题的挑战。“依法治国”要“立什么”的问题如果在理论上不说清楚，在实践中如何落实到具体的制度设计和安排上不清晰，就会严重影响“依法治国”作为治国方略所具有的科学性和对法治实践的具体指导作用。党的十八届四中全会决定则从理论体系、实践体系和具体法治体系三个角度明确了“中国特色社会主义法治体系”的内涵。如果全面和有效地按照全面推进依法治国的决定要求将法治体系建设落到实处，就必须要采取一系列制度措施。这些制度措施的采取必然就要体现“依法治国”的要求，因此，从逻辑上来看，建设中国特色社会主义法治体系的各项具体要求必然就是落实“依法治国”的各项制度措施，故“建设中国特色社会主义法治体系”成了“全面推进依法治国”的制度“抓手”。二是从建设社会主义法治国家的角度来看。虽然“法治中国”在一定程度上可以视为“法治国家”的制度“抓手”，但“法治中国”只是在空间效力上体现了“法治国家”的制度要求，对于“法治国家”中各项具体制度的特征以及“法治国家”在制度上的表现状态等，这些“制度指标”并不能通过“法治中国”这个单向度的制度“抓手”指标完全得到体现。“建设中国特色社会主义法治体系”从理论和实践、抽象与具体相结合的角度对建设社会主义法治国家进行了制度构建。从逻辑上看，如果中国特色社会主义法治体系在制度上基本建成，即形成完备的法律规范体系、高效的法治实施体系、严密的法治监督体系、有力的法治保障体系以及完善的党内法规体系，那么，社会主义法治国家的制度表现形式也就基本上完成了。所以，在形式意义上，“中国特色社会主义法治体系”的建成可以视为制度上判断是否建成了“法治国家”的具体标准，是“法治国家”是否在制度上得以实现的“抓手”，只要在制度上建成了“中国特色社会主义法治体系”，就可以确定社会主义法治国家基本建成。

因此，建设中国特色社会主义法治体系作为全面推进依法治国的总抓手，使得我国“依法治国”基本方略在路径与目标两个方面的制度内涵都更加清晰。只要抓好建设中国特色社会主义法治体系各项工作，抓出具体成效，就能够充分体现中国特色社会主义法治理论的指导意义，形成中国特色社会主义法治道路的主要特征，全面推进依法治国的各项措施也就能够得到有效贯彻落实，社会主义法治国家的实现程度和状况也就有了制度上的最有效的判断标准。

二、准确把握中国特色社会主义法治体系的内涵

中国特色社会主义法治体系，指的是立足中国国情和实际，适应全面深化改革和推进国家治理现代化需要，集中体现中国人民意志和社会主义属性的法治诸要素、结构、功能、过程内在协调统一的有机综合体。之所以要以体系化的方法全面推进依法治国，是因为中国特色社会主义法治本身就是一个要素众多、结构复杂、功能综合、规模庞大的系统工程，各系统要素相互联系、相互作用、相互促进，当其协调一致时可以发挥最大功效，但当某一环节或系统出现了毛病，就会影响整体的正常运行和功能的发挥。为此，必须对中国特色社会主义法治的体系特征有一个客观、准确的认识。

（一）中国特色社会主义法治体系是法治诸要素、结构、功能、过程内在协调统一的有机综合体

法治体系是国家治理体系的重要组成部分，同时法治体系本身也是一个系统：第一，中国特色社会主义法治体系由众多要素组成，这些要素从存在形态入手可将其从总体上分为硬件要素和软件要素两大类。第二，中国特色社会主义法治体系并不等同于法治诸要素相加之和，它必须对法治诸要素进行组织、搭配和安排，实现法治结构的科学设置，并决定中国特色社会主义法治体系的功能。第三，中国特色社会主义法治体系不仅要求相互间具有有机联系的组成部分结合起来，而且要成为一个能完成特定功能的总体。第四，与法律体系不同，法治体系不是一个静止的存在，而是一个动态的过程，包括法律的制定、实施、监督、实现、发挥作用、反馈等阶段性过程的接续。

（二）中国特色社会主义法治体系是中国特色社会主义制度体系的规范表达

法治具有相对的独立性，同时也具有鲜明的政治性；法治不仅要以相应的政策、组织和权力构架作为基础，而且其实现程度又受制于政治文明的发展程度；法治不仅为政治建设提供权力运行的规则和依据，而且是政治的规范化表达。因此，要把“中国特色社会主义制度”和“法治体系”作为一个整体看待。法治体系是中国特色社会主义制度在法治领域的表达方式，中国特色社会主义是法治体系的本质属性。因此，建设中国特色社会主义法治体系，必须做到“七个坚持”：坚持中国共产党领导；坚持人民主体地位；坚持中国特色社会主义制度；坚持中国特色社会主义法治理论；坚持法律面前人人平等；坚持依法治国和以德治国相结合；坚持从中国实际出发。

（三）中国特色社会主义法治体系是社会主义法治国家的自觉建构

全面推进依法治国，总目标是建设中国特色社会主义法治体系，建设社会主义

法治国家。前后两句话是一个整体，不能断章取义理解。那么，“两个建设”之间是一个什么关系呢？这个关系可以概括为：中国特色社会主义法治体系是社会主义法治国家的自觉建构。特色形成于解决问题的实践，中国特色社会主义法治体系既是法治的一般理论与中国法治实践特殊问题的结合，更是对社会主义法治国家的自觉建构。这种自觉构建，避免将资本主义与法治捆绑在一起进入西方范式陷阱，是在立足中国国情创建本土化法治发展道路的实践，是针对需求回应问题面向未来的法治探索。

三、充分认识建设中国特色社会主义法治体系的意义

法治，其“义”在于通过法律治理国家；其“要”在于使权力和权利得到合理配置；其“功”在于比其他治理方式更多地供给人民福祉、经济繁荣和国家稳定。法治体系是对法治的要素、结构、功能、过程在总体上的一个统合，它根植于一国法治实践之中，反映法治现实，对法治实践起着指导和推动作用。中国特色社会主义法治体系，反映和指引着中国特色社会主义法治的性质、功能、目标方向、价值取向和实现途径。建设中国特色社会主义法治体系的意义主要体现在以下几个方面：

（一）建设中国特色社会主义法治体系是在法治领域为推进国家治理现代化增添总体效应的重要举措

习近平总书记强调，今天，摆在我们面前的一项重大历史任务，就是推动中国特色社会主义制度更加成熟更加定型，为党和国家事业发展、为人民幸福安康、为社会和谐稳定、为国家长治久安提供一整套更完备、更稳定、更管用的制度体系。这项工程极为宏大，必须是全面的系统的改革和改进，是各领域改革和改进的联动和集成，在国家治理体系和治理能力现代化上形成总体效应、取得总体效果。中国特色社会主义法治尽管自成体系，但并不是一个封闭的、孤立的体系，而是一个开放的、动态的体系，是国家治理体系的重要组成部分。建设中国特色社会主义法治体系，全面推进依法治国，并不是最终的目的，其目的是要在中国法治建设领域通过改革和完善实现国家治理方面的总体效应和总体效果。建设中国特色社会主义法治体系、建设社会主义法治国家是实现国家治理体系和治理能力现代化的必然要求，也是全面深化改革的必然要求，有利于在法治轨道上推进国家治理体系和治理能力现代化，有利于在全面深化改革总体框架内全面推进依法治国各项工作，有利于在法治轨道上不断深化改革。

（二）建设中国特色社会主义法治体系是在新的历史起点上全面推进依法治国、建设社会主义法治国家的骨干工程

依法治国是我们党在总结长期的治国理政经验教训基础上提出的治国基本方略，是社会主义法治的核心内容。全面推进依法治国，是根据中国社会的发展阶段和形势任务提出来的重要部署。自改革开放以来，尤其是自1997年党的十五大把“依法治国、建设社会主义法治国家”确立为治国基本方略以来，党和国家大力加强法治建设，有力地保障了我国社会的持续稳定，为发展中国特色社会主义事业创造了长期稳定和谐的社会环境。然而，新的形势和任务对中国法治建设提出了更高的要求，建设中国特色社会主义法治体系是在新的历史起点上全面推进依法治国的骨干工程。

（三）建设中国特色社会主义法治体系是在法律体系形成后实现法治建设重心战略转移的必然要求

在我国，以宪法为统帅，以宪法相关法、民法商法等多个法律部门的法律为主干，由法律、行政法规、地方性法规等多个层次的法律规范构成的中国特色社会主义法律体系已经形成。法律体系形成之后，中国法治建设的重心应当从立法向建设法治体系转移。中国特色社会主义法律体系是中国特色社会主义法治体系的逻辑起点和初级阶段，中国特色社会主义法治体系是中国特色社会主义法律体系的高级阶段和发展方向。中国特色社会主义法律体系的形成，总体上解决了有法可依的问题，在这种情况下，有法必依、执法必严、违法必究的问题就显得更为突出、更加紧迫，这也是广大人民群众普遍关注、各方面反映强烈的问题。十八届四中全会提出，建设中国特色社会主义法治体系，要求中国的法治建设不仅要有一个法律体系，而且要实现国家各项工作都要依法进行，社会领域各个方面都要遵法守法，实际上就是对人民群众普遍关注的法律实施问题的回应。

（四）建设中国特色社会主义法治体系是以体系化视野掌舵法治建设降低成本减少风险的有效途径

法治是一种整体的社会现象与社会状态，但也有微观和中观层面的空间和状态。以体系化的视野掌舵法治建设，有助于理解法治的全局性，防止将法治理解为一个自洽的封闭系统；有助于把握法治建设的整体性，防止法治建设畸形发展；有助于在全面推进依法治国过程中确保法治的全面性，防止将法治建设片面化；有助于认清法治的过程性和长期性，防止将法治建设简单化为一场运动。运动方式固然有利于法治的快速推进一面，但也存在着难以恒久坚持的问题。

第二节　建设中国特色社会主义法治体系的主要内容

中国特色社会主义法治体系包括完备的法律规范体系、高效的法治实施体系、严密的法治监督体系、有力的法治保障体系、完备的党内法规体系五个子系统。其中，“完备的法律规范体系”是静态意义上的法规范体系，该体系是以宪法为核心的“中国特色社会主义法律体系”，包含了在中华人民共和国主权管辖范围内以宪法作为根本法的一切法律规范体系，例如在香港和澳门特别行政区适用的法律规范体系，等等。“高效的法治实施体系”“严密的法治监督体系”及“有力的法治保障体系”是动态意义上的法运行体系，体现了法治的价值重在宪法和法律的实施，更关注在实际生活中法律规范的实施状况和实现程度，强调的是现实生活中人们的行为真正受到法律规范的约束。“完善的党内法规体系”是从准法律规范的角度对我党管党治党的党内法规提出的体系化要求，将党内法规体系纳入“中国特色社会主义法治体系”范畴，正是体现了“中国特色社会主义法治体系”的“中国特色”。经过近百年的实践探索，我们党已形成了一整套系统完备、层次清晰、运行有效的党内法规制度。这个制度体系包括党章、准则、条例、规则、规定、办法、细则，体现着党的先锋队性质和先进性要求，使管党治党建设党有章可循、有规可依。

一、完备的法律规范体系

建设中国特色社会主义法治体系，全面推进依法治国，需要充分的规范供给为全社会依法办事提供基本遵循。一方面，要加快完善法律、行政法规、地方性法规体系；另一方面，也要完善包括市民公约、乡规民约、行业规章、团体章程在内的社会规范体系。恪守原有单一的法律渊源已无法满足法治实践的需求，有必要适当扩大法律渊源，甚至可以有限制地将司法判例、交易习惯、法律原则、国际惯例作为裁判根据，以弥补法律供给的不足，同时还应当建立对法律扩大或限缩解释的规则，通过法律适用过程填补法律的积极或消极的漏洞。为了保证法律规范的质量和提升立法科学化的水平，应当进一步改善立法机关组成人员的结构，提高立法程序正当化水平，构建立法成本效益评估前置制度，建立辩论机制，优化协商制度，提升立法技术，规范立法形式，确定法律规范的实质与形式标准，设立法律规范的事前或事后的审查过滤机制，构建实施效果评估机制，完善法律修改、废止和解释制度等等。尤其要着力提高立法过程的实质民主化水平，要畅通民意表达机制以及民意与立法的对接机制，设定立法机关组成人员联系选民的义务，规范立法机关成员与“院外”利益集团的关系，完善立法听取意见（包括听证等多种形式）、整合吸纳意见等制度，建立权力机关内部的制约协调机制，建立立法成员和立法机关接受选民和公众监督的制度，等等。

二、高效的法治实施体系

法治实施是一个系统工程。首先，要认真研究如何使法律规范本身具有可实施性，不具有实施可能性的法律规范无疑会加大实施成本，甚至即使执法司法人员费尽心机也难以实现。因此，要特别注意法律规范的可操作性、实施资源的配套性、法律规范本身的可接受性以及法律规范自我实现的动力与能力。其次，要研究法律实施所必需的体制以及法律设施，国家必须为法律实施提供强有力的体制、设施与物质保障。再次，要认真研究法律实施所需要的执法和司法人员的素质与能力，要为法律实施所需要的素质和能力的培训与养成提供必要的条件和机制。又次，要研究法律实施的环境因素，并为法律实施创造必要的执法和司法环境。最后，要研究如何克服法律实施的阻碍和阻力，有针对性地进行程序设计、制度预防和机制阻隔，针对我国现阶段的国情，有必要把排除“人情”“关系”“金钱”“权力”对法律实施的干扰作为重点整治内容。

三、严密的法治监督体系

对公共权力的监督和制约，是任何法治形态的基本要义；公共权力具有二重性，唯有法律能使其扬长避短和趋利避害；破坏法治的最大危险在一般情况下都来自公共权力；只有约束好公共权力，国民的权利和自由才可能安全实现。有效监督和制约公共权力，要在以下几个方面狠下功夫：要科学配置权力，使决策权、执行权、监督权相互制约又相互协调；要规范权力的运行，为权力的运行设定明确的范围、条件、程序和界限；要防止权力的滥用，为权力的行使设定正当目的及合理基准与要求；要严格对权力的监督，有效规范党内、人大、民主、行政、司法、审计、社会、舆论诸项监督，并充分发挥各种监督的独特作用，使违法或不正当行使权力的行为得以及时有效纠正；要健全权益恢复机制，使受公共权力侵害的私益得到及时赔偿或补偿。

四、有力的法治保障体系

依法治国是一项十分庞大和复杂的综合性系统工程。要在较短时间内实现十八届四中全会提出的全面推进依法治国的战略目标，任务艰巨而繁重，如果缺少配套的保证体系作为支撑，恐难以持久。普遍建立法律顾问制度。完善规范性文件、重大决策合法性审查机制。建立科学的法治建设指标体系和考核标准。健全法规、规章、规范性文件备案审查制度。健全社会普法教育机制，增强全民法治观念。逐步增加有地方立法权的较大的市数量。深化行政执法体制改革。完善行政执法程序，规范执法自由裁量权，加强对行政执法的监督，全面落实行政执法责任制和执法经费由财政保障制度，做到严格规范公正文明执法。完善行政执法与刑事司法衔接机制。确保依法独立公正行使审判权检察权。改革司法管理体制，推动省以下地方法院、检察院人财物统一管理，探索建立与行政区划适当分离的司法管辖制度，保证国家法律统一正确实施。建立符合职业特点的司法人员管理制度，健全法官、检察官、人民警察统一招录、有序交流、逐级遴选机制，完善司法人员分类管理制度，健全法官、检察官、人民警察职业保障制度。健全司法权力运行机制。优化司法职权配置，健全司法权力分工负责、互相配合、互相制约机制，加强和规范对司法活动的法律监督和社会监督。健全国家司法救助制度，完善法律援助制度。完善律师执业权利保障机制和违法违规执业惩戒制度，加强职业道德建设，发挥律师在依法维护公民和法人合法权益方面的重要作用。

五、完善的党内法规体系

党内法规既是管党治党的重要依据，也是中国特色社会主义法治体系的重要组成部分。由于缺少整体规划，缺乏顶层设计，党内法规存在“碎片化”现象。要在对现有党内法规进行全面清理的基础上，抓紧制定和修订一批重要党内法规，加大党内法规备案审查和解释力度，完善党内法规制定体制机制，形成配套完备的党内法规制度体系，使党内生活更加规范化、程序化，使党内民主制度体系更加完善，使权力运行受到更加有效的制约和监督，使党执政的制度基础更加巩固，为到建党100周年时全面建成内容科学、程序严密、配套完备、运行有效的党内法规制度体系打下坚实基础。

第三节　建设中国特色社会主义法治体系的总体要求

建设法律规范体系要求恪守以民为本、立法为民理念，贯彻社会主义核心价值观，使每一项立法都符合宪法精神、反映人民意志、得到人民拥护，实现立法和改革决策相衔接，做到重大改革于法有据、立法主动适应改革和经济社会发展需要。建设法治实施体系要求执法、司法和全社会在法治轨道上开展工作，做到严格执法、公正司法、全民守法。建设法治监督体系要求健全宪法实施和监督制度，强化对行政权力的制约和监督，加强对司法活动的监督，完善检察机关行使监督权的法律制度，完善人民监督员制度。建设法治保障体系要求加强党的领导，完善职业保障体系，加强法律服务队伍建设，创新法治人才培养机制。建设党内法规体系要求健全党内法规体制、强化党内法规与法律、政策的关联，为管党治党提供法治保障。

党的十八届四中全会决定全面部署了社会主义法治体系建设，明确了中国特色社会主义制度是中国特色社会主义法治体系的根本制度，是全面推进依法治国的根本制度保障。中国特色社会主义法治体系是基于中国特色社会主义制度根本要求而形成的法治体系，其使命是全面巩固和完善中国特色社会主义制度。所以，中国特色社会主义法治体系建设不是就法治论法治，而是紧紧围绕中国特色社会主义事业总体布局、围绕国家发展所需要的国家治理体系进行建设。正因为如此，中国特色社会主义法治体系建设才具有全面巩固和完善中国特色社会主义制度的能力与功效。它主要从以下几个方面起到全面巩固和完善中国特色社会主义制度的作用。

一、构建建设中国特色社会主义法治体系遵循的原则

（一）坚持党的领导与依法治国的有机统一

党与法治的关系是法治建设核心问题。中国特色社会主义法治体系建设既明确要求把党的领导贯彻到依法治国全过程和各方面，也明确了党在推进依法治国中的领导原则与领导方式；既明确要求巩固党在国家建设与治理中的领导核心地位，也明确了党必须依据宪法法律治国理政，依据党内法规管党治党。

（二）坚持依宪治国与依宪执政有机统一

依法治国首先是依宪治国，依法执政首先是依宪执政。党的十八届四中全会作出的这一重要论断，体现了我们党对宪法尊严和权威的充分肯定。宪法是国家根本大法，是社会主义法律体系的核心，也是确保党的领导与国家制度体系稳固的根本法律基础。所以，确立宪法在治国理政中的根本地位，对于中国特色社会主义制度将产生全局和长远作用。

（三）坚持社会主义法治五大体系有机统一

中国特色社会主义法治体系五大体系既有理论层面，也有实践层面；既有制度层面，也有运行层面；既有国家层面，也有党的层面；既能实现依法治国、依法执政、依法行政的共同推进，也能实现法治国家、法治政府、法治社会的一体建设。这为全面推进法治中国建设规定了更加清晰的目标和任务，规划了切实可行的路线图，必将保障法治建设稳步推进。所以，它能够全方位促进社会主义制度自我完善和发展。

（四）坚持法治体系与国家治理体系和治理能力建设有机统一

社会主义法治体系建设从立法、执法、司法和守法四个层面展开。因而，它是一个系统工程，其建设和发展必然带来国家治理领域深刻变革。对国家治理体系建设来说，法治体系建设既是其基本任务，也是其得以确立并产生效能的关键。社会主义制度只有借助有效国家治理体系才能得到有效运行，获得巩固和完善。所以，以国家治理体系和治理能力现代化为取向的法治体系建设，必将全面支撑中国特色社会主义制度落实与运行，并孕育出一套与之配套、保障其运行的体制机制。

（五）坚持法治体系建设与法治能力提升有机统一

任何制度只有扎根民心，才能最终巩固。这就要求制度运行与实践能够全面具体地渗透到人民生活各个环节，并在其中起积极作用；要求法治价值、体系、程序与运行能够有效嵌入社会，契合社会内在要求与发展现实。这其中既强调法治体系建设，也强调法治能力提升，两者相辅相成。经验表明，良好法治才能树立良好价

值体系，才能创造有效制度认同。这决定了中国特色社会主义制度只能在法治体系与法治能力有机统一所创造的善治中扎根社会、深入民心。社会主义法治体系建设将为我国改革发展创造全新的发展动力和发展平台。

二、以高度自信建设中国特色社会主义法治体系

（一）依法治国、依法执政、依法行政共同推进

依法治国是党领导人民治国理政的基本方式，要依照宪法和法律规定，通过各种途径和形式实现人民群众在党的领导下管理国家事务，管理经济文化事业，管理社会事务，保证国家各项工作都依法进行，逐步实现社会主义民主的制度化、法律化。依法执政是依法治国的关键，要坚持党领导人民制定法律、实施法律并在宪法法律范围内活动的原则，健全党领导依法治国的制度和工作机制，促进党的政策和国家法律互联互动。依法行政是依法治国的重点，要创新执法体制，完善执法程序，推进综合执法，严格执法责任，建立权责统一、权威高效的依法行政体制，加快建设职能科学、权责法定、执法严明、公开公正、廉洁高效、守法诚信的法治政府，切实做到合法行政、合理行政、高效便民、权责统一、政务公开。

（二）法治国家、法治政府、法治社会一体建设

法治国家、法治政府和法治社会是全面推进依法治国的“一体双翼”。法治国家是长远目标和根本目标，建设法治国家，核心要求实现国家生活的全面法治化；法治政府是重点任务和攻坚内容，建设法治政府，核心要求是规范和制约公共权力；法治社会是组成部分和薄弱环节，建设法治社会，核心是推进多层次多领域依法治理，实现全体国民自己守法、护法。法治国家、法治政府、法治社会一体建设，要求三者相互补充、相互促进、相辅相成。

（三）科学立法、严格执法、公正司法、全民守法相辅相成

十八大以来，党中央审时度势，提出了“科学立法、严格执法、公正司法、全民守法”的新十六字方针，确立了新时期法治中国建设的基本内容。科学立法要求完善立法规划，突出立法重点，坚持立改废释并举，提高立法科学化、民主化水平，提高法律的针对性、及时性、系统性、有效性，完善立法工作机制和程序，扩大公众有序参与，充分听取各方面意见，使法律准确反映经济社会发展要求，更好协调利益关系，发挥立法的引领和推动作用。严格执法，要求加强宪法和法律实施，维护社会主义法制的统一、尊严、权威，形成人们不愿违法、不能违法、不敢违法的法治环境，做到有法必依、执法必严、违法必究。公正司法，要求要努

力让人民群众在每一个司法案件中都感受到公平正义，所有司法机关都要紧紧围绕这个目标来改进工作，重点解决影响司法公正和制约司法能力的深层次问题。全民守法，要求任何组织或者个人都必须在宪法和法律范围内活动，任何公民、社会组织和国家机关都要以宪法和法律为行为准则，依照宪法和法律行使权利或权力、履行义务或职责。

（四）与推进国家治理体系与治理能力现代化同脉共振

全面推进依法治国既是实现国家治理现代化目标的基本要求，又是推进国家治理现代化的重要组成部分。法律的强制性、普遍性、稳定性、公开性、协调性等价值属性满足了国家治理对权威性和有效性的要求。法治在治理现代化过程中具有极为重要的意义。民主、科学、文明、法治是国家治理现代化的基本要求，民主、科学、文明都离不开法治的保障。治理现代化需要通过法治手段进一步具体地对应到治理体系的各个领域和每个方面，需要进一步量化为具体的指标体系，包括国权配置定型化、公权行使制度化、权益保护实效化、治理行为规范化、社会关系规则化、治理方式文明化六个方面。在实现治理法治化的过程中，治理主体需要高度重视法治本身的现代化问题，高度重视法律规范的可实施性，高度重视全社会法治信仰的塑造，高度重视治理事务对法治的坚守，高度重视司法公信力的培养。

思考题

1. 中国特色社会主义法治体系的内涵是什么？
2. 中国特色社会主义法治体系的主要内容是什么？
3. 建设中国特色社会主义法治体系的总体要求是什么？

第三章 “七五”普法规划知识

本 章 要 点

★“七五”普法规划是在党中央作出全面推进依法治国战略布局，明确提出了依法治国的具体目标和要求的时代背景下出台的。

★“七五”普法规划是服务“十三五”时期经济社会发展、全面建成小康社会的客观需要。有利于进一步发挥法治的引领和规范作用，为全面实施“十三五”规划、全面建成小康社会营造良好的法治环境。

★“七五”普法规划明确提出，法治宣传教育的对象是一切有接受教育能力的公民，重点是领导干部和青少年。

★“七五”普法规划明确了七项主要任务。

第一节 “七五”普法规划的制定出台

全民普法和守法是依法治国的长期基础性工作。深入开展法治宣传教育，是贯彻落实党的十八大和十八届三中、四中、五中全会精神的重要任务，是实施“十三五”规划、全面建成小康社会的重要保障。

一、七个五年普法规划的制定回顾

1985年11月，中共中央、国务院批转中宣部、司法部《关于向全体公民基本普及法律常识的五年规划》，1985年11月22日，六届全国人大常委会十三次会议作出了《关于在公民中基本普及法律常识的决议》，提出从一九八六年起，争取用五年左右时间，有计划、有步骤地在一切有接受教育能力的公民中，普遍进行一次普及法律常识的教育，并且逐步做到制度化、经常化。自此，全国“一五”普法的帷幕正式拉开。三十年来，全国共开展了六个五年一轮的法制宣传教育活动，分别为“一五”普法（1986—1990年）、“二五”普法（1991—1995年）、“三五”普法(1996—2000年)、“四五”普法（2001—2005年）、“五五”普法（2006—2010年）、

“六五”普法（2011—2015年），2016年进入“七五”普法时期。2016年3月25日，中共中央、国务院转发《中央宣传部、司法部关于在公民中开展法治宣传教育的第七个五年规划（2016—2020年）》的通知，全国法治宣传教育第七个五年规划正式开始实施。

“七五”普法规划是在党中央作出全面推进依法治国战略布局，明确提出了依法治国的具体目标和要求的时代背景下出台的。它的实施周期正处于我国实现全面建成小康社会奋斗目标的关键时期，具有更为突出的政治意义和实践意义。党中央关于“坚持依法治国、依法执政、依法行政共同推进，坚持法治国家、法治政府、法治社会一体建设，实现科学立法、严格执法、公正司法、全民守法，促进国家治理体系和治理能力现代化”的提出，对进一步做好“七五”普法工作，既指明了方向，也明确了新的更高要求。

二、“七五”普法规划制定的重大意义

制定“七五”普法规划是全面贯彻党的十八大和十八届三中、四中、五中全会精神，深入贯彻习近平总书记系列讲话精神的重要举措。党的十八大以来，以习近平同志为总书记的党中央对全面依法治国作出了重要部署，对法治宣传教育提出了新的更高要求，明确了法治宣传教育的基本定位、重大任务和重要措施，为深入开展法治宣传教育指明了方向。

制定“七五”普法规划，是全面依法治国的必然要求。全民普法和守法是依法治国的长期基础性工作。把全民普法工作深入持久地开展下去，进一步增强全民法治观念，推动全社会树立法治意识，对于全面依法治国具有重要意义。

制定“七五”普法规划，是服务“十三五”时期经济社会发展、全面建成小康社会的客观需要。有利于进一步发挥法治的引领和规范作用，为全面实施“十三五”规划、全面建成小康社会营造良好的法治环境。

三、“七五”普法规划制定的总体考虑

全面贯彻落实中央决策部署。规划全面贯彻党的十八大和十八届三中、四中、五中全会精神，深入贯彻落实习近平总书记系列重要讲话精神和对法治宣传教育的重要指示，充分体现党的十八大以来中央关于法治宣传教育的决策部署和一系列政策措施，使其具体化、制度化。

根据“十三五”时期经济社会发展的需要，明确法治宣传教育的主要任务和工作措施，为创新发展、协调发展、绿色发展、开放发展、共享发展服务。

坚持问题导向。规划认真总结了“六五”普法工作经验，研究把握法治宣传教育工作规律，针对法治宣传教育工作中存在的部分地方和部门对法治宣传教育重要性的认识还不到位、普法宣传教育机制还不够健全、实效性有待进一步增强等问题，提出解决的途径和办法。

坚持创新发展、注重实效。规划适应全面依法治国的新要求，以满足人民群众不断增长的法治需要为出发点和落脚点，坚持学法与用法相结合、法治与德治相结合，创新法治宣传工作理念、机制、载体和方式方法，不断提高法治宣传教育的针对性和实效性。

第二节 “七五”普法规划的主要内容

一、“七五”普法规划的指导思想、主要目标和工作原则

“七五”普法工作的指导思想：高举中国特色社会主义伟大旗帜，全面贯彻党的十八大和十八届三中、四中、五中全会精神，以马克思列宁主义、毛泽东思想、邓小平理论、“三个代表”重要思想、科学发展观为指导，深入贯彻习近平总书记系列重要讲话精神，坚持“四个全面”战略布局，坚持创新、协调、绿色、开放、共享的发展理念，按照全面依法治国新要求，深入开展法治宣传教育，扎实推进依法治理和法治创建，弘扬社会主义法治精神，建设社会主义法治文化，推进法治宣传教育与法治实践相结合，健全普法宣传教育机制，推动工作创新，充分发挥法治宣传教育在全面依法治国中的基础作用，推动全社会树立法治意识，为“十三五”时期经济社会发展营造良好法治环境，为实现“两个一百年”奋斗目标和中华民族伟大复兴的中国梦作出新的贡献。

“七五”普法工作的主要目标：普法宣传教育机制进一步健全，法治宣传教育实效性进一步增强，依法治理进一步深化，全民法治观念和全体党员党章党规意识明显增强，全社会厉行法治的积极性和主动性明显提高，形成守法光荣、违法可耻的社会氛围。

“七五”普法工作应遵循的原则：坚持围绕中心服务大局。围绕党和国家中心工作开展法治宣传教育，更好地服务协调推进“四个全面”战略布局，为全面实施国民经济和社会发展“十三五”规划营造良好法治环境；坚持依靠群众，服务群众。以满足群众不断增长的法治需求为出发点和落脚点，以群众喜闻乐见、易于接受的方式开展法治宣传教育，增强全社会尊法学法守法用法意识，使国家法律和党内法规为党员群众所掌握、所遵守、所运用；坚持学用结合，普治并举。坚持法治宣传教育与依法治理有机结合，把法治宣传教育融入立法、执法、司法、法律服务和党内法规建设活动中，引导党员群众在法治实践中自觉学习、运用国家法律和党内法规，提升法治素养；坚持分类指导，突出重点。根据不同地区、部门、行业及不同对象的实际和特点，分类实施法治宣传教育。突出抓好重点对象，带动和促进全民普法；坚持创新发展，注重实效。总结经验，把握规律，推动法治

宣传教育工作理念、机制、载体和方式方法创新，不断提高法治宣传教育的针对性和实效性，力戒形式主义。

二、“七五”普法规划的主要任务

“七五”普法规划明确了七项主要任务：

（一）深入学习宣传习近平总书记关于全面依法治国的重要论述

党的十八大以来，习近平总书记站在坚持和发展中国特色社会主义全局的高度，对全面依法治国作了重要论述，提出了一系列新思想、新观点、新论断、新要求，深刻回答了建设社会主义法治国家的重大理论和实践问题，为全面依法治国提供了科学理论指导和行动指南。要深入学习宣传习近平总书记关于全面依法治国的重要论述，增强走中国特色社会主义道路的自觉性和坚定性，增强全社会厉行法治的积极性和主动性。深入学习宣传以习近平同志为总书记的党中央关于全面依法治国的重要部署，宣传科学立法、严格执法、公正司法、全民守法和党内法规建设的生动实践，使全社会了解和掌握全面依法治国的重大意义和总体要求，更好地发挥法治的引领和规范作用。

（二）突出学习宣传宪法

坚持把学习宣传宪法摆在首要位置，在全社会普遍开展宪法教育，弘扬宪法精神，树立宪法权威。深入宣传依宪治国、依宪执政等理念，宣传党的领导是宪法实施的最根本保证，宣传宪法确立的国家根本制度、根本任务和我国的国体、政体，宣传公民的基本权利和义务等宪法基本内容，宣传宪法的实施，实行宪法宣誓制度，认真组织好“12·4”国家宪法日集中宣传活动，推动宪法家喻户晓、深入人心，提高全体公民特别是各级领导干部和国家机关工作人员的宪法意识，教育引导一切组织和个人都必须以宪法为根本活动准则，增强宪法观念，维护宪法尊严。

（三）深入宣传中国特色社会主义法律体系

坚持把宣传以宪法为核心的中国特色社会主义法律体系作为法治宣传教育的基本任务，大力宣传宪法相关法、民法商法、行政法、经济法、社会法、刑法、诉讼与非诉讼程序法等多个法律部门的法律法规。大力宣传社会主义民主政治建设的法律法规，提高人民有序参与民主政治的意识和水平。大力宣传保障公民基本权利的法律法规，推动全社会树立尊重和保障人权意识，促进公民权利保障法治化。大力宣传依法行政领域的法律法规，推动各级行政机关树立“法定职责必须为、法无授权不可为”的意识，促进法治政府建设。大力宣传市场经济领域的法律法规，推动全社会树立保护产权、平等交换、公平竞争等意识，促进大众创业、万众创新，促进经济在新常态下平稳健康运行。大力宣传有利于激发文化创造活力、保障人民基本文化权益的相关法律法规，促进社会主义精神文明建设。大力宣传教育、就业、收入分配、社会保障、医疗卫生、食品安全、扶贫、慈善、社会救助和妇女儿童、老年人、残疾人合法权益保护等方面法律法规，促进保障和改善民生。大力宣传国家安全和公共安全领域的法律法规，提高全民安全意识、风险意识和预防能力。大力宣传国防法律法规，提高全民国防观念，促进国防建设。大力宣传党的民族、宗教政策和相关法律法规，维护民族地区繁荣稳定，促进民族关系、宗教关系和谐。大力宣传环境保护、资源能源节约利用等方面的法律法规，推动美丽中国建设。大力宣传互联网领域的法律法规，教育引导网民依法规范网络行为，促进形成网络空间良好秩序。大力宣传诉讼、行政复议、仲裁、调解、信访等方面的法律法规，引导群众依法表达诉求、维护权利，促进社会和谐稳定。在传播法律知识的同时，更加注重弘扬法治精神、培育法治理念、树立法治意识。大力宣传宪法法律至上、法律面前人人平等、权由法定、权依法行使等基本法治理念，破除“法不责众”“人情大于国法”等错误认识，引导全民自觉守法、遇事找法、解决问题靠法。

（四）深入学习宣传党内法规

适应全面从严治党、依规治党新形势新要求，切实加大党内法规宣传力度。突出宣传党章，教育引导广大党员尊崇党章，以党章为根本遵循，坚决维护党章权威。大力宣传《中国共产党廉洁自律准则》《中国共产党纪律处分条例》等各项党内法规，注重党内法规宣传与国家法律宣传的衔接和协调，坚持纪在法前、纪严于法，把纪律和规矩挺在前面，教育引导广大党员做党章党规党纪和国家法律的自觉尊崇者、模范遵守者、坚定捍卫者。

（五）推进社会主义法治文化建设

以宣传法律知识、弘扬法治精神、推动法治实践为主旨，积极推进社会主义法治文化建设，充分发挥法治文化的引领、熏陶作用，使人民内心拥护和真诚信仰法律。把法治文化建设纳入现代公共文化服务体系，推动法治文化与地方文化、行业文化、企业文化融合发展。繁荣法治文化作品创作推广，把法治文化作品纳入各级文化作品评奖内容，纳入艺术、出版扶持和奖励基金内容，培育法治文化精品。利用重大纪念日、民族传统节日等契机开展法治文化活动，组织开展法治文艺展演展播、法治文艺演出下基层等活动，满足人民群众日益增长的法治文化需求。把法治元素纳入城乡建设规划设计，加强基层法治文化公共设施建设。

（六）推进多层次多领域依法治理

坚持法治宣传教育与法治实践相结合，把法律条文变成引导、保障经济社会发展的基本规则，深化基层组织和部门、行业依法治理，深化法治城市、法治县（市、区）等法治创建活动，提高社会治理法治化水平。深入开展民主法治示范村（社区）创建，进一步探索乡村（社区）法律顾问制度，教育引导基层群众自我约束、自我管理。发挥市民公约、乡规民约、行业规章、团体章程等社会规范在社会治理中的积极作用，支持行业协会商会类社会组织发挥行业自律和专业服务功能，发挥社会组织对其成员的行为导引、规则约束、权益维护作用。

（七）推进法治教育与道德教育相结合

坚持依法治国和以德治国相结合的基本原则，以法治体现道德理念，以道德滋养法治精神，促进实现法律和道德相辅相成、法治和德治相得益彰。大力弘扬社会主义核心价值观，弘扬中华传统美德，培育社会公德、职业道德、家庭美德、个人品德，提高全民族思想道德水平，为全面依法治国创造良好人文环境。强化规则意识，倡导契约精神，弘扬公序良俗，引导人们自觉履行法定义务、社会责任、家庭责任。发挥法治在解决道德领域突出问题中的作用，健全公民和组织守法信用记录，完善守法诚信褒奖机制和违法失信行为惩戒机制。

以案释法 05

领导干部腐败不能以“不懂法”为借口

【案情介绍】2005年7月13日上午，陕西省西安市中级人民法院对某市委宣传部原副部长张某涉嫌受贿、巨额财产来源不明、滥用职权一案作出一审判决，以受贿罪，判处其有期徒刑十二年，并处没收财产5万元人民币；以巨额财产来源不明罪，判处其有期徒刑一年零六个月；以滥用职权罪，判处其有期徒刑四年零六个月。决定对张某执行有期徒刑十七年，并处没收财产5万元人民币。张某除担任某市委宣传部副部长一职外，还兼某市广播电视局局长、党组书记，某市广电局下属单位有线电视网络有限责任公司及某市广播电视网络传输有限责任公司董事长。

2004年，某市纪委和检察机关在查处张某案件的过程中，从张某家中和银行查获现金、存款，共计1680555.18元人民币、34162.65 美元、15381.87港币。其中有608403.68元人民币、27162.65美元、15381.87港币不能说明合法来源。

张某在担任某市广电局局长、党组书记，兼任有线网络公司及广电传输公司董事长期间，在有线网络公司增资扩股过程中，明知该市三家公司均不具备投资资格和实力，无视有线网络公司评估的净资产值为43288.75万元的事实，超越职权擅自决定成立融资小组，并将上述三家公司作为融资对象，强行通过股东会决议，使三家公司通过银行贷款享有了有线网络公司49%的股权，致使有线网络公司10892.55万元的国有资产受损；另外被告人张某还滥用职权违法同意给该市某公司贷款提供担保，给广电传输公司造成1020.19万元的直接经济损失。

张某在任该市某公司法定代表人和某科技有限责任公司实际出资人期间，为达到偷税目的，指使公司会计采用在账簿上虚列工资、差旅费、误餐费等支出的手段，将现金套出，存入私人存折等手段共计偷税金额324934.75元。

庭审中，昔日的副部长当庭7次痛哭不已，哽咽着说："我没有学好法律，当时没有认识到自己的行为是受贿，但是现在我已经认识到了自己是在犯罪。作为一名犯罪嫌疑人，我应该认罪服法。"

【以案释法】贪官出事之后，以自己"不懂法"作为借口，张某不是第一人。某省原省委书记刘某"忏悔"时说："作为省委书记，自以为什么都懂。但是，通过这次法庭审理才发现，自己其实是个法盲。"刘某这么避重就轻地说了，搞政法的某省委政法委原副书记李某也说："我不是很懂法，并不知道事后收人家钱是犯罪行为。"据报道，中组部干部监督局在分析违法犯罪的许多名原领导干部的反省材料时发现，其中81.4%的人认为自己犯罪与不懂法有关。

其实，贪官都说自己不懂法是明摆着的谎言，真正的原因不是他们不懂法律，而是他们不懂得尊重法律。在这些贪官心目中只有一个字：权！有了这样一种"权比法大"的心理，受贿时不知有法，这是典型的没让法治理念、法治思维、法治精神、法治信仰入脑入心。

法律格言说：法律必须被信仰，否则它将形同虚设。法律信仰就是要在全体人民（包括官员）心目中树立起法律权威，这是法治社会的要义。党的十八届四中全会通过的《中共中央关于全面推进依法治国若干重大问题的决定》在谈到增强全民法治观念，推进法治社会建设时，非常鲜明地提出了"让尊法守法成为全体人民共同追求和自觉行动"的目标。

三、"七五"普法规划的实施

（一）对象和要求

"七五"普法规划明确提出，法治宣传教育的对象是一切有接受教育能力的公民，重点是领导干部和青少年。要坚持把领导干部带头学法、模范守法作为树立法治意识的关键。完善国家工作人员学法用法制度，把宪法法律和党内法规列入党委（党组）中心组学习内容，列为党校、行政学院、干部学院、社会主义学院必修课；把法治教育纳入干部教育培训总体规划，纳入国家工作人员初任培训、任职培训的必训内容，在其他各类培训课程中融入法治教育内容，保证法治培训课时数量和培训质量，切实提高

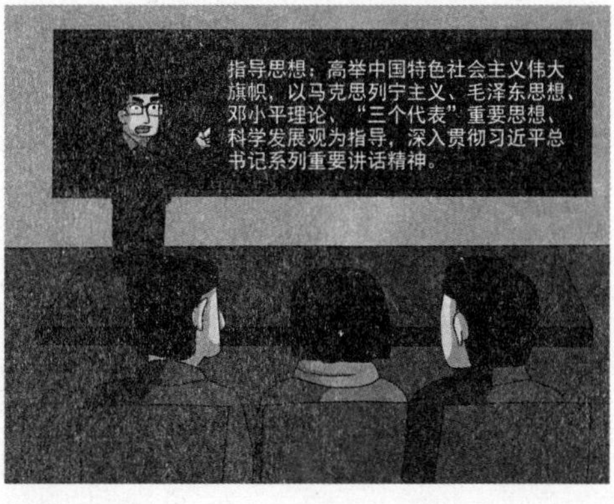

领导干部运用法治思维和法治方式深化改革、推动发展、化解矛盾、维护稳定的能力，切实增强国家工作人员自觉守法、依法办事的意识和能力。加强党章和党内法规学习教育，引导党员领导干部增强党章党规党纪意识，严守政治纪律和政治规矩，在廉洁自律上追求高标准，自觉远离违纪红线。健全日常学法制度，创新学法形式，拓宽学法渠道。健全完善重大决策合法性审查机制，积极推行法律顾问制度，各级党政机关和人民团体普遍设立公职律师，企业可设立公司律师。把尊法学法守法用法情况列入作为领导班子和领导干部年度考核的重要内容。把法治观念强不强、法治素养好不好作为衡量干部德才的重要标准，把能不能遵守法律、依法办事作为考察干部的重要内容；要坚持从青少年抓起。切实把法治教育纳入国民教育体系，制定和实施全国青少年法治教育大纲，在中小学设立法治知识课程，确保在校学生都能得到基本法治知识教育。完善中小学法治课教材体系，编写法治教育教材、读本，地方可将其纳入地方课程义务教育免费教科书范围，在小学普及宪法基本常识，在中、高考中增加法治知识内容，使青少年从小树立宪法意识和国家意识。将法治教育纳入“中小学幼儿园教师国家级培训计划”，加强法治课教师、分管法治教育副校长、法治辅导员培训。充分利用第二课堂和社会实践活动开展青少年法治教育，在开学第一课、毕业仪式中有机融入法治教育内容。加强对高等院校学生的法治教育，增强其法治观念和参与法治实践的能力。强化学校、家庭、社会“三位一体”的青少年法治教育格局，加强青少年法治教育基地建设和网络建设；各地区各部门要根据实际需要，从不同群体的特点出发，因地制宜开展有特色的法治宣传教育。突出加强对企业经营管理人员的法治宣传教育，引导他们树立诚信守法、爱国敬业意识，提高依法经营、依法管理能力。加强对农民工等群体的法治宣传教育，帮助、引导他们依法维权，自觉运用法律手段解决矛盾纠纷。

（二）工作措施

第七个法治宣传教育五年规划从2016年开始实施，至2020年结束。各地区各部门要根据本规划，认真制定本地区本部门规划，深入宣传发动，全面组织实施，确保第七个五年法治宣传教育规划各项目标任务落到实处。

1. 健全普法宣传教育机制

各级党委和政府要加强对普法工作的领导，宣传、文化、教育部门和人民团体要在普法教育中发挥职能作用。把法治教育纳入精神文明创建内容，开展群众性法治文化活动。人民团体、社会组织要在法治宣传教育中发挥积极作用，健全完善普法协调协作机制，根据各自特点和实际需要，有针对性地组织开展法治宣传教育活动。积极动员社会力量开展法治宣传教育，加强各级普法讲师团建设，选聘优秀法律和党内法规人才充实普法讲师团队伍，组织开展专题法治宣讲活动，充分发挥讲师团在普法工作中的重要作用。鼓励引导司法和行政执法人员、法律服务人员、大专院校法律专业师生加入普法志愿者队伍，畅通志愿者服务渠道，健全完善管理制度，培育一批普法志愿者优秀团队和品牌活动，提高志愿者普法宣传水平。加强工作考核评估，建立健全法治宣传教育工作考评指导标准和指标体系，完善考核办法和机制，注重考核结果的运用。健全激励机制，认真开展“七五”普法中期检查和总结验收，加强法治宣传教育先进集体、先进个人表彰工作。围绕贯彻中央关于法治宣传教育的总体部署，健全法治宣传教育工作基础制度，加强地方法治宣传教育条例制定和修订工作，制定国家法治宣传教育法。

2. 健全普法责任制

实行国家机关“谁执法谁普法”的普法责任制，建立普法责任清单制度。建立法官、检察官、行政执法人员、律师等以案释法制度，在执法司法实践中广泛开展以案释法和警示教育，使案件审判、行政执法、纠纷调解和法律服务的过程成为向群众弘扬法治精神的过程。加强司法、行政执法案例整理编辑工作，推动相关部门面向社会公众建立司法、行政执法典型案例发布制度。落实“谁主管谁负责，谁执法谁普法”的普法责任，各行业、各单位要在管理、服务过程中，结合行业特点和特定群体的法律需求，开展法治宣传教育。健全媒体公益普法制度，广播电视、报纸期刊、互联网和手机媒体等大众传媒要自觉履行普法责任，在重要版面、重要时段制作刊播普法公益广告，开设法治讲堂，针对社会热点和典型案（事）例开展及时权威的法律解读，积极引导社会法治风尚。各级党组织要坚持全面从严治党、依规治党，切实履行学习宣传党内法规的职责，把党内法规作为学习型党组织建设的重要内容，充分发挥正面典型倡导和反面案例警示作用，为党内法规的贯彻实施营造良好氛围。

3. 推进法治宣传教育工作创新

要创新工作理念，坚持服务党和国家工作大局、服务人民群众生产生活，努力培育全社会法治信仰，增强法治宣传教育工作实效。针对受众心理，创新方式方法，坚持集中法治宣传教育与经常性法治宣传教育相结合，深化法律进机关、进乡村、进社区、进学校、进企业、进单位的“法律六进”主题活动，完善工作标准，建立长效机制。创新载体阵地，充分利用广场、公园等公共场所开展法治宣传教育，有条件的地方建设宪法法律教育中心。在政府机关、社会服务机构的服务大厅和服务窗口增加法治宣传教育功能。积极运用公共活动场所电子显示屏、服务窗口触摸屏、公交移动电视屏、手机屏等，推送法治宣传教育内容。充分运用互联网传播平台，加强新媒体新技术在普法中的运用，推进“互联网+法治宣传”行动。开展新媒体普法益民服务，组织新闻网络开展普法宣传，更好地运用微信、微博、微电影、客户端开展普法活动。加强普法网站和普法网络集群建设，建设法治宣传教育云平台，实现法治宣传教育公共数据资源开放和共享。适应我国对外开放新格局，加强对外法治宣传工作。

（三）组织领导

1.切实加强领导

各级党委和政府要把法治宣传教育纳入当地经济社会发展规划，定期听取法治宣传教育工作情况汇报，及时研究解决工作中的重大问题，把法治宣传教育纳入综合绩效考核、综治考核和文明创建考核内容。各级人大要加强对法治宣传教育工作的日常监督和专项检查。健全完善党委领导、人大监督、政府实施的法治宣传教育工作领导体制，加强各级法治宣传教育工作组织机构建设。高度重视基层法治宣传教育队伍建设，切实解决人员配备、基本待遇、工作条件等方面的实际问题。

2.加强工作指导

各级法治宣传教育领导小组每年要将法治宣传教育工作情况向党委（党组）报告，并报上级法治宣传教育工作领导小组。加强沟通协调，充分调动各相关部门的积极性，发挥各自优势，形成推进法治宣传教育工作创新发展的合力。结合各地区各部门工作实际，分析不同地区、不同对象的法律需求，区别对待、分类指导，不断增强法治宣传教育的针对性。坚持问题导向，深入基层、深入群众调查研究，积极解决问题，努力推进工作。认真总结推广各地区各部门开展法治宣传教育的好经验、好做法，充分发挥先进典型的示范和带动作用，推进法治宣传教育不断深入。

3.加强经费保障

各地区各部门要把法治宣传教育相关工作经费纳入本级财政预算，切实予以保障，并建立动态调整机制。把法治宣传教育列入政府购买服务指导性目录。积极利用社会资金开展法治宣传教育。

第三节 “谁执法谁普法”普法责任制

2015年是全面推进依法治国的开局之年，如何让法治理念、法治思维、法治精神、法治信仰入脑入心，成为全民共识，是深入开展普法教育的关键。《中共中央关于全面推进依法治国若干重大问题的决定》提出，实行国家机关“谁主管谁普法，谁执法谁普法”的普法责任制。“谁主管谁普法，谁执法谁普法”，即以法律所调整的社会关系的种类和所涉及的部门、行业为主体，充分发挥行业优势和主导作用，在抓好部门、行业内部法制宣传教育的同时，负责面向重点普法对象，面向社会宣传本部门、本行业所涉及所执行的法律法规。

实行“谁主管谁普法，谁执法谁普法”工作原则，是贯彻落实“七五”普法规划的重要举措，有利于充分发挥执法部门、行业职能优势和主导作用，扩大普法依法治理工作覆盖面，增强法制宣传教育的针对性、专业性，促进执法与普法工作的有机结合，进一步加大普法工作力度，真正形成部门、行业分工负责、各司其职、齐抓共管的大普法工作格局。

一、“谁执法谁普法”是法治国家的新要求

实行国家机关“谁执法谁普法”的普法责任制，建立法官、检察官、行政执法人员、律师等以案释法制度，加强普法讲师团、普法志愿者队伍建设。

执法和司法人员普法具有天然的优势。严格执法、公正司法是法治信仰最好的支撑，也是最好的普法实践。将普法与立法司法执法关联在一起具有重要的现实意义。法的执行力既需要靠执法机关执法办案，也要靠全民守法来实现。法的贯彻执行需要靠大家守法，守法的前提是普法，让百姓知道法律。“谁执法谁普法”体现了法治中国的新要求，凸显了执法主体对普法的重要责任。执法机关对其执法对象、执法内容、执法当中存在的问题最了解，他们开展普法也更具针对性、及时性、有效性。

国家机关的工作涉及人民群众学习、生活、工作的方方面面，由执法者在为群众办事过程中进行普法教育，更具有亲历性和普及性，更利于人民群众接受。如交警部门宣传交通法规，税务部门宣传税法，劳动保障部门宣传劳动保障的相关法律法规。

二、“谁执法谁普法”指导思想

以党的十八大和十八届三中、四中全会精神及习近平总书记系列重要讲话精神为指导，坚持围绕中心、服务大局，坚持创新形式、注重实效，坚持贴近基层、服务群众，以建立健全法治宣传教育机制为抓手，以开展“学习宪法尊法守法”等主题活动为载体，通过深入开展法治宣传教育，充分发挥法治宣传教育在法治建设中的基础性作用，进一步形成分工负责、各司其职、齐抓共管的普法工作格局，通过实行“谁执法谁普法”教育活动，普及现有法律法规，提升执法人员的法治观念和行政执法水平，增强相关法治主体的法律意识，营造全社会关注、关心法治的浓厚氛围，推动形成自觉守法用法的社会环境，为经济建设营造良好的法治环境。

三、“谁执法谁普法”工作原则

（一）坚持执法办案与普法宣传相结合的原则

将普法宣传教育渗透到执法办案全过程，利用以案释法、以案普法、以案学法等方式普及法律常识，通过文明执法促进深度普法，通过广泛普法促进文明执法。在各行业监管中，以行政执法、公众参与、以案释法为导向，形成行政执法人员以案释法工作长效机制，实行长态化普法。在执法工作中，要加大对案件当事人的法律宣传教育，只有在当事人中积极进行法律知识宣传，只有对典型案例进行宣传，才能起到事半功倍的宣传效果，才能让广大群众更为有效地学习法律知识，才能从实际案件中学法、懂法、用法，有效维护自身权利。

（二）坚持日常宣传与集中宣传相结合的原则

各机关单位根据担负职能和工作特点，在广泛开展法治宣传的同时，以各自业务领域为主要方向，结合“宪法法律宣传月”“3·15”“12·4”法制宣传日等特殊时段和节点。面向执法对象、服务对象和社会公众开展广泛的群众性法治宣传活动。开展各类重点突出、针对性强的集中法制宣传活动，切实增强工作的实效性。

（三）坚持上下联动和属地管理相结合的原则

强化上级部门对下级部门、主管部门对下属单位的指导，坚持市、县、乡三级联动普法。落实普法工作属地管理责任，强化地方党委政府对部门普法工作的监督考核，努力形成党委领导、人大监督、政府实施、政协支持、各部门协作配合、全社会共同参与的法制宣传教育新格局。

三、“谁执法谁普法”的主要任务

（一）切实落实普法工作责任制

“谁执法谁普法”工作责任主体要结合自身实际，将普法工作纳入全局工作统筹安排，制定切实可行的年度普法工作计划。健全完善普法领导机制，明确领导职责，加强普法办公室的建设，保证普法工作所需人员和经费。

（二）着力强化法律法规宣传教育

一是认真开展面向社会的普法活动。结合“12·4”国家宪法日、“4·7”世界卫生日、“7·11”世界人口日等各种宣传日、宣传周主题活动，通过集中宣传咨询、印发资料、LED屏滚动播出等方式，以及网站、微信、微博、广播、电视、报刊等传播平台，围绕行业普法工作重点以及群众关心的热点问题和行业执法工作的重点，开展面向大众的法治宣传教育活动。

二是扎实做好系统内人员的法治教育。以社会主义法治理念、宪法和国家基本法律法规、依法行政以及反腐倡廉、预防职务犯罪等法律知识为重点，把法治教育与政治理论教育、理想信念教育、职业道德教育、党的优良传统和作风教育结合起来，通过集中办班、举办讲座、召开研讨交流会、组织或参加法律知识考试、自学等方式，加大系统内工作人员法治学习力度，不断增强领导干部和工作人员的法治理念、法律素养和依法行政依法管理的能力。

（三）大力推进普法执法有机融合

寓普法于执法之中，把普法与执法紧密结合起来，使执法过程成为最生动的普法实践，大力促进普法与执法的有机融合。要将法治宣传渗透到执法办案的各环节、全过程，利用以案释法、现身说法等形式向社会大众传播法律、宣传法律，通过深化普法，预防违法行为，减少执法阻力，巩固执法成果。

（四）全面建立以案释法制度体系

一是建立典型案例评选制度。以案释法是利用身边或实际生活中发生的案例诠释法律的过程，要精心筛选具有重大典型教育意义、社会关注度高、与群众关系密切的“身边的案例”“成熟的案例”“针对性强的案例”，作为“释法”重点。定期开展行政执法案卷质量评查活动，评选出具有行业特点且与社会大众生活健康息息相关的典型案例，以更好的抓好行政执法案例评审工作。

二是建立典型案例发布传播制度。通过在部门网站设立以案释法专栏、免费发放典型案例宣传册等方式，以案释法、以案讲法，让公众进一步了解事实认定、法律适用的过程，了解案件审理、办结的情况。加强与新闻媒体的联系协调，推动落实新闻媒体的公益普法责任，充分发挥新闻媒体的法治传播作用。探索与媒体合作举办以案释法类节目，邀请媒体参与执法，积极引导社会法治风尚，增强法治宣传的传播力和影响力。

三是建立以案释法公开告知制度。在执法过程中，即时告知执法的法律依据，让行政相对人充分了解有关法律规定，知晓自身行为的违法性、应受到的处罚以及维权救济途径。有针对性地分行业定期举办执法相对人法律法规知识培训，通过强化岗前培训、岗位复训、分层培训，切实提高从业人员自身素质和法治意识。与社区合作，通过举办法治讲座、法律讲堂和开展送法进社区等形式，深入浅出地宣传法律及执法情况，释疑解惑，为各类普法对象宣讲典型案例，以身边人说身份事，用身边事教育身边人，推动法治宣传教育贴近基层、贴近百姓、贴近生活。

四、“谁执法谁普法”的工作要求

（一）高度重视，提高认识

充分认识法治宣传教育对全面推进法治建设的重要意义，实行国家机关“谁执法谁普法”的普法责任制是党的十八届四中全会提出的推动全社会树立法治意识的重要举措，也是推动“七五”普法决议落实，全面完成“七五”普法规划的工作要求。要充分认识开展这项工作的重要性和艰巨性，坚持把全民普法和守法作为依法治国的长期基础性工作，常抓不懈，把落实普法责任作为一项基本的职能工作。

（二）加强领导，明确责任

“谁执法谁普法”是一项涉及面广、工作要求高的系统工程，各单位和部门应按照中央的要求，切实加强对“谁执法谁普法”工作的组织领导，具体抓好落实。要明确工作目标、细化工作方案、创新工作举措、落实工作责任，确保“谁执法谁普法”工作落到实处，见到实效。

(三)创新模式，增强实效

充分发挥主导作用和职能优势，全面结合职责范围、行业特点、普法对象的实际情况和依法治理需要及社会热点，及时跟进相关法律法规的重点宣传。发挥广播电视、报刊、网络和移动通讯等大众媒体的重要作用，用群众喜闻乐见、寓教于乐的形式，突出以案释法、以案普法等，通过多种形式创新开展有特色、有影响、有实效的法治宣传。

(四)强化考核，落实责任

将“谁执法谁普法”工作落实情况纳入依法治理好目标绩效考核，同时对普法宣传工作进行督查，对采取措施不得力，工作不到位，目标未完成的单位应予以督促并统一纳入年终考核评价体系，对工作突出的先进集体和先进个人予以表扬。

思考题

1.“七五”普法规划的主要内容是什么?
2.“谁执法谁普法”的工作要求有哪些?
3.“谁执法谁普法”的主要任务是什么?

第四章　法治思维和法治方式

本 章 要 点

★提高运用法治思维和法治方式深化改革、推动发展、化解矛盾、维护稳定能力，努力推动形成办事依法、遇事找法、解决问题用法、化解矛盾靠法的良好法治环境，在法治轨道上推动各项工作。

★职权法定、权力制约、保障人权、程序正当，是法治思维和法治方式的基本要求。

第一节　法治思维和法治方式的提出

法治思维是指将党中央关于法治中国建设的基本要求，将宪法和法律的相关规定运用于判断、思考和决策。法治方式就是运用法治思维处理和解决问题的行为方式。法治思维与法治方式两者之间属于法治要求内化于心、外化于行的辩证统一关系。简言之，用法律观念来判断问题，用法律方式来处理矛盾和纠纷，这就是法治思维和法治方式。正如习近平同志指出的那样："各级领导干部要提高运用法治思维和法治方式深化改革、推动发展、化解矛盾、维护稳定能力，努力推动形成办事依法、遇事找法、解决问题用法、化解矛盾靠法的良好法治环境，在法治轨道上推动各项工作。"

在我国依法治国的进程中，1997年党的十五大明确提出，依法治国、建设社会主义法治国家。1999年九届全国人大二次会议通过的宪法修正案将"中华人民共和国实行依法治国，建设社会主义法治国家"载入宪法，成为宪法规定的治国方略。2002年党十六大提出，依法治国是党领导人民治理国家的基本方略。要正确运用经济、行政和法律等手段，妥善处理人民内部矛盾特别是涉及群众切身利益的矛盾，保持安定团结的局面。2007年党的十七大提出，坚持依法治国基本方略，树立社会主义法治理念，实现国家各项工作法治化，保障公民合法权益。2012年党的十八大要求，深入开展法制宣传教育，弘扬社会主义法治精神，树立社会主义法治理念，增强全社会学法尊法守法用法意识。提高领导干部运用法治思维和法治方式深化改革、推动发展、化解矛盾、维护稳定能力。党领导人民制定宪法和法律，党必须在宪法和法律范围内活动。任何组织或者个人都不得有超越宪法和法律的特权，绝不允许以言代法、以权压法、徇私枉法。2013年党的十八届三中全会提出，坚持依法治理，加强法治保障，运用法治思维和法治方式化解社会矛盾。2014年党的十八届四中全会进一步明确要求，要自觉提高运用法治思维和法治方式深化改革、推动发展、化解矛盾、维护稳定能力，高级干部尤其要以身作则、以上率下。把法治建设成效作为衡量各级领导班子和领导干部工作实绩重要内容，纳入政绩考核指标体系。把能不能遵守法律、依法办事作为考察干部、提拔干部的重要内容。

我国法治建设从改革开放初期提出的“有法可依，有法必依，执法必严，违法必究”到党的十八大以来提出的“科学立法、严格执法、公正司法、全民守法”，在内容和形式上都有了全面的深化。法治思维和法治方式的要求，从以往的法制建设层面，跃升到了治国理政的高度；从开始时的总体原则要求，深化到日常工作要求和干部考核任用层面，这是我们党在加强依法执政能力建设中，对领导干部提出的新的、更高的要求，为我们党治国理政提供了根本遵循。

法治思维和法治方式的提出，有着自身的客观必然性。

一、提高法治思维和法治方式能力，是全面建成小康社会的需要

1979年12月6日，邓小平在会见日本首相大平正芳时，根据我国经济发展的实际情况，第一次提出了我国在20世纪末达到“小康社会”的构想。他说：我们要实现的四个现代化，是中国式的四个现代化。我们的四个现代化的概念，不是像你们那样的现代化的概念，而是“小康之家”。到本世纪末，中国的四个现代化即使达到了某种目标，我们的国民总产值也还是很低的。要达到第三世界中比较富裕一点的国家的水平，比如国民生产总值人均一千美元，也还得付出很大的努力。在这之后，他又多次提出了这一构想。党的十二大正式引用了这一概念，并把它作为二十世纪末的战略目标。这一时期的“小康社会”主要还是指在温饱的基础上，生活质量进一步提高，达到丰衣足食。党的十七大首次提出了全面建成小康社会的经济、政治、文化、社会、生态文明建设标准，其中，在政治文明的建设标准中明确提出，“依法治国基本方略深入落实，全社会法制观念进一步增强，法治政府建设取得新成效。基层民主制度更加完善。政府提供基本公共服务能力显著增强”。党的十八大又一次明确强调了全面建成小康社会的政治建设标准：“依法治国基本方略全面落实，法治政府基本建成，司法公信力不断提高，人权得到切实尊重和保障。”很显然，依法行政是依法治国的重要内容，提高领导干部运用法治思维和法治方式的能力，是全面推进依法治国的一项基础性建设，是全面建成小康社会的需要。

二、提高法治思维和法治方式能力，是深化改革、推动发展的需要

完善和发展中国特色社会主义制度，推进国家治理体系和治理能力现代化，是全面深化改革的总目标。当前，我国已进入全面深化改革的攻坚期和深水区，国际形势复杂多变，国内改革发展稳定任务之重前所未有、矛盾风险挑战之多前所未有，要更好地统筹国内国际两个大局，更好统筹社会力量、平衡社会利益、调节社会关系、规范社会行为，实现经济发展、政治清明、文化昌盛、社会公正、生态良好的和平发展战略目标，必须更好发挥法治的引领和规范作用。显然，强调党员干部、特别是高级干部自觉提高运用法治思维和法治方式，深化改革、推动发展、化解矛盾、维护稳定能力，是发挥法治的引领和规范作用的重要途径之一，也是深化改革、推动发展的形势发展，向依法执政、依法行政提出的新的更高要求。

三、提高法治思维和法治方式能力，是全面依法治国进程不断深入推进的需要

在我国，随着依法治国、建设社会主义法治国家的治国方略的不断深入实施，法治建设取得了重大进展，中国特色社会主义法律体系已经形成，全体公民的法治观念不断增强，依法保护自身合法权益的意识日益增强，所有这些都对各级政府和政府机关公务人员必须切实提高法治思维和法治方式能力，切实做到决策、依法办事，提出了新的更高要求，必须要用法治思维和法治方式来判断事物，来深化改革、推动发展、化解矛盾、维护稳定。

四、提高法治思维和法治方式能力，是强化权力制约、实现制度反腐的需要

权力与强制力相关联，与对人、财、物的控制和支配相匹配，具有天然的扩张属性，事实证明，不受制约的绝对权力必然导致绝对的腐败。因而实践中，往往如不主动自觉地依法自我约束，长此以往的盲目扩张最终将受到法律的强行约束。在实施社会管理时自觉地规范权力运行，“把权力关进制度的笼子里”，是政治文明建设的一项重要内容，也是强化权力制约、实现制度反腐的一项有效举措。世界范围内的实践证明，通过制度制约的方式约束权力，“把权力关进制度的笼子里”，可以让权力的运行更加规范，更加有度，负面的影响可以降到最低。

以案释法 06

化解矛盾终究须靠法

【案情介绍】2005年6月11日凌晨4时30分，为驱赶因征地补偿纠纷而在工地驻守阻止施工的河北省定州市某村部分村民，260余名社会闲散人员，携带猎枪、棍棒、铁管、弩等工具，肆意使用暴力进场驱赶、伤害村民，造成6人死亡，15人重伤，多人轻伤、轻微伤的特别严重后果。最终，该案的组织策划者、骨干分子等主要案犯全部被抓获，共有248名犯罪嫌疑人到案。已批捕31人，刑拘131人，该案中定州市原市委书记和某等6人被判处无期徒刑，剥夺政治权利终身；其他被告人分别被判处15年至6年有期徒刑。

【以案释法】定州“6•11”案件是河北省有史以来最大投资项目的征地引发的。该项目是国家“十五”时期重点项目，能够落户定州，是经过六届市委、市政府的艰苦努力，历时13年才争取到的。如此一件争取多年才得到的项目，之所以最终引发了灾难性的后果，固然有很多方面的原因所造成，但其中最为直接的一个原因在于，原市委书记和某面临着久拖不决的征地事件，没有“办事依法、遇事找法、解决问题用法、化解矛盾靠法”，而是轻信了身边“小兄弟”的承诺，适当给村民们一点教训，结果当一批社会闲杂人员凌晨闯入施工现场，场面顿时失控。此时，尽管和某在现场带着哭腔劝说不能伤及村民身体要害部位，但也无力回天。事情的最终结局还是回到法律的层面上来解决，但却付出了极其沉痛的代价。

第二节　法治思维和法治方式的基本属性

法治思维和法治方式作为治理能力范畴中的一种新要求，它要求党员干部要带头学法、尊法、守法、用法，自觉地在法律授权范围内活动，切实维护国家法制的统一、尊严和权威，依法保障人民享有广泛的民主权利和自由。法治思维和法治方式作为治理能力范畴中的一种新理念，它要求党员干部要带头破除那种重管理轻服务、重治民轻治官、重权力轻职责等积弊，带头荡涤那种以言代法、以权压法、违法行政等沉疴。这是中国特色社会主义法治的特质所决定。中国特色社会主义法治特质决定了法治思维和法治方式集中具有以下几个方面的属性要求：

一、职权法定

职权法定是指行政机关及其公职人员的行政权力，来自于法律的明确授权，而非自行设定。因此，行政机关及其公职人员要做到依法行政，首先必须严守法律明确授予的行政职权，必须在法律规定的职权范围内活动。非经法律授权，不得作出行政管理行为；超出法律授权范围，不享有对有关事务的管理权，否则都属于行政违法。正如党的十八届四中全会强调的那样，“行政机关不得法外设定权力，没有法律法规依据不得作出减损公民、法人和其他组织合法权益或者增加其义务的决定。”坚持职权法定，首先在思想上要牢固树立宪法和法律的权威。宪法是国家的根本法，是治国安邦的总章程，任何法律和规范性文件都不得与宪法相抵触。依据宪法而制定的法律是全社会一体遵循的行动准则，任何人都不享有超越于法律的特权。要注意培养依法办事的良好工作作风，切实做到办事依法、遇事找法、解决问题用法、化解矛盾靠法，在法治轨道上推动各项工作。有关部门要切实按照中央的要求，把法治建设成效作为衡量各级领导班子和领导干部工作实绩重要内容，纳入政绩考核指标体系。把能不能遵守法律、依法办事作为考察干部重要内容，在相同条件下，优先提拔使用法治素养好、依法办事能力强的干部。对特权思想严重、法治观念淡薄的干部要批评教育，不改正的要调离领导岗位。

二、权力制约

权力制约是中国特色社会主义法律体系中的一项基本原则，这一原则贯穿于宪法始终、体现在各部法律之内。我国现行宪法对国家权力的设定充分体现了权力的分工与制约原则，首先宪法明确规定，国家的一切权力属于人民。其次，宪法在人民代表和国家机关及其工作人员的关系上，规定人民代表由人民选举产生，对人民负责，接受人民监督。人民有权对国家机关及其工作人员提出批评、建议、控告、检举等。再次，宪法规定国家行政机关、审判机关、检察机关都由人大产生，对它负责，受它监督。此外，我国宪法为充分保证执法机关正确执法，还明确规定了行政机关和司法机关在本系统内实行监督和制约。权力制约是法治国家的基本特征。改革开放以来，党和国家高度重视对权力的监督制约，党的十七大报告明确提出，要完善制约和监督机制，保证人民赋予的权力始终用来为人民谋利益；确保权力正确行使，必须让权力在阳光下运行；要坚持用制度管权、管事、管人，建立健全决策权、执行权、监督权既相互制约又相互协调的权力结构和运行机制。习近平总书记在首都各界纪念现行宪法公布施行30周年大会上的讲话中强调：“我们要健全权力运行制约和监督体系，有权必有责，用权受监督，失职要问责，违法要追究，保证人民赋予的权力始终用来为人民谋利益。”

三、保障人权

我们党长期注重尊重和保障人权。早在新民主主义革命时期，中国共产党就在所领导的红色革命根据地内颁布了《中华苏维埃共和国宪法大纲》《陕甘宁边区施政纲领》《陕甘宁边区宪法原则》等宪法性文件，明确规定保障人民权利的内容。抗战时期，为广泛调动一切抗日力量，各根据地人民政府普遍颁布和实施了保障人权的法令。新中国成立后的第一部《宪法》，就将公民的人身、经济、政治、社会、文化等方面的权利用根本大法的形式固定下来。20世纪80年代末，我们党就明确提出，社会主义中国要把人权旗帜掌握在自己手中。1991年11月1日，中国国务院新闻办公室向世界公布了新中国第一份《中国的人权状况》的白皮书，以政府文件的形式正面肯定了人权在中国政治发展中的地位。1997年9月，党的十五大明确提出："共产党执政就是领导和支持人民掌握管理国家的权力，实行民主选举、民主决策、民主管理和民主监督，保证人民依法享有广泛的权利和自由，尊重和保障人权。"此后，尊重和保障人权成为了中国共产党执政的基本目标和政治体制改革与民主法制建设的一个重要内容。2004年3月十届全国人大二次会议通过宪法修正案，首次将"人权"概念载入宪法，明确规定"国家尊重和保障人权"。至此，尊重和保障人权上升为国家的一项宪法原则，成为行政执法活动中一条不可逾越的底线。

四、程序正当

程序正当是社会主义法治对行政活动提出的一项基本要求。具体地说，程序正当是指行政机关行使行政权力、实施行政管理时，除涉及国家秘密和依法受到保护的商业秘密、个人隐私外，都应当公开，注意听取公民、法人和其他组织的意见；要严格遵循法定程序，依法保障行政管理相对人、利害关系人的知情权、参与权和救济权。履行职责的行政机关工作人员与行政管理相对人存在利害关系时，应当回避。实践中，以保密为由拒绝向相对人提供依法应当提供的相关信息；作出行政决定没有听取相对人的意见和申辩；履行行政职责的行政机关工作人员缺乏回避意识等情况屡见不鲜。这种重实体、轻程序的现象历史上长期存在，行政机关与相对人之间更多地表现为一种命令与服从的关系。改革开放以来，尤其是在全面推进依法治国的进程中，程序正当逐步被提到了应有的位置。程序正当在许多单行法中有着明确的规定。如行政法处罚法第四十二条就明确规定，行政机关作出责令停产停业、吊销许可证或者执照、较大数额罚款等行政处罚决定之前，应当告知当事人有要求举行听证的权利；当事人要求听证的，行政机关应当组织听证。党的十八届三中全会更是明确要求："完善行政执法程序，规范执法自由裁量权，加强对行政执法的监督，全面落实行政执法责任制和执法经费由财政保障制度，做到严格规范公正文明执法。"强调程序正义，不仅在于它是法治文明进步的重要成果，而且在于程序正义的维护和实现，有助于增强法律实施的可接受性。

第三节　培养法治思维和法治方式的基本途径

全面推进依法治国是国家治理领域的一场深刻革命，培养法治思维和法治方式是一项长期的系统工程。实践表明，任何一种思维方式和行为方式的养成，往往都要经历一个深入学习、深刻领会、坚定信念、反复践行、形成习惯，最后升华到品格的过程。法治思维和法治方式的培养，既是个理论问题又是个实践问题，因此更不会例外。

一、在深入学习中提高认识

通过长期的不懈努力，一个立足中国国情和实际、适应改革开放和社会主义现代化建设需要、集中体现党和人民意志的，以宪法为统帅，以宪法相关法、民法商法等多个法律部门的法律为主干，由法律、行政法规、地方性法规与自治条例、单行条例等三个层次的法律规范构成的中国特色社会主义法律体系已经形成。这个法律体系是法治思维和法治方式的基础内容和基本遵循。因此，培养法治思维和法治方式，首先必须要结合实际，深入学习宪法和法律的相关规定，切实做到严格依法行使职权、履行职责。

二、在依法履职中严守底线

党的十八届四中全会明确提出了法治建设的“五项原则”，即坚持中国共产党的领导、坚持人民主体地位、坚持法律面前人人平等、坚持依法治国和以德治国相结合、坚持从中国实际出发，从而为党员干部树立正确的法治理念指明了根本方向、提供了基本遵循。全会还明确要求“行政机关要坚持法定职责必作为，法无授权不可为”。坚持依法履行职责、法无授权不可为，是依法行政的底线。行政机关的岗位职责来自于法律授权，必须要牢固树立岗位权力清单意识，在想问题、作决策和办事情中，必须严格遵循法律规则和法定程序，切实做到依法尽职、依法行权。

三、在依法决策中化解风险

在依法治国不断深入、法律制度不断完备、法律责任日渐明晰的当今，行政机关不依法决策往往成为了行政权力运行中的一大风险，成为行政机关承担法律责任、坐上被告席的一大原因。为此党的十八届四中全会明确提出要健全依法决策机制。各级行政机关及公职人员必须强化责任意识和风险意识，严格遵守重大行政决策法定程序，采取公众参与、专家论证、风险评估、合法性审

“政治性”“人民性”“科学性”“开放性”

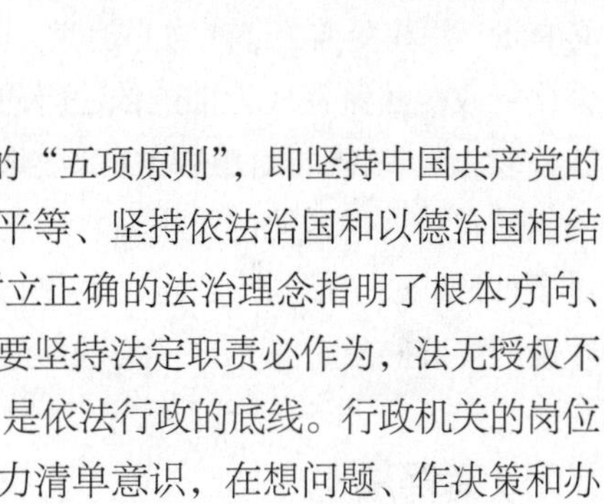

查、集体讨论决定等法定的程序和办法，确保决策内容合法、程序合法，切实有效防范因决策违法而承担的相应法律责任。

四、在文明执法中培养品格

依法行政是文明执法的基础和保障，行政公开是文明执法的重要标志。党的十八届三中全会明确要求："推行地方各级政府及其工作部门权力清单制度，依法公开权力运行流程。完善党务、政务和各领域办事公开制度，推进决策公开、管理公开、服务公开、结果公开。"行政机关及公职人员唯有依据相关法规制度，细化执法操作流程，明确执法权限、坚守法律底线，切实按照法定的许可、收费、检查、征收、处罚和强制等法定权限和程序要求，严格规范和监督执法行为，才能在维护人民群众切身利益的过程中，树立起人民公仆的良好形象，才能有效培养良好的法治思维和法治方式的工作作风与品格。

五、在接受监督中展示形象

公正执法、带头守法是依法行政的生命力所在。2002 年11月召开的党的十六大明确提出"加强对执法活动的监督，推进依法行政"。2014年召开的党的十八届四中全会更是明确要求："必须以规范和约束公权力为重点，加大监督力度，做到有权必有责、用权受监督、违法必追究，坚决纠正有法不依、执法不严、违法不究行为。"强化行政执法监督成为推进依法行政和建设法治政府的一项重要抓手。行政机关及其公职人员在行政执法过程中，要依法自觉接受人大机关的法律监督、上级部门的组织监督、人民政协的民主监督、社会公众的群众监督、相关媒体的舆论监督，通过多种形式，了解群众心声，彰显行政执法的公平公正属性，展示依法行政、法治政府的良好形象。

以案释法 07

权力不能越出制度的笼子

【案情介绍】江苏省某市发展和改革委员会于2010年7月对10家企业作出废弃食用油脂定点回收加工单位备案，其中包括南京某化工厂和南京某废油脂回收处理中心。2012年11月，南京市某区人民政府作出关于印发该区餐厨废弃物管理工作方案的通知，明确指定废油脂回收处理中心实施全区餐厨废弃物收运处理。该区城市管理局和区商务局于2014年3月发出公函，要求落实该规定，包括各生猪屠宰场点必须和废油脂回收处理中心签订清运协议，否则将进行行政处罚。南京某新能源公司对政府的该行为不服，诉至法院，请求撤销该通知对废油脂回收处理中心的指定，并赔偿损失。

南京市中级人民法院一审认为，被告在公文中的指定，实际上肯定了废油脂回收处理中心在该区开展餐厨废弃物业务的资格，构成实质上的行政许可。区城市管理局和区商务局作出的公函已经表明被告的指定行为事实上已经实施。根据行政许可法相关规定，行政机关受理、审查、作出行政许可应当履行相应的行政程序，被告在作出指定前，未履行任何行政程序，故被诉行政行为程序违法。被告采取直接指定的方式，未通过招标等公平竞争的方式，排除了其他可能的市场参与者，构成通过行政权力限制市场竞争，违反了《江苏省餐厨废弃物管理办法》第十九条和反垄断法第三十二条的规定。被告为了加强餐厨废弃物处理市场监管的需要，对该市场的正常运行作出必要的规范和限制，但不应在行政公文中采取明确指定某一公司的方式。原告发尔士公司对其赔偿请求未提交证据证实，法院对此不予支持。遂判决撤销被告在396号文中对该公司指定的行政行为，驳回原告的其他诉讼请求。一审宣判后，双方当事人均未上诉。

【以案释法】我国法院每年办理的10万余件一审行政案件中，与经济管理和经济领域行政执法密切相关的案件占到30%以上，涉及的领域和类型也越来越丰富。本案是涉及行政垄断的典型案件。行政垄断指行政机关滥用行政权力，违法提高市场准入门槛、违法指定特定企业从事特定业务、违法设置条件限制其他企业参与竞争等行为。它侵犯了市场主体的公平竞争权，对经济活动的正常运行、商品的自由流通乃至政府的内外形象都会造成较大破坏和不利影响，我国反垄断法和反不正当竞争法对此明令禁止。本案中，江宁区政府在行政公文中直接指定废油脂回收处理中心，未通过招标等公平竞争方式，排除了其他可能的市场参与者，构成通过行政权力限制市场竞争的违法情形。新修改的行政诉讼法将“滥用行政权力侵犯公平竞争权”明确纳入受案范围，就是为突出行政审判对市场正常竞争秩序的有力维护。随着法治不断进步，公民、法人等各类市场主体在运用行政诉讼法律武器依法维权、监督和规制行政垄断方面，将发挥越来越大的作用。

以案释法 08

公平竞争权益受法律保护

【案情介绍】江西省某市盐务局是国务院授权的盐业主管机构，江西省盐业集团公司某分公司是经工商部门注册登记并办理营业执照的企业，经营范围为食盐、各类用盐、场地出租、日用百货等，二者属一套人马两块牌子。因盐业公司除专营食盐批发业务外，还经营日用百货，为提高企业效益，该公司部分业务员在批发、配送食盐过程中，强制搭配非盐商品（食用油、白酒等）或在食盐配送过程中搭配低钠盐、深井盐，否则就以无高钠盐（中盐）或无盐为由停止供应食盐。部分食用盐零售商不满，向市工商局投诉，该局先后于2012、2013年两次向盐业公司下达责令改正通知书。后经市工商局立案调查，告知该公司听证权利并听取陈述后，于2014年7月作出行政处罚决定：责令停止违法行为，处以罚款16万元。盐业公司不服，申请行政复议后复议机关维持上述处罚决定。该盐业公司诉至法院，请求撤销市工商局的行政处罚决定。

人民法院一审认为，原告作为国家食盐专营企业，具有法定的独占经营权，在开启多种经营活动中，利用自身专营食用盐的批发、配送过程中的独占优势地位，强制搭售，其行为构成了限定他人购买其指定的经营者的商品，违反了反不正当竞争法第六条规定，遂判决维持被告吉安市工商局作出的行政处罚决定。该公司上诉后，吉安市中级人民法院判决驳回上诉、维持原判。

【以案释法】本案是行政机关依法查处不正当竞争行为的典型案件。不正当竞争行为的突出表现之一，是公用企业等依法具有独占地位的经营者，限定他人购买其指定的经营者的商品，或违背购买者意愿搭售商品或附加其他不合理的条件，上述行为严重侵害了其他经营者的公平竞争权，排挤、剥夺了他人公平获得财富的机会。平等竞争权是各类市场主体从事经营活动的基础性权利，是稳定市场秩序、激发创新活力的压舱石。本案中，盐业公司利用独占经营权，强行搭售非盐商品，是一种典型的不正当竞争行为，工商机关根据举报对该公司强行搭售行为予以查处，是正确履行制止和处罚违法经营活动、保障市场秩序的职能行为。法院的裁判彰显了行政审判对公平竞争权益的有力维护，对行政机关严格执法的有力支持，对市场经济持续健康发展的有力推进。

法治的要义在于“把权力关进制度的笼子里”，让权力在阳光下运行。“制度的笼子”，首先是法律的“笼子”。法律为权力划定了边界，用权须于法有据，施政须依法而行。只有切实按照习总书记所说的那样，“工作上要大胆开拓，用权上则要谨慎而行，常怀敬畏之心、戒惧之意，自觉接受纪律和法律的约束”，才能从源头上减少和消除上述案件的发生。

思考题

1. 法治思维和法治方式的基本属性是什么？

2. 怎样培养法治思维和法治方式？

第五章　宪法和宪法相关法

本章要点

★宪法是国家的根本大法。

★我国的国体是人民民主专政的社会主义国家。

★我国的政体是人民代表大会制度。

★我国的基本经济制度是公有制为主体，多种所有制经济共同发展。

★我国的分配制度是按劳分配为主体，多种分配方式并存。

★我国的国家机构包括权力机关、行政机关、军事机关、审判机关和检察机关。

★我国公民享有广泛的宪法权利。

第一节　宪法概述

一、宪法的概念

（一）宪法是国家的根本大法

宪法是规定国家根本制度和根本任务，规定国家机关的组织与活动的基本原则，确认和保障公民基本权利，集中表现各种政治力量对比关系的国家根本法。

宪法的根本性表现在以下四个方面：

第一，在内容上，宪法规定国家的根本制度、政权组织形式、国家结构形式、公民基本权利和基本义务、宪法实施的保障等内容，反映一个国家政治、经济、文化和社会生活的基本方面。

第二，在效力上，宪法在整个法律体系中处于最高的地位，具有最高效力。它是其他法律的立法依据，其他的一般法律都不得抵触宪法。

第三，在规范性上，宪法是各政党、一切国家机关、武装力量、社会团体和全体公民的最根本的行为准则。

第四，在修改程序上，宪法的制定和修改程序比其他一般法律的程序更为严格。

（二）我国宪法的地位

中华人民共和国成立后，国家先后颁行了四部宪法。我国的现行宪法是在1982年通过的，至今已经进行了四次修改。

宪法以法律的形式确认了我国各族人民奋斗的成果，规定了国家的根本制度、根本任务和国家生活中最重要的原则，具有最大的权威性和最高的法律效力。全国各族人民、一切国家机关和武装力量、各政党和各社会团体、各企业事业组织，都必须以宪法为根本的活动准则，并负有维护宪法尊严、保证宪法实施的职责。

作为根本法的宪法，是中国特色社会主义法律体系的重要组成部分，也是法律体系的最核心和最重要的内容。

二、宪法的指导思想

第一阶段：四项基本原则

1982年现行宪法制定，确立宪法的指导思想是四项基本原则，即坚持社会主义道路，坚持人民民主专政，坚持中国共产党的领导，坚持马克思列宁主义、毛泽东思想。

第二阶段：建设有中国特色社会主义的理论和党的基本路线

1993年第二次修宪，以党的十四大精神为指导，突出了建设有中国特色社会主义的理论和党的基本路线。

第三阶段：增加邓小平理论

1999年第三次修宪，将邓小平理论写入宪法，确立邓小平理论在国家中的指导思想地位。

第四阶段：增加“三个代表”重要思想

2004年第四次修宪，将“三个代表”重要思想载入宪法，确立为其在国家中的指导思想地位。

三、宪法基本原则

（一）人民主权原则

宪法第二条规定：“中华人民共和国的一切权力属于人民。”“一切权力属于人民”是无产阶级在创建无产阶级政权过程中，批判性地继承资产阶级民主思想的基础上，对人民主权原则的创造性运用和发展。

（二）基本人权原则

我国宪法第二章“公民的基本权利和义务”专章规定和列举了公民的基本权利，体现了对公民的宪法保护。2004年的宪法修正案把“国家尊重和保障人权”写入宪法，将中国的宪政发展向前推进了一大步。

（三）法治原则

宪法第五条第一款规定：“中华人民共和国实行依法治国，建设社会主义法治国家”，在宪法上正式确立了法治原则。宪法还规定，一切国家机关和武装力量、各政党和各社会团体、各企业事业组织都必须遵守宪法和法律；一切违反宪法和法律的行为，必须予以追究；任何组织和个人都不得有超越宪法和法律的特权。

以案释法 09

党组织和党员必须在宪法和法律规定的范围内活动

【案情介绍】1998年3月，陕西省某乡党委书记为增加当地财政收入，促成新建项目地板条精加工厂及时开工，在未经林业主管部门批准，又无林木采伐许可证的情况下，主持召开乡党委会议，决定无证采伐该乡林场的林木，致使大量国有林木遭到砍伐，砍伐林木原木材积为240.678立方米，折合立木材积为481.356立方米。2002年3月5日，县人民检察院以盗伐林木罪，对该乡党委及党委书记提起公诉，人民法院依法受理了此案。

【以案释法】本案争议的焦点是乡党委能否成为单位犯罪的主体。刑法第三十条规定：“公司、企业、事业单位、机关、团体实施的危害社会的行为，法律规定为单位犯罪的，应当负刑事责任。”我国的宪法和法律并未将中国共产党的各级组织列为国家机关，然而根据宪法的原则和精神，任何政党和组织，都必须在宪法和法律规定的范围内活动，因此党委违反法律规定也要被推上被告席。

（四）民主集中制原则

宪法第三条第一款规定：“中华人民共和国的国家机构实行民主集中制的原则。”这既是我国国家机构的组织和活动原则，也是我国宪法的基本原则。

四、宪法确定的国家根本任务

宪法确定的国家的根本任务是：沿着中国特色社会主义道路，集中力量进行社会主义现代化建设。中国各族人民将继续在中国共产党领导下，在马克思列宁主义、毛泽东思想、邓小平理论和“三个代表”重要思想指引下，坚持人民民主专政，坚持社会主义道路，坚持改革开放，不断完善社会主义的各项制度，发展社会主义市场经济，发展社会主义民主，健全社会主义法制，自力更生，艰苦奋斗，逐步实现工业、农业、国防和科学技术的现代化，推动物质文明、政治文明和精神文明协调发展，把我国建设成为富强、民主、文明的社会主义国家。

第二节　我国的基本政治经济制度

一、我国的基本政治制度

（一）人民民主专政

宪法所称的国家性质又称国体，是指国家的阶级本质，反映社会各阶级在国家中的地位，体现该国社会制度的根本属性。

我国宪法第一条第一款规定：“中华人民共和国是工人阶级领导的、以工农联盟为基础的人民民主专政的社会主义国家。”即人民民主专政是我国的国体。这一国体需要从以下方面理解：

1. 工人阶级的领导是人民民主专政的根本标志

工人阶级的领导地位是由工人阶级的特点、优点和担负的伟大历史使命所决定的。工人阶级对国家的领导是通过自己的先锋队——中国共产党来实现的。

2. 人民民主专政包括对人民实行民主和对敌人实行专政两个方面

在人民内部实行民主是实现对敌人专政的前提和基础，而对敌人实行专政又是人民民主的有力保障。两者是辩证统一的关系。人民民主专政实质上就是无产阶级专政。

3. 共产党领导下的多党合作与爱国统一战线是中国人民民主专政的主要特色

爱国统一战线是指由中国共产党领导的，由各民主党派参加的，包括社会主义劳动者、社会主义事业的建设者、拥护社会主义的爱国者和拥护祖国统一的爱国者组成的广泛的政治联盟。目前我国爱国统一战线的任务是为社会主义现代化建设服务，为实现祖国统一大业服务，为维护世界和平服务。

（二）人民代表大会制度

人民代表大会制度是中国人民民主专政的政权组织形式（政体），是中国的根本政治制度。

1. 人民代表大会制度的主要内容

（1）国家的一切权力属于人民。人民行使国家权力的机关是全国人大和地方各级人大。各级人大都由民主选举产生，对人民负责，受人民监督。

（2）人大及其常委会集体行使国家权力，集体决定问题，严格按照民主集中制的原则办事。

（3）国家行政机关、审判机关、检察机关都由人大产生，对它负责，向它报告工作，受它监督。

（4）全国人大是最高国家权力机关；地方各级人大是地方国家权力机关。全国人大和地方各级人大各自按照法律规定的职权，分别审议决定全国的和地方的大政方针。全国人大对地方人大不是领导关系，而是法律监督关系、选举指导关系和工作联系关系。

2. 人民代表大会制度的优越性

人民代表大会制度是适合我国国情的根本政治制度，它直接体现我国人民民主专政的国家性质，是建立我国其他国家管理制度的基础。

（1）它有利于保证国家权力体现人民的意志。

（2）它有利于保证中央和地方的国家权力的统一。

（3）它有利于保证我国各民族的平等和团结。

总之，我国人民代表大会制度，能够确保国家权力掌握在人民手中，符合人民当家做主的宗旨，适合我国的国情。

（三）中国共产党领导的多党合作和政治协商制度

中国共产党领导的多党合作和政治协商制度是中华人民共和国的一项基本的政治制度，是具有中国特色的政党制度。这种政党制度是由中国人民民主专政的国家性质所决定的。

1. 多党合作制度的基本内容

（1）中国共产党是执政党，各民主党派是参政党，中国共产党和各民主党派是亲密战友。中国共产党是执政党，其执政的实质是代表工人阶级及广大人民掌握人民民主专政的国家政权。各民主党派是参政党，具有法律规定的参政权。其参政的基本点是：参加国家政权，参与国家大政方针和国家领导人人选的协商，参与国家事务的管理，参与国家方针、政策、法律、法规的制定和执行。

（2）中国共产党和各民主党派合作的首要前提和根本保证是坚持中国共产党的领导和坚持四项基本原则。

（3）中国共产党与各民主党派合作的基本方针是“长期共存，互相监督，肝胆相照，荣辱与共”。

（4）中国共产党和各民主党派以宪法和法律为根本活动准则。

2. 多党合作的重要机构

中国人民政治协商会议，简称“人民政协”或“政协”，是中国共产党领导的多党合作和政治协商的重要机构，也是中国人民爱国统一战线组织。

中国人民政治协商会议是在中国共产党领导下，由中国共产党、各个民主党派、无党派民主人士、人民团体、各少数民族和各界的代表，台湾同胞、港澳同胞和归国侨胞的代表，以及特别邀请的人士组成，具有广泛的社会基础。

人民政协的性质决定了它与国家机关的职能是不同的。人民政协围绕团结和民主两大主题履行政治协商、民主监督和参政议政的职能。

（四）民族区域自治制度

民族区域自治制度，是指在国家统一领导下，各少数民族聚居的地方实行区域自治，设立自治机关，行使自治权的制度。

1. 自治机关

民族自治地方按行政地位，分为自治区、自治州、自治县。自治区相当于省级行政单位，自治州是介于自治区与自治县之间的民族自治地方，自治县相当于县级行政单位。

民族自治地方的自治机关是自治区、自治州、自治县的人大和人民政府。民族自治地方的自治机关都实行人民代表大会制度。

2. 自治权

民族自治地方的自治权有以下几个方面：

（1）民族立法权。民族自治地方的人大有权依照当地的政治、经济和文化的特点，制定自治条例和单行条例。

（2）变通执行权。上级国家机关的决议、决定、命令和指标，如果不适合民族自治地方实际情况，自治机关可以报经上级国家机关批准，变通执行或者停止执行。

（3）财政经济自主权。凡是依照国家规定属于民族自治地方的财政收入，都应当由民族自治地方的自治机关自主安排使用。

（4）文化、语言文字自主权。民族自治地方的自治机关在执行公务的时候，依照本民族自治地方自治条例的规定，使用当地通用的一种或者几种语言文字。

（5）组织公安部队权。民族自治地方的自治机关依照国家的军事制度和当地的实际需要，经国务院批准，可以组织本地方维护社会治安的公安部队。

（6）少数民族干部具有任用优先权。

（五）基层群众自治制度

基层群众自治制度是指人民依法组成基层自治组织，行使民主权利，管理基层公共事务和公益事业，实行自我管理、自我服务、自我教育、自我监督的一项制度。

中国的基层群众自治制度，是在新中国成立后的民主实践中逐步形成的。党的十七大将“基层群众自治制度”首次写入党代会报告，正式与人民代表大会制度、中国共产党领导的多党合作和政治协商制度、民族区域自治制度一起，纳入了中国特色政治制度范畴。

我国的基层群众自治组织主要是居民委员会和村民委员会。

二、我国的基本经济制度

（一）所有制度

1. 我国的所有制结构概述

我国的所有制结构是公有制为主体、多种所有制经济共同发展。这是我国社会主义初级阶段的一项基本经济制度，它的确立是由我国的社会主义性质和初级阶段的国情决定的。

（1）我国是社会主义国家，必须坚持把公有制作为社会主义经济制度的基础。

（2）我国处在社会主义初级阶段，需要在公有制为主体的条件下发展多种所有制经济。

（3）一切符合“三个有利于”的所有制形式都可以而且应该用来为社会主义服务。

（4）我国社会主义建设正反两方面的经验都表明必须坚持以公有制为主体、多种所有制经济共同发展。

2. 公有制

（1）公有制的内容。公有制是生产资料归劳动者共同所有的所有经济结构形式，包括全民所有制和集体所有制。

全民所有制经济即国有经济，是国民经济的主导力量。国家保障国有经济的巩固和发展。集体所有制经济是国民经济的基础力量。国家保护城乡集体经济组织的合法的权利和利益，鼓励、指导和帮助集体经济的发展。

（2）公有制的地位。公有制是我国所有制结构的主体，它的主体地位体现在：第一，就全国而言，公有资产在社会总资产中占优势；第二，国有经济控制国民经济的命脉，对经济发展起主导作用。国有经济的主导作用主要体现在控制力上，即体现在控制国民经济发展方向，控制经济运行的整体态势，控制重要稀缺资源的能力上。在关系国民经济的重要行业和关键领域，国有经济必须占支配地位。

（3）公有制的作用。生产资料公有制是社会主义的根本经济特征，是社会主义经济制度的基础，是国家引导、推动经济和社会发展的基本力量，是实现最广大人民群众根本利益和共同富裕的重要保证。坚持公有制为主体，国有经济控制国民经济命脉，对发挥社会主义制度的优越性，增强我国的经济实力，国防实力和民族凝聚力，提高我国国际地位，具有关键性作用。

3. 非公有制

非公有制经济是我国现阶段除了公有制经济形式以外的所有经济结构形式，主要包括个体经济、私营经济、外资经济等。

个体经济，是由劳动者个人或家庭占有生产资料，从事个体劳动和经营的所有制形式。它是以劳动者自己劳动为基础，劳动成果直接归劳动者所有和支配。

私营经济，是以生产资料私有和雇佣劳动为基础，以取得利润为目的所有制形式。

外资经济，是我国发展对外经济关系，吸引外资建立起来的所有制形式。它包括中外合资经营企业、中外合作经营企业中的境外资本部分，以及外商独资企业。

非公有制经济是我国社会主义市场经济的重要组成部分，国家保护个体经济、私营经济等非公有制经济的合法的权利和利益，鼓励、支持和引导非公有制经济的发展，并对非公有制经济依法实行监督和管理。

（二）分配制度

我国现行的分配制度是以按劳分配为主体、多种分配方式并存的分配制度。这种分配制度是由我国社会主义初级阶段的生产资料所有制结构、生产力的发展水平，以及人们劳动差别的存在决定的，同时也是发展社会主义市场经济的客观要求。

按劳分配的主体地位表现在：

其一，全社会范围的收入分配中，按劳分配占最大比重，起主要作用。

其二，公有制经济范围内劳动者总收入中，按劳分配收入是最主要的收入来源。

除了按劳分配以外，其他分配方式主要还包括按经营成果分配；按劳动、资本、技术、土地等其他生产要素分配。

第三节　公民的基本权利和义务

一、公民的基本权利

公民的基本权利是由一国的宪法规定的公民享有的，主要的、必不可少的权利，故有些国家又把公民的基本权利称为宪法权。

（一）平等权

宪法第三十三条第二款规定："中华人民共和国公民在法律面前一律平等。"这既是我国社会主义法治的一项重要原则，也是我国公民的一项基本权利。其含义有以下几点：第一，我国公民不分民族、种族、性别、职业、家庭出身、宗教信仰、教育程度、财产状况、居住期限、一律平等地享有宪法和法律规定的权利并平等地承担相应的义务；第二，国家机关对公民平等权利的保护，对公民履行义务平等的约束，平等的要求；第三，所有公民在适用法律上一律平等。不允许任何组织和个人有超越宪法和法律之上的特权；第四，法律面前一律平等还包括民族平等和男女平等。

（二）政治权利和自由

1. 选举权与被选举权

宪法第三十四条规定："中华人民共和国年满十八周岁的公民，不分民族、种族、性别、职业、家庭出身、宗教信仰、教育程度、财产状况、居住期限，都有选举权和被选举权；但是依照法律被剥夺政治权利的人除外。"选举权与被选举权包含以下内容：（1）公民有权按照自己的意愿选举人民代表；（2）公民有被选举为人民代表的权利；（3）公民有依照法定程序罢免那些不称职的人民代表的权利。

选举权和被选举权是公民参加国家管理的一项最基本的政治权利，也是最能体现人民群众当家作主的一项权利。

2. 言论、出版、集会、结社、游行、示威的自由

宪法第三十五条规定："中华人民共和国公民有言论、出版、集会、结社、游行、示威的自由。"

（1）言论自由就是宪法规定公民通过口头或书面形式表达自己的意见的自由。

（2）出版自由是公民以出版物形式表达其思想和见解的自由。

（3）集会自由是指公民享有宪法赋予的聚集在一定场所商讨问题或表达意愿的自由。

（4）结社自由是公民为一定宗旨，依照法定程序组织或参加具有连续性的社会团体的自由。

（5）游行自由是指公民采取列队行进的方式来表达意愿的自由。

（6）示威自由是指通过集会或游行、静坐等方式表达强烈意愿的自由。

我国宪法一方面保障公民享有集会、游行、示威的自由，另一方面公民也应当遵守有关的法律规定。

（三）宗教信仰自由

宪法第三十六条第一款规定："中华人民共和国公民有宗教信仰自由。"尊重和保护宗教信仰自由，是我们党和国家长期的基本政策。

（四）人身自由

宪法第三十七条规定："中华人民共和国公民的人身自由不受侵犯。任何公民，非经人民检察院批准或者决定或者人民法院决定，并由公安机关执行，不受逮捕。禁止非法拘禁和以其他方法非法剥夺或者限制公民的人身自由，禁止非法搜查公民的身体。"

人身自由有广义、狭义之分。狭义的人身自由是指公民的身体自由不受侵犯。广义的人身自由还包括：公民的人格尊严不受侵犯、公民的住宅不受侵犯、公民的通信自由和通信秘密受法律保护。

人身自由不受侵犯，是公民最起码、最基本的权利，是公民参加各种社会活动和享受其他权利的先决条件。

（五）监督权

监督权是指宪法赋予公民监督国家机关及其工作人员的活动的权利，包括：

1. 批评权

公民有对国家机关和国家工作人员工作中的缺点和错误提出批评意见的权利。

2. 建议权

公民有对国家机关和国家工作人员的工作提出合理化建议的权利。

3. 控告权

公民对任何国家机关和国家工作人员的违法失职行为有向有关机关进行揭发和指控的权利。

4. 检举权

公民对于违法失职的国家机关和国家工作人员，有向有关机关揭发事实，请求依法处理的权利。

5. 申诉权

公民的合法权益因行政机关或司法机关作出的错误的、违法的决定或裁判，或者因国家工作人员的违法失职行为而受到侵害时，有向有关机关申诉理由，要求重新处理的权利。

（六）社会经济权利

1. 劳动权

劳动权是指有劳动能力的公民有获得工作并取得相应报酬的权利。

2. 休息权

休息权是为保护劳动者的身体健康和提高劳动效率而休息的权利。

3. 退休人员生活保障权

退休人员生活保障权是指退休人员的生活受到国家和社会的保障。

4. 获得物质帮助权

获得物质帮助权是指公民在年老、疾病或者丧失劳动能力的情况下，有从国家和社会获得物质帮助的权利。

（七）文化教育权利

1. 公民有受教育的权利

公民享有从国家接受文化教育的机会和获得受教育的物质帮助的权利。

2. 公民有进行科研、文艺创作和其他文化活动的自由

我国宪法规定，公民有进行科学研究、文学艺术创作和其他文化活动的自由。国家对于从事教育、科学、技术、文学、艺术和其他文化事业的公民的有益于人民的创造性工作，给以鼓励和帮助。

以案释法⑩

公民的教育权受宪法保护

【案情介绍】2010年，齐某某通过考试获得了山东省某大学的入学资格。录取通知书由该校发出后，由她就读的某市八中转交。同学陈某某得知后，从市八中领走录取通知书，并在其父的运作下，以齐某某的名义到大学就读直至毕业。毕业后，陈某某仍然使用齐某某的姓名，到中国银行某支行工作。齐某某发现陈某某冒用其姓名后，以姓名权、受教育权及相关权益被侵害为由，向人民法院提起民事诉讼，以陈某某、陈父、大学、市八中和市教育委员会为被告。请求法院判令被告停止侵害、赔礼道歉，并赔偿原告经济损失16万元，精神损失40万元。此案经过二审，最终由山东省高级人民法院作出判决：(1) 被上诉人陈某某、陈父赔偿齐某某因受教育的权利被侵犯造成的直接经济损失7000元，大学、市八中、市教委承担连带赔偿责任；(2) 被上诉人陈某某、陈父赔偿齐某某因受教育的权利被侵犯造成的间接经济损失（按陈某某以齐某某名义领取的工资扣除最低生活保障费后计算）41045元，大学、市八中、市教委承担连带赔偿责任；(3) 被上诉人陈某某、陈父、大学、市八中、市教委赔偿齐某某精神损害费50000元。

【以案释法】宪法第四十六条第一款规定：“中华人民共和国公民有受教育的权利和义务。”陈某某等以侵犯姓名权的手段，侵犯了齐某某依据宪法规定所享有的受教育的基本权利，并造成了具体的损害后果，应承担相应的民事责任。因此，法院判令陈某某等赔偿齐某某的复读费、为将农业户口转为非农业户口缴纳的城市增容费、为诉讼支出的律师费等直接经济损失，并判令其侵权所得的工资收入归齐某某所有。

（八）对社会特定人的权利的保护

1. 国家保护妇女的权利和利益

宪法第四十八条规定：“中华人民共和国妇女在政治的、经济的、文化的、社会的和家庭的生活等各方面享有同男子平等的权利。国家保护妇女的权利和利益，实行男女同工同酬，培养和选拔妇女干部。”

2. 婚姻、家庭、老人和儿童受国家的保护

宪法第四十九条规定，“婚姻、家庭、母亲和儿童受国家的保护”，“禁止破坏婚姻自由，禁止虐待老人、妇女和儿童”。

3. 国家保护华侨、归侨和侨眷的权利和利益

宪法第五十条规定：“中华人民共和国保护华侨的正当的权利和利益，保护归侨和侨眷的合法的权利和利益。”

二、公民的基本义务

（一）维护国家统一和各民族团结的义务

宪法第五十二条规定：“中华人民共和国公民有维护国家统一和各民族团结的义务。”

（二）遵纪守法和尊重社会公德的义务

宪法第五十三条规定：“中华人民共和国公民必须遵守宪法和法律，保守国家秘密，爱护公共财产，遵守劳动纪律，遵守公共秩序，尊重社会公德。”

（三）维护祖国的安全、荣誉和利益的义务

宪法第五十四条规定：“中华人民共和国公民有维护祖国的安全、荣誉和利益的义务，不得有危害祖国的安全、荣誉和利益的行为。”

（四）保卫祖国，依法服兵役和参加民兵组织

宪法第五十五条规定：“保卫祖国，抵抗侵略是中华人民共和国每一个公民的神圣职责。依照法律服兵役和参加民兵组织是中华人民共和国公民的光荣义务。”

（五）依法纳税的义务

宪法第五十六条规定：“中华人民共和国公民有依照法律纳税的义务。”

（六）其他义务

宪法规定的公民基本义务还包括：劳动的义务；受教育的义务；夫妻双方有实行计划生育的义务；父母有抚养教育未成年子女的义务以及成年子女有赡养扶助父母的义务等。

第四节　国家机构的设置及功能

一、国家机构的概述

国家机构是国家为了实现其职能而建立起来的国家机关的总和。

我国国家机构由权力机关、行政机关、军事机关、审判机关、检察机关组成。

我国国家机构的组织和活动有五大原则：一是民主集中制原则；二是联系群众，为人民服务原则；三是社会主义法治原则；四是责任制原则；五是精简和效率原则。

二、权力机关

（一）全国人大

全国人大是全国最高的权力机关、立法机关，不只是在权力机关中的地位最高，而且在所有的国家机关中地位最高。

全国人大由省、自治区、直辖市、特别行政区和军队选出的代表组成。各少数民族都应当有适当名额的代表。全国人大每届任期五年。

全国人大的主要职权：

1. 立法权

修改宪法，制定和修改刑事、民事、国家机构的和其他的基本法律。

2. 任免权

选举、决定和任免最高国家机关领导人和有关组成人员。

3. 决定权

决定国家重大事务。

4. 监督权

监督宪法和法律的实施，监督最高国家机关的工作。

（二）全国人大常委会

全国人大常委会是全国人大的常设机关，是最高国家权力机关的组成部分，在全国人大闭会期间，行使最高国家权力。

全国人大常委会对全国人大负责并报告工作。全国人大选举并有权罢免全国人大常委会的组成人员。

全国人大常委会每届任期同全国人大每届任期相同，它行使职权到下届全国人大选出新的常委会为止。

（三）国家主席

国家主席是我国国家机构体系中的一个国家机关，和全国人大常委会结合起来行使国家职权的，对外代表中华人民共和国。

国家主席、副主席，由全国人大选举产生，任期是五年，连续任期不得超过两届。

国家主席根据全国人民代表大会的决定和全国人民代表大会常务委员会的决定，公布法律，任免国务院总理、副总理、国务委员、各部部长、各委员会主任、审计长、秘书长，授予国家的勋章和荣誉称号，发布特赦令，宣布进入紧急状态，宣布战争状态，发布动员令。

国家主席代表中华人民共和国，进行国事活动，接受外国使节；根据全国人民代表大会常务委员会的决定，派遣和召回驻外全权代表，批准和废除同外国缔结的条约和重要协定。

（四）地方各级人大及其常委会

地方各级人大是地方权力机关。省、直辖市、自治区、县、市、市辖区、乡、民族乡、镇设立人大。县级以上的地方各级人大设立常委会，作为本级人大的常设机关。地方各级人大每届任期五年。

三、行政机关

（一）国务院

国务院即中央人民政府，是国家最高行政机关，是国家最高权力机关的执行机关，统一领导全国各级行政机关的工作。

国务院由总理、副总理、国务委员、秘书长、审计长、各部部长、各委员会主任组成，国务院组成人员的任期为五年，总理、副总理、国务委员的连续任期不得超过两届。

国务院向全国人大及其常委会负责并报告工作，总理领导国务院的工作，副总理、国务委员协助总理工作。

国务院行使以下职权：第一，国务院有权根据宪法和法律，规定行政措施，制定行政法规，发布行政决定和命令；第二，对国防、民政、科教、经济等各项工作的领导和管理权；第三，对所属部、委和地方各级行政机关的领导权及行政监督权；第四，提出议案权；第五，行政人员的奖惩权；第六，全国人大及其常委会授予的其他职权。

（二）地方各级人民政府

地方各级人民政府是地方国家行政机关，也是地方各级人大的执行机关。地方各级人民政府对本级人大和上一级国家行政机关负责并报告工作。县级以上的地方各级人民政府在本级人大闭会期间，对本级人大常委会负责并报告工作。地方各级人民政府都受国务院统一领导，负责组织和管理本行政区域的各项行政事务。

四、军事机关

中央军委是中国共产党领导下的最高军事领导机关，统帅全国武装力量（解放军、武装警察部队、民兵、预备役）。

中央军委由主席、副主席、委员组成，实行主席负责制。主席由全国人大选举产生，副主席和军委委员根据主席的提名由大会决定，大会闭会期间，由人大常委会决定。中央军委的每届任期五年，主席和副主席可以终身任职。

中央军委实行主席负责制，军委主席直接对全国人大和全国人大常委会负责。

五、审判机关

人民法院是国家的审判机关，依法独立行使审判权，不受行政机关、团体和个人的非法干预。人民法院体系由最高人民法院、地方人民法院（高级法院、中级法院、基层法院）、专门人民法院（军事法院、海事法院、铁路运输法院）构成。

最高人民法院是国家最高的审判机关，地方人民法院是地方的审判机关，专门人民法院是专门审判机关。最高人民法院监督地方各级人民法院和专门人民法院的审判工作，上级人民法院监督下级人民法院的审判工作。

最高人民法院对全国人大和全国人大常委会负责。地方各级人民法院对产生它的国家权力机关负责。

最高人民法院由院长、副院长、庭长、副庭长、审判员等若干人组成。最高人民法院的院长由全国人大选举产生，任期五年，连任不得超过两届。

六、检察机关

人民检察院是国家的法律监督机关，依法独立行使检察权，不受行政机关、社会团体和个人的干涉。

人民检察院体系由最高检察院、地方检察院和专门检察院构成。

最高人民检察院是最高检察机关，领导地方各级人民检察院和专门人民检察院的工作，上级人民检察院领导下级人民检察院的工作。

最高人民检察院对全国人大和全国人大常委会负责。地方各级人民检察院对产生它的国家权力机关和上级人民检察院负责。

最高人民检察院由全国人大选举产生的检察长、副检察长、检察员组成，最高检察长任期五年，连任不得超过两届。

第五节　国家宪法日和宪法宣誓制度

一、国家宪法日

（一）国家宪法日的设立

党的十八届四中全会通过的《中共中央关于全面推进依法治国若干重大问题的决定》提出，将每年12月4日定为国家宪法日。

2014年11月1日，十二届全国人大常委会十一次会议通过的《全国人民代表大会常务委员会关于设立国家宪法日的决定》，正式将12月4日设立为国家宪法日。决定在宪法日，国家通过多种形式开展宪法宣传教育活动。

（二）国家宪法日的设立目的及意义

宪法是国家的根本法，是治国安邦的总章程，具有最高的法律地位、法律权威和法律效力。全面贯彻实施宪法，是全面推进依法治国、建设社会主义法治国家的首要任务和基础性工作。全国各族人民、一切国家机关和武装力量、各政党和各社会团体、各企业事业组织，都必须以宪法为根本的活动准则，并且负有维护宪法尊严、保证宪法实施的职责。任何组织或者个人都不得有超越宪法和法律的特权，一切违反宪法和法律的行为都必须予以追究。国家宪法日设立的目的，是为了增强全社会的宪法意识，弘扬宪法精神，加强宪法实施，全面推进依法治国。设立国家宪法日，有助于树立宪法权威，维护宪法尊严；有助于普及宪法知识，增强全社会宪法意识，弘扬宪法精神；有助于扩大宪法实施的群众基础，加强宪法实施的良好氛围，发扬中华民族的宪法文化。

二、宪法宣誓制度

（一）宪法宣誓制度的确立及意义

2015年7月1日，十二届全国人大常委会十五次会议通过了《全国人民代表大会常务委员会关于实行宪法宣誓制度的决定》，以国家立法形式确立了我国的宪法宣誓制度，该决定自2016年1月1日起施行。决定指出：宪法是国家的根本法，是治国安邦的总章程，具有最高的法律地位、法律权威和法律效力。国家工作人员必须树立宪法意识，恪守宪法原则，弘扬宪法精神，履行宪法使命。

宪法宣誓制度的确立及实行，具

有非常重要的意义。实行宪法宣誓制度有利于树立宪法权威；有利于增强国家工作人员的宪法观念，激励和教育国家工作人员忠于宪法、遵守宪法，维护宪法。宪法宣誓仪式是庄严神圣的，宣誓人员通过感受宪法的神圣，铭记自己的权力来源于人民、来源于宪法。在履行职务时就可以严格按照宪法的授权行使职权，发现违反宪法的行为，就能够坚决地捍卫宪法、维护宪法。实行宪法宣誓制度也有利于在全社会增强宪法意识。通过宪法宣誓活动，可以强化全体公民对宪法最高法律效力、最高法律权威、最高法律地位的认识，可以提高全体社会成员自觉遵守宪法，按照宪法规定行使权利履行义务。

（二）宪法宣誓制度的适用主体

根据决定的规定，宪法宣誓制度的适用主体主要有：

各级人大及县级以上各级人大常委会选举或者决定任命的国家工作人员，以及各级人民政府、人民法院、人民检察院任命的国家工作人员，在就职时应当公开进行宪法宣誓。

全国人大选举或者决定任命的国家主席、副主席，全国人大常委会委员长、副委员长、秘书长、委员，国务院总理、副总理、国务委员、各部部长、各委员会主任、中国人民银行行长、审计长、秘书长，中央军委主席、副主席、委员，最高人民法院院长，最高人民检察院检察长，以及全国人大专门委员会主任委员、副主任委员、委员等，在依照法定程序产生后，进行宪法宣誓。

在全国人大闭会期间，全国人大常委会任命或者决定任命的全国人大专门委员会个别副主任委员、委员，国务院部长、委员会主任、中国人民银行行长、审计长、秘书长，中央军委副主席、委员，在依照法定程序产生后，进行宪法宣誓。

全国人大常委会任命的全国人大常委会副秘书长，全国人大常委会工作委员会主任、副主任、委员，全国人大常委会代表资格审查委员会主任委员、副主任委员、委员等，在依照法定程序产生后，进行宪法宣誓。宣誓仪式由全国人大常委会委员长会议组织。

全国人大常委会任命或者决定任命的最高人民法院副院长、审判委员会委员、庭长、副庭长、审判员和军事法院院长，最高人民检察院副检察长、检察委员会委员、检察员和军事检察院检察长，国家驻外全权代表，在依照法定程序产生后，进行宪法宣誓。宣誓仪式由最高人民法院、最高人民检察院、外交部分别组织。

国务院及其各部门、最高人民法院、最高人民检察院任命的国家工作人员，在就职时进行宪法宣誓。宣誓仪式由任命机关组织。

地方各级人大及县级以上地方各级人大常委员会选举或者决定任命的国家工作人员，以及地方各级人民政府、人民法院、人民检察院任命的国家工作人员，在依照法定程序产生后，进行宪法宣誓。

（三）宪法宣誓誓词内容

根据决定的规定，宪法宣誓誓词为："我宣誓：忠于中华人民共和国宪法，维护宪法权威，履行法定职责，忠于祖国、忠于人民，恪尽职守、廉洁奉公，接受人民监督，为建设富强、民主、文明、和谐的社会主义国家努力奋斗！"

（四）宪法宣誓形式

根据决定的规定，宪法宣誓应举行宪法宣誓仪式，根据情况，可以采取单独宣誓或者集体宣誓的形式。单独宣誓时，宣誓人应当左手抚按《中华人民共和国宪法》，右手举拳，诵读誓词。集体宣誓时，由一人领誓，领誓人左手抚按《中华人民共和国宪法》，右手举拳，领诵誓词；其他宣誓人整齐排列，右手举拳，跟诵誓词。

宣誓场所应当庄重、严肃，悬挂中华人民共和国国旗或者国徽。

负责组织宣誓仪式的机关，可以根据决定并结合实际情况，对宣誓的具体事项作出规定。

第六节　国家安全法和全民国家安全教育

国家安全是国家发展的最重要基石、人民福祉的最根本保障。

党的十八大以来，习近平总书记站在国家发展和民族复兴的战略高度，准确把握国家安全的新特点新趋势，提出总体国家安全观重大战略思想，谋划走出一条中国特色的国家安全道路，为新形势下维护国家安全确立了重要遵循。以设立全民国家安全教育日为契机，以总体国家安全观为指导，全面实施国家安全法，深入开展国家安全宣传教育，切实增强全民国家安全意识，是加强国家安全的必然要求，具有重要现实意义。

一、总体国家安全观的提出

1992年十四大、1997年十五大、2002年十六大，都曾不同程度地提到了国家安全，但只有2004年9月十六届四中全会通过的《中共中央关于加强党的执政能力建设的决定》，才第一次比较系统地论述了国家安全问题，并首次提出要"抓紧构建维护国家安全的科学、协调、高效的工作机制"。

2007年10月，十七大报告把相关提法概括成"健全国家安全体制"八个字。2012年十八大时，相关内容与"国家安全战略"合为一体，被表述为"完善国家安全战略和工作机制"。

在十八届三中全会上，针对设立国家安全委员会的必要性和迫切性，习近平总书记对我国国家安全形势的概括是：当前，我国面临对外维护国家主权、安全、发展利益，对内维护政治安全和社会稳定的双重压力。各种可以预见和难以预见的风险因素明显增多。鉴于当下形势，十八届三中全会公报正式提出了“完善国家安全体制”。至此，“完善国家安全体制”成了一个最准确的表述。

2013年11月12日，党的十八届三中全会公报指出，中央将设立国家安全委员会，完善国家安全体制和国家安全战略，确保国家安全。设立国家安全委员会，提出“总体国家安全观”是对2004年9月十六届四中全会首次提出并在后来多次强调的“构建”或“健全”“国家安全工作机制”及“完善国家安全体制”的落实和发展。

2014年1月24日，中共中央政治局召开会议，研究决定国家安全委员会设置。国家安全委员会作为中共中央关于国家安全工作的决策和议事协调机构，统筹协调涉及国家安全的重大事项和重要工作。至此，我国就拥有了应对国内外综合安全和制定国家安全战略的顶层运作机制。

2014年4月，中央国家安全委员会第一次全体会议召开，习近平将保证国家安全明确列为头等大事，“总体国家安全观”首次被系统地提出。

2014年4月15日，中央国家安全委员会首次会议的召开，标志着富有中国特色的国家安全机制开始正式运转。习近平在国家安全委员会第一次会议上指出，当前我国国家安全内涵和外延比历史上任何时候都要丰富，时空领域比历史上任何时候都要宽广，内外因素比历史上任何时候都要复杂，必须坚持总体国家安全观。

2015年5月，全国国家安全机关总结表彰大会召开，习近平对“国安干部”提出“坚定纯洁、让党放心、甘于奉献、能拼善赢”16个字的标准要求。

2015年7月，十二届全国人大常委会十五次会议通过国家安全法，将每年4月15日确定为全民国家安全教育日。2015年7月通过的国家安全法就是把党中央维护国家安全的这一新方针政策法律化、制度化，赋予其法律约束力。

二、新国家安全法应运而生

党的十八大以来，以习近平同志为总书记的党中央团结带领全党全国各族人民，协调推进“四个全面”战略布局，各方面工作都取得新的重大进展，开创了中国特色社会主义建设事业新局面。在新的历史条件下，习近平总书记以强烈的忧患意识和敏锐的洞察力，深刻分析我国国家安全所面临的国际国内形势，提出了总体国家安全观这一重大战略思想。按照党中央的统一部署，全国人大常委会积极稳步推进国家安全立法工作。经过三次审议，十二届全国人大常委会十五次会议通过了新制定的国家安全法。2015年7月1日，国家主席习近平签署第二十九号主席令予以公布，自公布之日起施行。国家安全法的制定和实施，对于完善和发展中国特色社会主义制度，推进国家安全治理体系和治理能力现代化，如期实现全面建成小康社会，实现中华民族伟大复兴的中国梦，具有十分重大而深远的现实意义和历史意义。国家安全法适应了国家安全形势发展变化的迫切需要，具有鲜明的时代特征。国家安全法明确了总体国家安全观的指导地位，为走出一条中国特色国家安全道路奠定了法律基础。国家安全法确立了国家安全工作领导体制机制，为实现维护国家安全各领域任务提供了制度保障。国家安全法为构建中国特色国家安全法律制度体系，推进国家安全各项工作法治化提供了基础支撑。

三、新国家安全法贯彻总体国家安全观

国家安全法作为中国特色国家安全法律制度体系中的一部综合性、全局性、基础性的法律，内容非常丰富，内涵也十分深刻。

（一）坚持中国共产党对国家安全工作的领导

坚持中国共产党的领导，是我国宪法确立的基本原则。坚持走中国特色国家安全道路，最根本的就是旗帜鲜明地坚持党对国家安全工作的领导，这是确保国家安全工作正确政治方向的根本政治原则，任何时候任何情况下都不能动摇。国家安全法第四条规定："坚持中国共产党对国家安全工作的领导，建立集中统一、高效权威的国家安全领导体制。"第五条规定："中央国家安全领导机构负责国家安全工作的决策和议事协调，研究制定、指导实施国家安全战略和有关重大方针政策，统筹协调国家安全重大事项和重要工作，推动国家安全法治建设。"

（二）坚持以总体国家安全观指导国家安全工作

国家安全法第三条规定："国家安全工作应当坚持总体国家安全观，以人民安全为宗旨，以政治安全为根本，以经济安全为基础，以军事、文化、社会安全为保障，以促进国际安全为依托，维护各领域国家安全，构建国家安全体系，走中国特色国家安全道路。"遵循这一指导原则，国家安全法规定了政治安全、人民安全、国土安全、军事安全、经济安全、文化安全、社会安全、科技安全、信息安全、生态安全、资源安全、核安全，以及新型领域安全等方面的安全任务；规定了国家安全工作应当遵循维护国家安全与经济社会发展相协调和统筹各领域安全的原则。从而，构建起集各领域安全于一体的国家安全体系。

（三）坚持国家安全一切为了人民、一切依靠人民

总体国家安全观强调以人民安全为宗旨。国家安全法第一条开宗明义将"保护人民的根本利益"作为立法目的；将"尊重和保障人权，依法保护公民的权利和自由"作为国家安全工作应当坚持的重要原则；规定了维护人民安全，就是维护和发展最广大人民的根本利益，保卫人民安全，就要创造良好的生存发展条件和安定工作生活环境；并在多处规定要保护人民生命健康、财产安全和公民的其他合法权益。这

些规定，充分体现了维护人民安全是国家安全的终极目的。同时也明确了，人民是维护国家安全的中坚力量，做好国家安全工作，必须紧紧依靠人民，取得人民的拥护和支持。国家安全法规定了中国公民有维护国家安全的责任，并专章规定了公民、组织维护国家安全的义务和权利，这是维护国家安全的群众基础和社会基础。

（四）坚持维护国家核心利益和国家其他重大利益安全

习近平总书记强调，“任何时候任何情况下，都决不放弃维护国家正当权益、决不牺牲国家核心利益。”“任何外国不要指望我们会拿自己的核心利益做交易，不要指望我们会吞下损害我国主权、安全、发展利益的苦果。”国家安全法第二条科学界定了国家安全的定义。明确规定：“国家安全是指国家政权、主权、统一和领土完整、人民福祉、经济社会可持续发展和国家其他重大利益相对处于没有危险和不受内外威胁的状态，以及保障持续安全状态的能力。”这里，既明确了国家安全法的调整范围，又鲜明地亮出了维护国家核心利益和其他重大利益的底线。

我们要着眼于实现国家长治久安和中华民族伟大复兴的中国梦，立足为“十三五”发展提供安全保障，以新发展理念为引领，紧紧围绕党的十八届五中全会确定的目标任务，通盘谋划国家安全各项工作，整体推进国家安全法的全面贯彻实施。依据法定职责权限，落实维护国家安全的责任。要在党中央统一领导下，把贯彻实施国家安全法作为重要政治任务，各司其职，密切配合，勇于担当，认真落实维护国家安全的法定职责。深入开展国家安全宣传教育，不断增强全民国家安全意识。切实增强广大党员干部维护国家安全的法律意识和责任感。抓紧将国家安全教育纳入国民教育体系，推动国家安全教育进学校、进教材、进课堂。在全社会开展形式多样、群众喜闻乐见的国家安全法宣传教育活动，使国家安全观念深入人心。加强国家安全相关立法，加快形成国家安全法律制度体系，为维护我国国家安全提供坚实的法治保障。

四、增强法治观念 维护国家安全

国家安全法明确了维护国家安全的基本原则、任务和基本制度，不仅确认建立集中统一、权威高效的国家安全领导体制，而且以法律形式确立了国家安全工作的相关制度，规定了国家机关、公民和组织维护国家安全的职责、权利和义务，是一部综合性、全局性、基础性法律，为构建国家安全法律体系奠定了坚实基础和基本遵循。国家安全法确立了党的领导，社会主义法治原则，协调统筹原则，标本兼治、预防为主、专群结合原则，互信、互利、平等、协作原则等基本原则。

国家安全法专章对维护国家安全的任务作了规定，涉及中国特色社会主义建设“五位一体”总体布局的方方面面，涵盖政治、国土、军事、经济、文化、社会、科技、网络、生态、资源、核及海外利益等多个领域；同时提出，根据经济社会发展和国家发展利益的需要，不断完善维护国家安全的任务。

贯彻实施国家安全法，应当增强法治观念，依法维护国家安全。首先，在立法领域，应当抓紧制定配套法律法规，形成覆盖全面、运行良好的国家安全法律体系。当前，网络安全、能源安全、金融安全等问题是国家安全面临的紧迫问题，也是国家安全立法要优先解决的问题。要加快制定网络安全、生物生态安全、核安全和战略资源储备、紧急状态等方面的法律。加强陆地国土安全、海洋安全、科技安全、公共决策的风险评估等方面的立法工作，修改完善各领域法律法规。

其次，在执法领域，所有机构、组织都必须认真实施法律，切实履行法定的职责和义务，依法维护国家安全。对于违反国家安全法的行为，必须严肃追究、严厉惩治。要加大对国家安全各项建设的投入，在国家安全战略物资储备等方面，采取必要措施，提供强有力的保障。

最后，在守法领域，要通过多种形式开展国家安全宣传教育活动，培育全体公民的国家安全意识。与经济快速发展形成对比，我国公民的国家安全意识相对滞后。长期的和平环境使一些人产生了麻痹思想，忧患意识淡化。为此，必须通过国家安全观教育、爱国主义教育、主权意识教育、公民国家责任教育、法律意识教育等方式，牢固树立起国家利益和国家安全高于一切的中华民族集体认同，将国家安全教育纳入国民教育体系和公务员教育培训体系，扩大国家安全意识教育的社会覆盖面，增强全民国家安全意识，动员全社会的力量，共同维护国家安全。

五、将国家安全宣传摆在重要位置

（一）重视国家安全宣传

制定实施国家安全法，是贯彻习近平总书记总体国家安全观的重要举措，是建立和完善中国特色社会主义国家安全法制体系的核心工作。按照中央统一部署，中宣部把国家安全法宣传教育列入2016年宣传思想工作重点，积极调动全系统的力量，为国家安全法的贯彻实施营造良好舆论氛围和社会环境。中央和地方媒体认真做好法律审议通过的程序性报道，深入解读国家安全法主要内容，及时回应外界关切热点。

结合培育和践行社会主义核心价值观、实施“七五”普法规划等工作，在全社会大力弘扬社会主义法治精神，深入开展国家安全形势教育，大力宣传国家安全法等国家安全和公共安全领域的法律法规，普及国家安全法律知识，引导干部群众认清国家安全形势、增强危机忧患意识、树立国家安全观念，积极支持配合国家安全机关履行职责，有效抵制各种危害国家安全的行为。

国家安全法明确将每年4月15日定为全民国家安全教育日，这是宣传普及国家安全法的有利契机。中央主要媒体在显著位置刊播习近平总书记重要批示，报道了有关部门披露的一批涉国家安全案件，制作刊播一批短小精悍、活泼易懂的新媒体产品。中央重点新闻网站和主要商业网站推出专题，提高全民国家安全教育日的知晓度，增强全社会对国家安全的关注度。

我们要把国家安全作为头等大事，将国家安全法宣传教育摆到更加重要位置，以总体国家安全观为指导，以全民国家安全教育日活动为契机，创新方式方法，加大工作力度，深入开展国家安全宣传教育，切实增强全民国家安全意识。当前，贯彻落实国家安全法任务艰巨繁重。要紧扣全民国家安全教育日、国家安全法实施周年等重要时间节点，组织开展系列内容丰富、形式多样、注重实效的宣传教育活动，比如主题展览、知识竞赛、影视歌曲、典型评选等，主流媒体集中刊播相关专题报道、评论和理论文章，定期公布有关案例，注重通过多媒体平台提高宣传教育的实际效果，特别注意体现贴近性，让人民群众实实在在体会到国家安全与自己切身相关，提高全民维护国家安全的主动性和参与度。

结合贯彻落实《中组部、中宣部、司法部、人力资源和社会保障部关于完善国家工作人员学法用法制度的意见》，推动各地各部门把国家安全相关法律法规作为领导干部日常学法、用法的重要内容，纳入具体学习计划和法律培训等工作安排，确保学习时间，促进领导干部学习国家安全相关法律法规经常化、制度化。

（二）国家安全法宣传重点

总体国家安全观，是我们党维护国家安全理论和实践的重大创新，是新形势下指导国家安全工作的强大思想武器和行动指南。认真学习、系统宣传总体国家安全观，对于应对我国国内外安全挑战、维护国家长治久安具有深远意义。各级司法行政机关要做好总体国家安全观的学习贯彻和宣传教育工作，深入宣传总体国家安全观提出的时代背景、重大意义和丰富内涵，深入宣传人民安全是国家安全的根本宗旨，进一步坚定贯彻落实总体国家安全观、走中国特色国家安全道路的信心和决心。

1. 深入宣传普及国家安全法以及反恐怖主义法、反间谍法等法律法规

深入宣传普及国家安全法以及反恐怖主义法、反间谍法等法律法规，是推动依法维护国家安全的基础性工作。国家安全法等法律颁布以来，司法部结合全国“七五”普法规划的研究制定，推动将国家安全法等法律法规纳入“七五”普法规划重要内容。印发了《关于深入开展〈国家安全法〉宣传教育活动的通知》，对首个全民国家安全教育日系列宣传和国家安全法在全社会的宣传普及作出部署安排。全国普法办组织专家学者录制了国家安全法微视频公开课，会同有关部门编写权威普法资料，准确解读、广泛普及国家安全法律知识。以国家安全法为主要内容，组织开展全国百家网站法律知识竞赛活动、动漫微电影作品征集活动，取得明显效果。各级司法行政机关要推动把国家安全法的宣传普及纳入“七五”普法规划，大力宣传国家安全法的立法宗旨和主要内容，大力宣传反恐怖主义法、反间谍法等与维护国家安全密切相关法律法规。要精心组织好全民国家安全教育日系列宣传活动，坚持

日常宣传和集中宣传相结合，推动国家安全法的宣传普及不断深入。

2. 强化维护国家安全法治意识是依法维护国家安全的重要前提

强化维护国家安全法治意识是依法维护国家安全的重要前提。各级司法行政机关要在普及国家安全法律知识的同时，更加注重培养维护国家安全法治意识，努力营造全民尊法学法守法用法的良好氛围。要推动国家安全法进机关、进乡村、进社区、进学校、进企业、进单位，促进国家安全法宣传教育向面上拓展、向基层延伸。要抓好国家工作人员特别是领导干部这个“关键少数”，把国家安全相关法律作为国家工作人员学法用法重要内容，纳入党委（党组）理论学习中心组学习内容，督促国家工作人员学习掌握国家安全相关法律知识，牢固树立总体国家安全观，依法履行维护国家安全职责。要坚持国家安全教育从青少年抓起，通过在各类青少年法治教育基地中增加国家安全法主题内容，组织开展国家安全教育专题活动等，引导青少年从小树立维护国家安全意识。要注重以案释法，结合公开发布的典型案例，组织开展警示教育，从社会公众易于理解接受的角度，生动直观地普及宣传国家安全法。要积极推进国家安全法律法规宣传方式方法创新，注重综合运用传统媒体和互联网以及微信、微博、客户端等新媒体新技术，扩大覆盖面、增强渗透力，提高针对性和实效性。

（三）把国家安全教育纳入国民教育体系

国家安全法颁布以来，教育部坚持以总体国家安全观为指导，全面加强和深化教育系统国家安全工作。

认真落实“将国家安全教育纳入国民教育体系”的法定要求。把国家安全法教育纳入《青少年法治教育大纲》，编写国家安全教育学生读本，系统规划和科学安排国家安全教育的目标定位、原则要求、实施路径。发挥课堂教学主渠道作用，分阶段、分层次安排国家安全教育内容，构建大中小学有效衔接的国家安全教育教学体系。会同有关部门研究建设国家安全教育教学资源库，已开设15门直接相关的在线开放课程，为学生提供更多的学习资源。深入实施中国特色新型高校智库建设推进计划，组织开展国家安全专题研究，为维护国家安全提供智力支持。

扎实做好教育系统维护国家安全工作。坚持党对国家安全工作的领导，各省级党委教育工作部门和75所直属高校党委全部建立统筹落实本地本校维护国家安全和学校稳定工作的领导小组及办公室。扎实做好学校安全工作，会同公安部每年至少召开一次全国学校安全工作电视电话会议，完善人防、物防、技防措施，2015年发生在校园的危害公共安全事件同比下降35%。切实加强与各有关部门的协调配合，准确把握教育系统国家安全形势，全面开展风险调查评估、监测预警，有效防范和处置各种渗透破坏活动。积极参与国家安全相关重点领域工作协调机制，抓好有关工作落实。教育系统特别是高校连续27年保持稳定，成为全社会维护稳定的积极力量。

加快培养国家安全工作专门人才和特殊人才。开设与国家安全相关的信息安全、信息对抗、保密管理等3个本科专业，共布点115个。2015年设立“网络空间安全”一级学科，29所高校新增列或调整设立博士学位授权点，系统培养高层次网络安全人才。鼓励有关学位授予单位按照有关规定，加强国家安全各领域的人才培养工作。组织国家安全相关专业教学指导委员会，制定完善教学质量国家标准，作为专业准入、专业建设和专业评价的依据。联合有关部门实施“卓越工程师教育培养计划”，建立高校与行业企业联合培养人才的新机制，有针对性地培养适应国家安全工作需要的高素质工程技术人才。

多种形式开展国家安全宣传教育活动。各地各校大力宣传国家安全法，广泛开展国家安全知识竞赛、专题讲座、主题班会等活动，积极参与国家安全法律知识普及周、全国大学生信息安全竞赛等活动，引导师生牢固树立国家安全意识、坚决维护国家安全、坚定拥护中国共产党领导和中国特色社会主义制度。教育部正会同有关部门研究建立面向学生的国家安全校外教育项目和教育基地，进一步增强国家安全教育的针对性和实效性。

以案释法 ⑪

为境外人员非法提供国家秘密危害国家安全

【案情介绍】某年3月，被告人吴某与前来北京采访此届人大五次会议新闻的境外某报记者梁某相识。梁某为了获取大会领导人演讲的报告稿，唆使吴某进行搜集。同年10月4日上午，吴某利用工作之便，将本单位有关人员内部传阅的某位中央领导在该次全国人大会上的报告送审稿（绝密级），私自复印一份，携带回家。当日下午，吴某按事先约定的地点将该报告稿非法提供给梁某。尔后，梁某使用私自安装的传真机将此报告稿全文传到境外报社。10月5日，该境外报纸全文刊登了这个报告稿。10月21日，梁某与吴某在约定地点见面，梁付给吴某人民币外汇兑换券5000元。

【以案释法】北京市检察院以吴某为境外人员非法提供国家秘密罪，向北京市中级人民法院提起公诉。北京市中级人民法院依法不公开审理此案。该院认为，被告人吴某身为国家工作人员，为谋私利，违反国家保密法规，为境外人员非法提供国家核心机密，危害国家安全，被告人的行为已构成为境外人员非法提供国家秘密罪，其犯罪性质恶劣，情节、后果特别严重。依照刑法的规定，判决被告人吴某为境外人员非法提供国家秘密罪成立，判处吴某无期徒刑，剥夺政治权利终身，同时，查获的赃款予以没收。

第七节　立法法修正解读

2000年3月15日，九届全国人大三次会议通过立法法。2015年3月15日，十二届全国人民代表大会三次会议根据《关于修改〈中华人民共和国立法法〉的决定》进行了修正。

一、立法法修正的必要性和指导思想

立法是国家的重要政治活动，立法法是关于国家立法制度的重要法律。我国现行立法法自2000年颁布施行以来，对规范立法活动，推动形成和完善中国特色社会主义法律体系，推进社会主义法治建设，发挥了重要作用。实践证明，立法法确立的立法制度总体是符合国情、行之有效的。但是，随着我国经济社会的发展和改革的不断深化，人民群众对加强和改进立法工作有许多新期盼，以习近平同志为总书记的党中央提出了新要求，立法工作面临不少需要研究解决的新情况、新问题。立法工作关系党和国家事业发展全局，在全面建成小康社会、全面深化改革、全面依法治国、全面从严治党的战略布局中，将发挥越来越重要的作用。为了适应立法工作新形势新任务的需要，贯彻落实党的十八大和十八届三中、四中全会精神，总结立法法施行以来推进科学立法、民主立法的实践经验，适时修改立法法，是十分必要的。这对于完善立法体制，提高立法质量和立法效率，维护国家法制统一，形成完备的法律规范体系，推进国家治理体系和治理能力现代化，建设社会主义法治国家，具有重要的现实意义和长远意义。

修改立法法的指导思想是，贯彻落实党的十八大和十八届三中、四中全会精神，高举中国特色社会主义伟大旗帜，以马克思列宁主义、毛泽东思想、邓小平理论、“三个代表”重要思想、科学发展观为指导，深入学习贯彻习近平总书记系列重要讲话精神，坚持党的领导、人民当家作主、依法治国有机统一，以提高立法质量为重点，深入推进科学立法、民主立法，更好地发挥立法的引领和推动作用，发挥人大及其常委会在立法工作中的主导作用，完善以宪法为核心的中国特色社会主义法律体系，全面推进依法治国，建设社会主义法治国家。

二、富有时代特征的立法理念

立法法修正案在十二届全国人大三次会议上高票通过，为推进全面依法治国进程提供了立法规范上的直接前提。这次立法法的修改，确立了今后立法工作的理念、体制和程序，需要贯彻实施好。新立法法富有时代特征的立法理念。

法治的理念。立法法着眼进一步增进地方法治的适应性、能动性，突出立法的引领和规范功能。在立法与改革之间的关系上以更加融合的视角看待全面深化改革和全面依法治国之间的依存性、互动性；更加强调法治作为治国理政的基本方略，在调整立法权限、注重立法质量、落实法律保留、实现税收法定、加强立法监督、

严格立法边界、约束行政立法、规范司法解释诸方面无不基于法治思维，努力护佑良法产出、调控立法供给。

科学的理念。立法法明确将提高立法质量作为立法的一项基本要求，在总则中做出规定，并以"具有针对性和可执行性"作为立法质量和成效的基本指标。立法法修改还增加法律通过前评估、法律清理、制定配套规定、立法后评估等一系列推进科学立法的措施。

民主的理念。这体现在通过立法规划和计划、先期介入立法起草、协调乃至主持起草等来确保人大主导立法，更加重视和发挥人大代表在立法中的作用，拓宽公民有序参与立法的途径，开展立法协商，完善立法论证、听证、法律草案公开征求意见等制度上。

三、确立更加合理完备的立法体制

立法法的修改着力于从健全立法体制出发激活立法动力、树立立法规矩。进一步强化立法权力和立法权利两轮驱动的格局。对公民的立法知情权、参与权、表达权、监督权予以规定，疏浚和拓宽了立法参与权的表达路径，这方面的一个显豁亮点，是规定了审查请求权等立法监督权利。

（一）在制度层面保证立法主导权归人大

这是对人民代表大会制度的健全。其中还进一步突出人大代表在实现科学立法、民主立法，实现人大主导中的地位和角色，巩固和充实包括税收法定在内的、关系到公民基本权利的最高国家权力机关专门立法权，积极而又审慎地对待地方立法权的普遍扩容，维护宪法权威和法制统一。

（二）严格授权立法体制，实现授权与限权的统一

具体规定了授权决定应当明确包含授权的目的、事项、范围、期限和被授权机关实施授权决定应当遵循的原则。实施授权决定不超过五年，实施期限届满前六个月应当报告实施情况。进一步明确了中央与地方的立法权限，赋予设区的市相应的地方立法权，地方立法体制更加完善。在我们这样一个处于梯度发展和改革深化的大国，地方立法确有必要。一方面，要权力下移、权力释放、立法扩容，使得地方性的事务通过地方立法的途径实现法律的治理、纳入法治的轨道。地方立法绝不是可有可无，许多法律、行政法规需要地方性法规加以细化和补充，使之能够得到更好的贯彻实施。另一方面，"根据本行政区域的具体情况和实际需要"是地方立法最重要的前提，必须坚守"在不同宪法、法律、行政法规相抵触的前提下"这条底线。

而“地方性”或曰因地制宜则是地方立法的生命线和活力源。

（三）切实强化了立法监督体制

首先严格界定了部门规章和地方政府规章边界。将部门规章限定在“应当属于执行法律或者国务院的行政法规、决定、命令的事项”，突出了部门规章的执行性，严格明确不得法外设权，既是对公民权利与行政权力关系上的一个刚性标准，又为立法监督中的备案审查、主动审查和申请审查等提供了最基本的衡量标准。立法法还进一步限缩了司法解释的创设空间。

（四）树立民主科学规范的立法程序

首先，在立法法修改过程中，对立法进行全程化的调整，使之切实成为具有社会反映能力、信息收集能力、民意表达能力、利益协调能力、议程设置能力、法案设计能力和意志形成能力的人民意志汇集和凝聚的过程。并由此科学设计了立法提案程序、立法建议程序、法案起草程序、立法规划程序、项目调整程序、立法听证程序、影响评估程序、立法协商程序、立法审议程序和法案表决程序，以及法律公布程序等。

其次，在全国人大及其常委会立法程序上，纳入了立法规划与计划程序，细化了全国人大有关的专门委员会、常委会工作机构的立法程序环节和工作机制方法，规定其可以提前参与有关方面的法律草案起草工作；对涉及综合性、全局性、基础性等事项的法律草案，可以由全国人大有关的专门委员会或者常委会工作机构组织起草，并健全立法机关和社会公众沟通机制，征求人大代表意见建议制度。还针对审议和表决机制进行了富有前瞻性的规定。

再次，在行政法规制定程序上进一步强调其开放性和参与性，进一步防范和破除部门本位主义的侵扰，突出政府层面的法规创制决定权和政府法制机构的协调、审查权能与职责。

最后，强化了备案审查程序。规定了主动审查报送备案的规范性文件和审查申请人反馈与公开机制这两个更加凸显立法监督权威和效能的重要制度创新。

（五）扎实的新法实施准备工作

在制度建置上，以立法法的“升级版”为依据，进一步修改完善立法机关的议事规则，制定、修订完善各地地方立法条例或地方立法程序规定，注重与民族区域自治法、地方人大和地方政府组织法之间的衔接，深入研究设区的市立法权行使的条件与方案，将立法法的实施与法治政府建设、法治地方建设结合起来。

在实施条件上，切实加强立法工作者队伍建设，加强立法智库建设，加强立法调查研究、代表联系点和基层立法观测点建设，积极探索大数据应用在保障立法的科学化、民主化的方法，夯实包括技术条件在内的立法法实施的社会基础。

更要抓住干部特别是领导干部这个实行法治的“关键少数”，切实强化领导干部对实施立法法的认知和认同，扎实推动立法法的实施，推进法治中国进程。有些修改是总结多年来立法工作中的好经验、好做法，比如一次性表决，多个同类的法律修改可以一并表决或者分别表决等等。有些修改是将原有的规定进一步完善，如授权立法的进一步规范等等。

四、新法修改的六大亮点

十二届全国人大三次会议2015年3月15日举行全体会议，会议经表决通过了关于修改立法法的决定。这是中国15年来首次修改立法法。修改后的立法法关于授予设区的市地方立法权、规范授权立法、明确税收法定原则等六大亮点引发关注。

（一）规范授权立法，使授权不再放任

修改后的立法法规定：授权决定应当明确授权的目的、事项、范围、期限以及被授权机关实施授权决定应当遵循的原则等。授权的期限不得超过五年，被授权机关应在授权期满前六个月，向授权机关报告授权实施情况。

（二）授予设区的市地方立法权

目前，中国设区的市有284个，按照现行立法法规定，享有地方立法权的有49个，尚没有地方立法权的235个。此次立法法修改依法赋予设区的市地方立法权，这意味着具有地方立法权的市实现扩围。

修改后的立法法还相应明确了地方立法权限和范围，明确设区的市可以对“城乡建设与管理、环境保护、历史文化保护等方面的事项”制定地方性法规。

（三）明确细化“税收法定”原则

中共十八届三中全会决定提出落实税收法定原则的明确要求。修改前的立法法第八条规定了只能制定法律的事项，“税收”是在该条第八项“基本经济制度以及财政、税收、海关、金融和外贸的基本制度”中规定。

修改后的立法法将“税收”专设一项作为第六项，明确“税种的设立、税率的确定和税收征收管理等税收基本制度”只能由法律规定。这意味着，今后政府收什么税，向谁收，收多少，怎么收等问题，都要通过全国人大及其常委会的立法决定。

我国现行的18种税中，只有个人所得税、企业所得税和车船税等3种税是由全国人大及其常委会制定法律开征，其他15种税都是国务院制定暂行条例开征的，其收入占税收总收入的70%。

据全国人大常委会法工委介绍，改革开放初期，当时考虑到我国法制建设尚处于起步阶段，建立现代税制的经验和条件都不够，全国人大及其常委会于1984年和1985年先后两次把税收立法权授予国务院，由此，“条例”或“暂行条例”成了大多数税收的征收依据。十八届三中全会、四中全会明确提出落实税收法定原则。

（四）界定部门规章和地方政府规章边界

修改后的立法法对于部门规章和地方政府规章权限进行规范。通过修法，一些地方限行、限购等行政手段就不能那么“任性”了。为进一步明确规章的制定权限

范围，推进依法行政，修改后的立法法规定，部门规章规定的事项应当属于执行法律或者国务院的行政法规、决定、命令的事项。没有法律或者国务院的行政法规、决定、命令的依据，部门规章不得设定减损公民、法人和其他组织权利或者增加其义务的规范，不得增加本部门的权力或者减少本部门的法定职责。国务院部门和地方政府制定任何规章，只要没有上位法律、法规依据的，不能减损公民权利，也不能随意增加公民的义务。

（五）加强备案审查

规范性文件备案审查是保证宪法法律有效实施、维护国家法制统一的重要制度。修改后的立法法明显加强了备案审查力度，明确规定主动审查，如规定：有关的专门委员会和常务委员会工作机构可以对报送备案的规范性文件进行主动审查。

再如，新的立法法还提出审查申请人反馈与公开机制，规定全国人大有关的专门委员会和常委会工作机构可以将审查、研究情况向提出审查建议的国家机关、社会团体、企业组织以及公民反馈，并可以向社会公开。

（六）对司法机关制定的司法解释加以规范

针对目前实践中司法解释存在的诸多问题，此次立法法修改，对司法解释也做了约束性规定。

这方面的规定包括：最高法院、最高检对审判工作、检察工作中具体应用法律的解释，应当主要针对具体的法律条文，并符合立法的目的、原则和原意；最高法院、最高检作出具体应用法律的解释，应当报全国人大常委会备案；除最高法院、最高检外，其他审判机关和检察机关，不得作出具体应用法律的解释等。

以案释法⑫

法律规定出现冲突时如何适用

【案情介绍】原告李某通过了某市人事局组织的2007年考试录用公务员的笔试和面试。2007年7月26日，市人事局按湘人发（2007）33号文件和国人部发（2005）1号《公务员录用体检通用标准（试行）》规定，委托该市四三〇医院对已通过面试和笔试的考生进行体检，原告李某体检结论为“不合格”。2007年8月3日，人事局以同样的体检依据，委托该市另一家医院对李某进行复检，结论为：肝功能无损害，大三阳，无症状和体征，根据湘人发（2005）31号文件附1第七项可诊断慢性活动性乙肝，不合格。体检后，市人事局电话通知原告：体检不合格，不予录用。但在2007年3月1日，人事部办公厅、卫生部办公厅下发国人厅发（2007）25号《关于印发〈公务员录用体检操作手册〉（试行）的通知》则明确“单纯大、小三阳而无肝脏生化异常者，不应按现症肝炎患者对待，而应按乙型肝炎病原携带者对待，作合格结论。”在体检时，原告要求市人事局按国人厅发（2007）25号文件规定的标准执行，而市人事局不同意适用该文件。为此原告向法院起诉。

【以案释法】本案最关键的是法律规定出现冲突时如何适用的问题。法律的效力，一般说来，法律高于行政法规、地方性法规、规章；行政法规的效力高于地方性法规、规章；地方性法规的效力高于本级和下级地方政府规章。省、自治区的人民政府制定的规章的效力高于本行政区域内的较大的市的人民政府制定的规章。关于地方性法规和部门规章的效力问题，我国立法法的规定非常具有操作性："地方性法规、规章之间不一致时，由有关机关依照下列规定的权限作出裁决：（一）同一机关制定的新的一般规定与旧的特别规定不一致时，由制定机关裁决；（二）地方性法规与部门规章之间对同一事项的规定不一致，不能确定如何适用时，由国务院提出意见，国务院认为应当适用地方性法规的，应当决定在该地方适用地方性法规的规定；认为应当适用部门规章的，应当提请全国人民代表大会常务委员会裁决；（三）部门规章之间、部门规章与地方政府规章之间对同一事项的规定不一致时，由国务院裁决。根据授权制定的法规与法律规定不一致，不能确定如何适用时，由全国人民代表大会常务委员会裁决。"在本案中，国家人事厅和卫生厅联合发布的国人厅发（2007）25号《关于印发〈公务员录用体检操作手册〉（试行）的通知》显然是根据立法法的规定，依法律和国务院的行政法规、决定、命令，在其部门的权限范围内，制定的部门规章，又因为涉及了两个以上国务院部门职权范围的事项，所以两个部门联合制定了规章。部门规章在与上位法没有冲突的情况下，适用于全国范围。而湘人发（2007）33号文件是由湖南省委组织部和湖南省人事厅共同制定的，并非一个地方性法规，只是地方政府一个部门的规范性文件，它的效力自然劣于部门规章。所以，当这两个文件发生冲突的时，适用部门规章，也就是国人厅发（2007）25号文件，是无疑的。何况湘人发（2007）33号文件也明确指出要适用更早的部门规章国人部发（2005）1号文件，而国人厅发（2007）25号文件只是国人部发（2005）1号文件所列各项体检标准的细化，并没有增加新的规定。

思考题

1. 宪法的根本性体现在哪些方面？
2. 我国政党制度的基本内容有哪些？
3. 我国公民的基本权利和基本义务分别有哪些？
4. 设立国家宪法日的重大意义是什么？
5. 为什么说国家安全是头等大事？
6. 新修订的立法法有哪些亮点？

第六章　公务员简明法律知识

本章要点

依法行政是依法治国的核心与前提。公务员不仅要掌握与自己职责相关的法律知识，更要熟悉与掌握国家各方面的法律知识。公务员只有真正地学法、懂法、用法，才能在执法中做到有法可依、有法必依、执法必严、违法必究，才能在工作中做到公平、公正，受到人民的认可与支持，实现法治政府的目标。

第一节　民法商法

一、民法商法概述

（一）民法

1. 民法的概念及原则

民法是调整平等主体的公民之间、法人之间、公民与法人之间的财产关系和人身关系的法律规范的总称。民法主要包括物权法、债权法、侵权责任法、知识产权法、婚姻法、继承法等。

民法具有以下基本原则：平等原则、自愿原则、公平原则、诚实信用原则、公序良俗原则、禁止权利滥用原则。

以案释法⑬

民事行为要符合公共秩序和社会公德

【案情介绍】现年70岁的蒋某与泸州市某厂职工黄某于1983年5月经恋爱登记结婚。二人收养一子（黄某强，现年31岁，已成家另过）以养儿防老。1990年7月，蒋某因继承父母遗产取得泸州市市中区某房屋所有权。2005年，因城市建设，该房屋被拆迁，由拆迁单位将位于泸州市江阳区的77.2平方米的住房一套作还建房安置给了蒋某。2006年，黄某与比他小近30岁的张某相识后，二人便一直在外租房公开同居生活。2010年9月，黄某、蒋某夫妇将位于泸州市江阳区的房产以8万元的价格出售给陈某，售房款中的3万元赠予其养子黄某强在外购买商品房。后来，黄某因患肝癌晚期住院治疗，由蒋某及其亲属照顾直至病故。黄某于2011年4月18日立下书面遗嘱，将其所得住房补贴金、公积金、抚恤金和卖泸州市江阳区住房所获款的一半4万元及自己所用的手机一部，共价值6万元的财产赠予张某所有。黄某因病去世后，张某公开当着原配蒋某的面宣布了黄某留下的遗嘱，要求取得赠予财产，被蒋某拒绝。张某以蒋某侵害其财产权为由诉讼至人民法院。

【以案释法】民法通则第七条明确规定，民事行为不得违反公共秩序和社会公德，违反者其行为无效。本案中黄某与被告蒋某系结婚多年的夫妻，应相互扶助、互相忠实。黄某认识原告张某后，长期与其非法同居，是一种违法行为。遗赠人黄某基于与原告张某有非法同居关系而立下的遗嘱，是一种违反公共秩序和社会公德的行为，属于无效行为。

2. 民法的民事主体

民事主体，是指根据法律规定，能够参与民事法律关系，享有民事权利和承担民事义务的当事人。民事主体必须具有民事权利能力和民事行为能力，主要包括自然人、法人和其他组织。

3. 民事法律行为

民事法律行为，是指民事主体设立、变更、终止民事权利和义务的合法行为。民事法律行为应当具备三个条件：一是民事主体具有相应的民事行为能力；二是意思表示真实；三是不违反法律或社会公共利益。

4. 民事权利和民事义务

民事权利，是指民事主体为实现某种利益而为某种行为或不为某种行为的可能性。根据民事权利内容的不同，可将其划分为财产权和人身权。

民事义务是民事主体为实现他方的权利而受行为限制的界限。根据义务产生的原因，可分为法定义务和约定义务。

5. 民事责任

民事责任指进行了民事违法行为的人在民法上承担的对其不利的法律后果。根据民事违法行为所侵害的权利不同，主要分为违约责任和侵权责任。

（二）商法

1. 商法的概念及原则

商法是调整平等主体之间的商事关系或商事行为的法律。商法主要包括公司法、企业法、保险法、票据法、破产法、海商法、商业银行法、证券法等。

商法遵循以下基本原则：强化企业组织原则、提高经济效益原则、维护交易公平原则、保护交易安全原则。

2. 商法与民法的关系

民法与商法同属于私法范畴，但民法调整的是平等主体之间的一般的、普遍的社会关系，而商法则是对平等主体之间的特殊社会关系即商事关系的调整，二者是一般法与特别法的关系。在适用中应遵循以下原则：第一，商法的效力优先于民法，商法有特别规定的，适用商法的规定；第二，民法为一般适用和补充适用，商法没有规定的，适用民法的规定。

二、物权法

（一）物权的概念和特征

物权是指合法权利人依法对特定的物享有直接支配和排他的权利，包括所有权、用益物权和担保物权。其具有以下特征：物权的权利主体是特定的，而义务主体则是不特定的；物权的客体为特定的独立之物，不包括行为和精神财富；物权的内容以支配权为核心；物权具有法定性，其种类和内容、效力以及创设的方式都由法律直接规定，不能由当事人任意创设。

（二）所有权

所有权是物权中最重要也最完全的一种权利，具有绝对性、排他性、永续性三个特征，具体内容包括占有、使用、收益、处置四项权利。

以案释法⑭

占用别人的门面房并出租受益属于侵权行为

【案情介绍】原告舒某于2006年8月购买开发商李某的商住楼一楼门面房一间，价值39万元，并于2007年8月6日办理了房产证，取得了该门面房的所有权。但被告王某一直占有该门面房，出租他人并收取租金。原告多次找被告协商未果，依法诉至法院，请求判令：被告停止侵害，返还房屋并赔偿经济损失。被告王某辩称：该间门面房是其在2005年11月从开发商殷某处购买的，首付10万元，总款39万元，余款开发商答应给办理按揭。2006年12月，殷某将房屋交付给王某，王某已将房屋装修并使用至今，产权证正在办理过程中。其买卖行为在前，没有侵害原告的利益。

【以案释法】本案中，被告是否构成侵权，首先要确认原告能否证明对该门面房享有所有权。根据原、被告举证，确认以下事实：原告付给李某购房款39万元，购买了门面房，于2007年8月6日在房管部门登记并办理了房产证。被告在原告办理产权证之前已实际占有该门面房，并出租从中受益，但未在房管部门登记，亦未办理房产证。由此，可以确认原告对本案所争议的门面房享有所有权。被告一直占用该房，拒不搬出的行为已构成侵权。本案中，被告长期占有原告的门面房并出租受益，给原告造成了一定的经济损失，理应赔偿。

（三）用益物权

用益物权是对他人所有的物，在一定范围内进行占有、使用、收益、处分的他物权。用益物权包括土地承包经营权、建设用地使用权、宅基地使用权、地役权、自然资源使用权（海域使用权、探矿权、采矿权及滩涂从事养殖和捕捞的权利）等。

以案释法⑮

擅自拆除承典房屋属于侵权行为

【案情介绍】李某在县里有临街房屋12间，是祖遗房产。李某是孤寡老人，长期以出租房屋为生。1986年该县食品公司因扩大营业用房，便主动找李某协商要求买房，李某未同意。此后，县食品公司又提出要求典当房屋，李某开始不同意，后经人说和，双方达成了房屋典当协议。协议规定："李某愿将12间房屋出典给县食品公司，典价4.2万元，典期无限，立约为凭。"双方在协议上签字盖章。1998年，该12间房屋其中的3间因年久倒塌，县食品公司就3间倒塌房屋进行了拆除。2000年，该地段因城市规划改为金融区，房价猛涨。李某要求回赎，但在3间房屋倒塌的损失和回赎价格上发生争议。

【以案释法】本案中，李某与县食品公司订立的协议明确约定将房屋出典给县食品公司，是合法有效的。根据我国有关规定，典期最长为30年，因此尽管双方约定典期无限，实际上典期只能为30年。根据合法有效的典权关系，承典人县食品公司享有占有、使用、收益承典房屋的权利，同时应当妥善保管承典房屋。但县食品公司在没有征得出典人李某同意的情况下，擅自拆除承典房屋，是违反义务的行为，对出典人而言构成了侵权行为，应当承担由此给出典人所造成的损失。

（四）担保物权

担保物权是为了确保债权的履行而设定的物权，主要包括抵押权、质权和留置权。

抵押权是指债权人对于债务人或第三人不转移占有而提供担保的不动产或其他财产，作为清偿债务的担保所产生的物权。

质权，亦称质押，指为了担保债权的履行，债务人或第三人将其动产或权利移交债权人占有，当债务人不履行债务时，债权人就其占有的财产优先受偿的权利。

留置权指债权人按照合同约定占有债务人的动产，在债务人逾期不履行债务时，有留置该财产并就该财产优先受偿的权利。

（五）物权的保护

物权受到侵害的，权利人可以通过和解、调解等途径解决，也可以依法向人民法院提起诉讼。

三、合同与担保法律制度

（一）合同

1.合同

合同，又称契约，是在平等主体（自然人、法人和其他组织）之间设立、变更、终止民事权利义务关系的协议。合同主要有买卖合同、借款合同、租赁合同、承揽合同、建设工程合同、运输合同、技术合同、保管合同、仓储合同、委托合同等。

合同具有如下特征：合同是一种民事法律行为；合同是两个以上法律地位平等的当事人意思表示一致的协议；合同以产生、变更或终止债权债务关系为目的。

2.合同的订立

合同的订立是指两方以上当事人通过协商而在互相之间建立合同关系的行为。当事人订立合同，应当具有相应的民事权利能力和民事行为能力。

（1）合同的形式。当事人订立合同，有书面形式、口头形式和其他形式。法律、行政法规规定采用书面形式的，应当采用书面形式。当事人约定采用书面形式的，应当采用书面形式。

（2）合同的内容。合同的内容由当事人约定，一般应包括：当事人的名称或者姓名和住所；标的；数量；质量；价款或者报酬；履行期限、地点和方式；违约责任；解决争议的方法。

（3）合同的订立方式。合同的订立采取要约、承诺的方式。

（4）合同的成立时间。一般情况下，承诺生效时合同成立；书面合同自双方当事人签字或盖章时合同成立；有确认书的合同，签订确认书时合同成立；应当采用书面形式订立合同，而当事人未采用的，一方已经履行主要义务，对方接受的，该合同成立。

（5）合同的成立地点。一般情况下，承诺生效的地点为合同成立的地点；书面合同的成立地点为双方当事人签字或盖章的地点。

3.合同的效力

（1）合同的生效。依法成立的合同，自成立时生效；法律、行政法规规定应当办理批准、登记等手续生效的，依照其规定；附生效条件的合同，自条件成就时生效；附解除条件的合同，自条件成就时失效；附生效期限的合同，自期限届至时生效；附终止期限的合同，自期限届满时失效。

（2）效力待定合同。这是指合同虽然已经成立，但因其不完全符合有关生效要件的规定，因此其效力能否发生尚未确定。效力待定合同主要有：限制民事行为能力人订立的合同；行为人没有代理权、超越代理权或者代理权终止后以被代理人名义订立的合同；无处分权的人处分他人财产的合同。效力待定合同经有权人追认，产生法律效力。有权人不予追认的，不发生法律效力。

（3）可变更、可撤销合同。这是指欠缺一定的生效要件，效力取决于当事人是否行使变更权、撤销权，它是一种相对无效的合同。可变更、可撤销的合同主要有：因重大误解订立的合同；在订立合同时显失公平；一方以欺诈、胁迫的手段或者乘人之危，使对方在违背真实意思的情况下订立的合同。被撤销的合同自始没有法律约束力。

（4）无效合同。无效合同，是指不符合法律规定的要件，不能产生法律效力的合同。合同无效的情形有：一方以欺诈、胁迫的手段订立合同，损害国家利益；恶意串通，损害国家、集体或者第三人利益；以合法形式掩盖非法目的；损害社会公共利益；违反法律、行政法规的强制性规定。无效的合同自始没有法律约束力。合同部分无效，不影响其他部分效力的，其他部分仍然有效。合同无效或者被撤销后，因该合同取得的财产，应当予以返还；不能返还或者没有必要返还的，应当折价补偿。有过错的一方应当赔偿对方因此所受到的损失；双方都有过错的，应当各自承担相应的责任。

4. 合同的履行

合同的履行是指当事人应当按照约定全面履行自己的义务，并遵循诚实信用原则，根据合同的性质、目的和交易习惯履行通知、协助、保密等义务。为保护当事人的利益，法律规定了合同履行中的几项特殊制度：

（1）合同履行中的抗辩权。抗辩权是指在双务合同中，在符合法定条件时，当事人一方对抗对方当事人的履行请求权，暂时拒绝履行其债务的权利。

以案释法 16

办理登记是房屋买卖合同的主给付义务

【案情介绍】2001年1月，甲、乙公司签订了一项房屋买卖合同，合同约定甲公司于当年9月1日向乙公司交付房屋100套，并办理登记手续，乙公司则向甲公司分三次付款：第一期支付2千万元，第二期支付3千万元，第三期则在9月1日甲公司向乙公司交付房屋时支付5千万元。在签订合同后，乙公司按期支付了第一期、第二期款项共5千万元。9月1日，甲公司将房屋的钥匙移交乙公司，但并未立即办理房产所有权移转登记手续。因此，乙公司表示剩余款项在登记手续办理完毕后再付。在合同约定付款日期（9月1日）7日后，乙公司仍然没有付款，甲公司遂以乙公司违约为由诉至法院，请求乙公司承担违约责任。乙公司则以甲公司未按期办理房产所有权移转登记手续为由抗辩。

【以案释法】本案中，乙公司按期向甲公司支付了第一期、第二期款项共5千万元，并无违约情形。甲公司并无理由行使后履行抗辩权，其未按期办理房产所有权移转登记手续属于违约行为，应当承担相应的违约责任。乙公司第三期款项的支付与甲公司交付房屋并办理房产所有权移转登记手续是应当同时履行的义务。由于本案中合同标的物是房屋，属于不动产，不动产的买卖中出卖人除负有交付标的物的义务之外，还应当完成产权移转登记，才真正履行完给付义务。尽管当事人未办理登记手续并不影响合同本身的效力，但是因为没有办理登记，房屋的所有权不能发生移转，买受人不能因出卖人的交付而获得房产的所有权。因此，办理登记是房屋买卖合同的主给付义务。本案中，由于甲公司的行为有可能导致乙公司的合同目的不能实现，根据合同法有关规定，其有权拒绝支付剩余款项。

（2）合同履行的保全。合同履行保全是为保护合同债权人的债权不受债务人不当行为的损害而对合同债权人采取一定保护措施的法律制度。

5. 合同的变更、转让、终止

（1）合同的变更。这是指合同内容的变更。合同变更的条件有：双方已存在合同关系；合同内容已发生变化；合同的变更须依当事人协议或依法律直接规定及法院或仲裁机构的裁决，甚至有时依有变更权的当事人的意思表示；法律要求对合同变更采取办理批准、登记手续等特定方式的，应遵守法律要求的方式。合同的变更原则上只对将来发生效力，不影响已履行部分的效力。

（2）合同的转让。这是指在合同依法成立后，改变合同主体的法律行为。即合同当事人一方依法将其合同债权和债务全部或部分转让给第三方的行为。合同转让的情形有：债权人转让权利的，应当通知债务人，未经通知，该转让对债务人不发生效力；债务人将合同的义务全部或者部分转移给第三人的，应当经债权人同意；当事人一方经对方同意，可以将自己在合同中的权利和义务一并转让给第三人。法律、行政法规规定转让权利或者转移义务应当办理批准、登记等手续的，依照其规定。

（3）合同的终止。这是指合同当事人双方在合同关系建立以后，因一定的法律事实的出现，使合同确立的权利义务关系消灭。合同终止的情形有：债务已经按照约定履行；合同解除；债务相互抵销；债务人依法将标的物提存；债权人免除债务；债权债务同归于一人，但涉及第三人利益的除外；法律规定或当事人约定终止的其他情形。合同终止后，当事人应当遵循诚实信用的原则，根据交易习惯履行通知、协助、保密等义务。

6. 违约责任

这指当事人不履行合同义务或履行合同义务不符合约定应承担的民事责任。违约责任的构成要件主要有：违约行为、损害事实、违约行为与损害事实之间的因果关系、行为人主观上的过错。违约责任的形式包括继续履行、采取补救措施、赔偿损失、违约金。免责事由主要是不可抗力或免责条款约定的内容。

（二）担保法

担保法，广义上是指调整担保活动中有关当事人之间发生的担保关系的法律规范总称；狭义上是指《中华人民共和国担保法》，在1995年6月30日由八届全国人大常委会十四次会议通过，自1995年10月1日实施。根据担保法的规定，担保活动应当遵循平等、自愿、公平、诚实信用的原则。

担保法规定的担保方式有保证、抵押、质押、留置和定金五种。具体如下：

1. 保证

保证是指保证人和债权人约定，当债务人不履行债务时，保证人按照约定履行债务或者承担责任的行为。保证的方式包括一般保证、连带责任保证。保证的范围包括主债权及利息、违约金、损害赔偿金和实现债权的费用。保证合同另有约定的，按照约定。

2. 抵押

抵押是指债务人或者第三人不转移财产的占有，将该财产作为债权的担保。债务人不履行债务时，债权人有权依照担保法规定以该财产折价或者以拍卖、变卖该财产的价款优先受偿。

3. 质押

质押是指债务人或者第三人将其动产或权利移交债权人占有，将该动产或权利作为债权的担保。债务人不履行债务时，债权人有权依照担保法规定以该动产折价或者以拍卖、变卖该动产的价款优先受偿。

4. 留置

留置是指债权人按照合同约定占有债务人的动产，债务人不按照合同约定的期限履行债务的，债权人有权依照担保法规定留置该财产，以该财产折价或者以拍卖、变卖该财产的价款优先受偿。

5. 定金

定金是指合同当事人为了确保合同的履行，依照法律和合同的规定，由一方按合同标的额的一定比例预先给付对方的金钱或其他替代物。债务人履行债务后，定金应当抵作价款或者收回。给付定金的一方不履行约定的债务的，无权要求返还定金；收受定金的一方不履行约定的债务的，应当双倍返还定金。

四、知识产权法律制度

（一）知识产权概述

知识产权也称为智慧财产权，是指人们对文学、艺术、科学、工业等领域基于智力活动创造的成果和经营管理中的标记、信誉等享有的权利。广义的知识产权主要包括著作权及其邻接权、商标权、专利权、商号权、产地标志权、商业秘密权、植物新品种权、集成电路布图设计权等各种权利。狭义的知识产权仅包括著作权、商标权和专利权三部分。

知识产权与物权相比较而言，相同的地方在于都具有支配性。不同的地方在于：

第一，物权的客体是有形的财产，知识产权的客体是无形的智力成果。

第二，物权是一种绝对权力，可以对抗权利人以外的任何人；而知识产权具有严格的地域性，效力仅限于本国境内，如想得到跨国保护，须参加国际公约或者签订双边、多边协定。

第三，物权的保护是没有时间限制的，可以永远存在；而知识产权在保护时间上有限制。

以案释法 17

支持奥运要用合法的方式

【案情介绍】在北京2008年奥运会倒计时600天时，某事业单位开展了迎奥运宣传活动，未经授权，在单位的宣传栏里张贴了“新北京、新奥运、新××（为该单位简称）”的宣传口号。

【以案释法】“新北京、新奥运”属于登记备案的奥林匹克标志，未经权利人允许，其他单位无权擅自使用。该单位进行此次宣传活动，原意是为了表达对北京2008年奥运会的支持和关注，实际上却造成了对奥运标志、口号等奥林匹克知识产权的违规使用，侵犯了奥林匹克标志知识产权。

（二）著作权

著作权，又称为版权，是指文学、艺术和自然科学、社会科学作品的作者及其相关主体依法对作品所享有的人身权利和财产权利。

1. 著作人身权

著作人身权是指作者通过创作表现个人风格的作品而依法享有获得名誉、声望和维护作品完整性的权利。著作人身权具有以下内容：（1）发表权，即决定作品是

否公之于众的权利，这种权利的特点就是一次用尽；(2) 署名权，即表明作者身份，在作品上署名的权利，其行使方式不限于在作品上署真实姓名，还可以署笔名、别名或者不署名；(3) 修改权，即修改或者授权他人修改作品的权利；(4) 保护作品完整权，即保护作品不受歪曲、篡改的权利。

2. 著作财产权

著作财产权就是作者及其传播者对作品进行使用并获得经济利益的权利。内容包括：复制权、发行权、出租权、展览权、表演权、放映权、广播权、信息网络传播权、摄制权、改编权、翻译权、汇编权以及应当由著作权人享有的其他权利。

著作财产权是可以依权利人的意志进行转让和许可使用的权利，并且可以成为继承和赠予的客体。

著作财产权的保护是有期限的，公民作品的发表权、著作财产权的保护期为作者有生之年及其死亡后50年。法人或者其他组织的作品、著作权由法人或其他组织享有的职务作品、电影或类似摄制电影方式创作的作品，其发表权和著作财产权保护期为自首次发表后50年。

（三）专利权

专利权，是指申请人向国家的专利主管机关就一项发明创造提出专利申请，经审查合格后，由该主管机关向专利申请人授予在规定期间对该项发明创造享有的专有权。专利权均须经过主管机关审查后方可授予。

国务院专利行政部门负责管理全国的专利工作，统一受理和审查专利申请，依法授予专利权。省、自治区、直辖市人民政府管理专利工作的部门负责本行政区域内的专利管理工作。

以案释法 ⑱

专利权保护要考虑细节问题

【案情介绍】A 公司于1997年10月29日就“多层平台式展示架的锥度套筒制造方法”向国家专利局申请发明专利，国家专利局于2000年8月授予发明专利权，专利号为 ZL971066809。2001年4月，A 公司向广东省某市知识产权局提起行政调处，认为B公司采用其专利方法生产锥度套筒，侵犯其发明专利权。代理人接受B公司的委托，经查阅专利文献并对比A、B两公司的产品及该产品的制造方法，发现二者的产品结构不相同、所采用的原材料不相同，B公司的制造方法中缺少“焊接”和

“去披锋”这两个必要技术特征。涉案专利是一项产品的制造方法，“焊接”这一技术特征是必须要有的，如果省略该步骤就不能制造出产品，也就不能达到发明目的，因此，B公司所采用的方法没有纳入涉案专利的保护范围。但B公司的制造方法必须省略“焊接”步骤，由于省略了该步骤，因此B公司的生产效率和产品的品质得到显著的提高。

【以案释法】知识产权局合议组审理后认为，本专利技术特征为：切割—焊接—冲压—导角，皆为必要技术特征；而B公司的制造方法可概括为：切割—导角—冲压，比A公司的制造方法缺少“焊接”这一必要技术特征。因此B公司的制造方法并未全部纳入A公司专利的保护范围。A公司与B公司由于采用的制造方法不同，其效率以本专业领域普通技术人员的眼光来看有显著的差异，即在同样长的时间内使用这两种不同方法制造锥度套筒，其产量和质量上的差异是明显的，因此，两种方法是不等效的。所以，B公司的行为不构成侵权。

专利的种类包括：

1.发明

发明是指对产品、方法或者其改进提出的新的技术方案。

2.实用新型

实用新型指对产品的形状、构造或其结合所提出的适于实用的新的技术方案。

3.外观设计

外观设计是指对产品的形状、图案、色彩或者其结合的设计及色彩与形状、图案的结合做出的富有美感并适于工业应用的新设计。发明专利权的保护期为20年，实用新型和外观设计的专利权保护期为10年，均自申请日起计算。

（四）商标权

1.商标及商标权的概念

商标是商品的生产者和经营者在其生产、制造、加工、拣选或者经销的商品上或者服务的提供者在其提供的服务上采用的，用于区别商品或者服务来源的标志。商标权是商标专用权的简称，是指商标主管机关依法授予商标申请人对其注册商标受国家法律保护的专有权。

2.商标权的保护

商标在商标主管机关注册后，方可取得商标专用权，并受法律的保护。

未经注册的商标不受保护。对于商标注册，采取自愿的原则。

商标专有权人对于侵犯商标专有权的行为，可以选择由工商行政管理机关处理，也可以选择直接向人民法院起诉。

3.商标的管理

我国采取集中注册，分级管理的原则。集中注册即由商标局统一集中负责我国的商标审查、核准、注册工作；分级管理是指各级工商行政管理机关负责本地区的商标管理工作。

4. 商标的使用范围

商标权人使用注册商标必须以核准注册的商标和核准使用的商品或服务为限。

5. 商标权的保护期限

商标权的保护期限为10年。有效期届满后，如注册人继续使用该商标，必须依法办理商标续展手续，续展次数不限。

五、金融法律制度

（一）银行法律制度

1. 银行的概念

银行是通过存款、贷款、汇兑、储蓄等业务，承担信用中介的金融机构。银行是金融机构之一，而且是最主要的金融机构，它主要的业务范围有吸收公众存款、发放贷款以及办理票据贴现等。

2. 我国现行的银行体系

（1）中央银行。中国人民银行是我国的中央银行，在国务院的领导下制定和执行货币政策，代表政府管理全国的金融机构和金融活动，经理国库。

中国人民银行的主要职责有：发布与履行其职责有关的命令和规章；依法制定和执行货币政策；发行人民币，管理人民币流通；监督管理银行间同业拆借市场和银行间债券市场；实施外汇管理，监督管理银行间外汇市场；监督管理黄金市场；持有、管理、经营国家外汇储备、黄金储备；经理国库；维护支付、清算系统的正常运行；指导、部署金融业反洗钱工作，负责反洗钱的资金监测；负责金融业的统计、调查、分析和预测；作为国家的中央银行，从事有关的国际金融活动；国务院规定的其他职责。

（2）政策性银行。政策性银行一般是指由政府设立，以贯彻国家产业政策、区域发展政策为目的，不以营利为目标进行融资和信用活动的金融机构。

政策性银行的主要特点是：有自己特定的融资渠道，财政拨款、发行政策性金融债券是主要资金来源，不面向公众吸收存款；资本金多由政府财政拨付；不以营利为目标；有自己特定的服务领域，不与商业银行竞争；一般不普遍设立分支机构，业务通常由商业银行代理。我国政策性银行包括国家开发银行、中国农业发展银行、中国进出口银行三家。

（3）商业银行。商业银行是以经营存款、放款，办理转账结算为主要业务，以营利为主要经营目标的金融企业。

商业银行的主要特点是：在所有制结构上，以国有独资或控股的国有商业银行为主体；在现阶段，依照商业银行法规定，商业银行不得在境内从事信托投资和股票业务，不得对非银行金融机构和企业投资，不得投资于非自用不动产；实行稳健经营方针，争取最好盈利水平。

我国商业银行主要包括以下类型：

①国有独资商业银行。国有独资商业银行由国家专业银行演变而来，包括中国工商银行、中国农业银行、中国银行、中国建设银行和交通银行。

②股份制商业银行。我国的股份制商业银行主要有光大银行、招商银行、华夏银行、中国民生银行、中信实业银行、深圳发展银行、上海浦东发展银行、广东发展银行、福建兴业银行、平安银行、恒丰银行、浙商银行和渤海银行。

③城市合作银行。1993年底，中央银行提出组建城市合作银行。1995年春，国务院决定在城市信用社基础上组建城市合作银行，其服务领域是依照商业银行经营原则为本地区经济发展服务，为中小企业发展服务。目前，我国已有多家城市合作银行挂牌营业，总体看发展迅速，抵御风险能力逐渐增强，经济效益明显改善。

（二）证券法律制度

1. 证券的概念及特征

证券是一种权利的书面凭证，记载并且代表一定权利。证券具有以下特点：证券是一种财产性的权利凭证；证券是一种流通性的权利凭证；证券是一种要式性的权利凭证，即法律对证券有严格的格式要求；证券是一种收益性的权利凭证。

2. 证券的种类

证券有广义和狭义之分。广义的证券一般指商品证券（如货运单、提单等）、货币证券（如支票、汇票、本票等）和资本证券（如股票、公司债券、投资基金份额等）。狭义的证券仅指资本证券。我国证券法规定的证券为股票、公司债券和国务院依法认定的其他证券。

3. 证券发行

证券发行是指政府、金融机构、工商企业等以募集资金为目的向投资者出售代表一定权利的有价证券的活动。公开发行证券，必须符合法律、行政法规规定的条件，并依法报经国务院证券监督管理机构或者国务院授权的部门核准；未经依法核准，任何单位和个人不得公开发行证券。非公开发行证券，不得采用广告、公开劝诱和变相公开方式。

4. 证券交易

证券交易是指证券持有人依照交易规则，将证券转让给其他投资者的行为。一般分为两种形式：一种形式是上市交易，是指证券在证券交易所集中交易挂牌买卖或采用国务院证券监督管理机构批准的其他方式；另一种形式是上柜交易，是指可公开发行但未达上市标准的证券在证券柜台交易市场买卖。为了保护弱势的中小投资者以及国家社会的公共利益，确保证券市场的健康发展，我国的证券法对某些证券交易行为给予限制或禁止，特别是禁止了内幕交易、操纵市场、虚假陈述以及欺诈客户等证券欺诈行为。

（三）期货法律制度

1. 期货的概念

期货是现在进行买卖，但是在将来进行交收或交割的标的物，这个标的物可以是某种商品，例如黄金、原油、农产品，也可以是金融工具，还可以是金融指标。

2. 期货合约

期货合约是指由期货交易所统一制定的、规定在将来某一特定的时间和地点交割一定数量和质量标的物的标准化合约。期货合约的种类包括商品期货合约和金融期货合约。期货合约的标准通常由期货交易所设计，经国家监管机构审批上市。期货合约的商品品种、数量、质量、等级、交货时间、交货地点等条款都是既定的，唯一的变量是价格。期货合约的买方，如果将合约持有到期，那么他有义务买入期货合约对应的标的物；而期货合约的卖方，如果将合约持有到期，那么他有义务卖出期货合约对应的标的物。

3. 期货交易

期货交易应当在依法设立的期货交易所或者国务院期货监督管理机构批准的其他交易场所进行。禁止在国务院期货监督管理机构批准的期货交易场所之外进行期货交易，期货公司不得从事或变相从事期货自营业务。

4. 期货交易所

期货交易所的设立，由国务院期货监督管理机构审批。期货交易所不以营利为目的，按照其章程的规定实行自律管理。期货交易所会员应当是在中华人民共和国境内登记注册的企业法人或者其他经济组织。

5. 期货公司

期货公司是依法设立的经营期货业务的金融机构。期货公司的设立，应当经国务院期货监督管理机构批准，并在公司登记机关登记注册。

（四）保险法律制度

1. 保险的概念

保险是指投保人根据合同约定，向保险人支付保险费，保险人对于合同约定的可能发生的事故因其发生所造成的财产损失承担赔偿保险金责任，或者当被保险人死亡、伤残、疾病或者达到合同约定的年龄、期限等条件时承担给付保险金责任的商业保险行为。

2. 保险的种类

保险可以分为人身保险和财产保险两大类，责任保险则包含在财产保险之中。

（1）人身保险，系以被保险人的生命或身体为保险标的，并以生存、死亡或人身伤害为保险事故；当被保险人发生保险事故时，保险人依约定给付一定金额的保险金的保险。

（2）财产保险，又称产物保险，简称产险，系以各种财产（例如房屋、汽车、机车、船舶等）为保险标的；当这些标的发生所约定的保险事故（例如火灾、碰撞等）而导致财产遭受毁损或灭失时，依约定给予补偿的保险。

（3）责任保险，是以被保险人对第三者依法应负的赔偿责任为保险标的的保险；当依法应负的赔偿责任发生时，保险人应依据保险合同的规定对第三人给付保险金。

3. 保险合同

保险合同是投保人与保险人约定保险权利义务关系的协议。保险合同的当事人包括投保人、保险人、被保险人和受益人。

保险合同订立的要求：人身保险的投保人在保险合同订立时，对被保险人应当具有保险利益；财产保险的被保险人在保险事故发生时，对保险标的应当具有保险利益。保险利益是指投保人或者被保险人对保险标的具有的法律上承认的利益。订立保险合同，保险人就保险标的或者被保险人的有关情况提出询问的，投保人应当如实告知。

保险事故发生后，按照保险合同请求保险人赔偿或者给付保险金时，投保人、被保险人或者受益人应当向保险人提供其所能提供的与确认保险事故的性质、原因、损失程度等有关的证明和资料。

投保人、被保险人故意制造保险事故的，保险人有权解除合同，不承担赔偿或者给付保险金的责任。

第二节　经济法

经济法是国家从整体经济发展的角度，对具有社会公共性的经济活动进行干预、管理和调控的法律规范的总称。经济法大体包含两个部分：一是创造平等竞争环境、维护市场秩序方面的法律，主要是有关反垄断、反不正当竞争、反倾销和反补贴等方面的法律；二是国家宏观调控和经济管理方面的法律，主要是有关财政、税务、金融、审计、统计、物价、技术监督、工商管理、对外贸易等方面的法律。

一、反不正当竞争法和反垄断法

（一）反不正当竞争法

1. 反不正当竞争法概述

反不正当竞争法是调整在制止不正当竞争过程中发生的社会关系的法律规范的总称。

我国反不正当竞争法的立法目的是为了保障社会主义市场经济健康发展，鼓励和保护正当竞争，制止不正当竞争，保护经营者和消费者的合法权益。反不正当竞争法的基本原则包括自愿、公平、平等、诚实信用、遵守公认商业道德以及不得滥用竞争权利等原则。

2. 不正当竞争行为

不正当竞争行为是指经营者在市场竞争中，采取非法的或者有悖于公认的商业道德的手段和方式，与其他经营者相竞争的行为。我国反不正当竞争法列举了十一种不正当竞争行为，包括：仿冒、限制竞争、权力经营、商业贿赂、虚假广告、侵犯商业秘密、倾销、不正当附条件销售、不正当有奖销售、损害商誉、串通投标。

3. 对不正当竞争行为的监督检查

（1）监督检查部门。我国对不正当竞争行为进行监督检查的部门主要是县级以上的工商行政管理部门。

（2）职权。监督检查部门在监督检查不正当竞争行为时，享有四种职权，即询问权、查询和复制权、检查权和处罚权。

4. 不正当竞争行为的法律责任

（1）民事责任：停止侵害、赔偿损失。

（2）行政责任：强制行为人停止不正当竞争行为；没收非法所得；处以罚款；吊销营业执照。

（3）刑事责任：销售伪劣商品，采用贿赂手段以销售或购买商品，情节严重，构成犯罪的，依法追究刑事责任；监督检查部门工作人员滥用职权、玩忽职守、徇私舞弊、故意包庇犯罪行为人不受追诉，构成犯罪的依法追究其刑事责任；侵害他人商业信誉和商品声誉、虚假广告、串通投标、侵犯商业秘密等情节严重构成犯罪的，依法追究刑事责任。

（二）反垄断法

1. 垄断和反垄断法概述

垄断指少数大企业为了获得高额利润，通过相互协议或联合，对一个或几个部门商品的生产、销售和价格进行操纵和控制。我国反垄断法的立法目的在于预防和制止垄断行为，保护市场公平竞争，维护消费者利益和社会公共利益。

反垄断法所限制的垄断行为主要包括三种：第一，经营者达成垄断协议；第二，经营者滥用市场支配地位；第三，具有或者可能具有排除、限制竞争效果的经营者集中。

2. 垄断协议

经营者达成垄断协议是指经营者达成排除、限制竞争的协议、决定或者其他协同行为。经营者达成并实施垄断协议的，由反垄断执法机构责令停止违法行为，没收违法所得，并处上一年度销售额的1%～10%的罚款；尚未实施所达成的垄断协议的，可以处五十万元以下的罚款。

3. 滥用市场支配地位

（1）以不公平的高价销售商品或者以不公平的低价购买商品；（2）没有正当理由，以低于成本的价格销售商品；（3）没有正当理由，拒绝与交易相对人进行交易；（4）没有正当理由，限定交易相对人只能与其进行交易或者只能与其指定的经营者进行交易；（5）没有正当理由搭售商品，或者在交易时附加其他不合理的交易条件；（6）没有正当理由，对条件相同的交易相对人在交易价格等交易条件上实行差别待遇。

以案释法⑲

液化燃气站违法搭售获利受罚

【案情介绍】H市液化燃气站规定，新老液化燃气用户必须购买W化工公司生产的MYJ112灭火器一只，否则不予供气。H市液化燃气站销售的灭火器是为W化工公司代销的，每只结算价为22元，而该液化燃气站向用户的售价为29元，至工商行政管理局调查时，该液化燃气站已经向用户销售灭火器1003只，销售款为29087元。H市工商行政管理局对该液化燃气站的行为作出行政处罚：停止违法行为；罚款5万元。

【以案释法】违法搭售的不正当竞争行为，是指经营者利用自身的经济优势，违背交易客户的意愿，在提供商品或服务时，强迫交易客户接受不愿接受的商品或服务的行为。本案中，H市液化燃气站用供气特权强迫用户购买高价的灭火器，在正常供气的交易基础上附加不合理的销售高价灭火器的行为，属于不正当竞争，属于违法行为，应当受到处罚。

4. 经营者集中

经营者集中，主要是指企业的合并。企业合并是较为常见的市场行为，反垄断法所控制的是对市场竞争形成威胁和破坏的企业集中。

经营者违法实施集中的，由国务院反垄断执法机构责令其停止实施集中、限期处分股份或者资产、限期转让营业以及采取其他必要措施恢复到集中前的状态，还可对其处以五十万元以下的罚款。

5. 行政垄断

行政机关和法律、法规授权的具有管理公共事务职能的组织滥用行政权力，限定或者变相限定单位或者个人经营、购买、使用其指定的经营者提供的商品即构成行政垄断。行政垄断由上级机关责令改正，对直接负责的主管人员和其他直接责任人员依法给予处分。

二、产品质量法和消费者权益保护法

（一）产品质量法概述

1. 产品质量法

产品质量法是调整在生产、流通和消费过程中因产品质量所发生的经济关系的法律规范的总称。我国产品质量法所规范的产品，是指经过加工、制作，用于销售的产品，不包括初级农产品、军工产品和建筑工程。我国产品质量法的立法宗旨是加强对产品质量的监督管理，提高产品质量水平，明确产品质量责任，保护消费者的合法权益，维护社会经济秩序。

该法遵循下列原则：加强产品质量监督管理原则；保护消费者合法权益原则；贯彻奖优罚劣原则；严格产品质量责任原则。

2. 产品质量监督

产品质量监督，是指产品质量监督机构、有关组织和消费者按照技术标准，对企业的产品质量进行评价、考核和鉴定，以促进企业加强质量管理，执行质量标准，保证产品质量，维护用户和消费者利益。监督范围包括可能危及人体健康和人身、财产安全的产品；影响国计民生的主要工业产品；消费者或者有关组织反映有质量问题的产品。监督类型有国家监督、行业监督、社会监督。

3. 产品检查制度

产品质量监督检查制度是指国务院产品质量监督部门和县级以上地方产品质量监督部门依据国家法律法规的规定，对生产领域、流通领域的产品实施质量监督的一项制度。

产品质量监督检查以抽查为主要方式。监督检查的方式包括监督抽查、统一监督检查（简称统检）、定期监督检查。

除上述三种主要形式外，各级产品质量监督部门还可以根据实际情况、群众举报，或根据上级及有关部门的指示或意见，就某些企业的某种产品组织一些日常执法监督检查活动。

4.法律责任

生产者、销售者违反产品质量法的规定，有关部门依法对其进行行政处罚，主要方式有责令停止生产销售、没收产品、没收违法所得、罚款、吊销营业执照等；构成犯罪的，依法追究其刑事责任。

（二）消费者权益保护法

1.消费者的权利

消费者的权利包括安全权、知情权、选择权、公平交易权、求偿权、结社权、获得有关知识权、人格尊严和民族风俗习惯受尊重权、监督权。

2.消费者权益保护的途径

（1）与经营者协商和解。一般争议均可由双方在平等自愿的基础上进行协商，重大纠纷或双方无法协商解决的可寻求其他解决方式。

（2）请求消费者协会或依法成立的其他调解组织的调解。调解结果由双方自愿接受和执行。

（3）向有关行政部门申诉。申诉主要是根据具体情况，向工商部门、物价部门、质量监督等部门提出申诉，寻求救济。

（4）提请仲裁。仲裁的前提是双方事先订立的书面仲裁协议或条款。

（5）提起诉讼。诉讼是消费者权益保护最后的也是最重要的途径。

三、税收法律制度

（一）税收的概念和特征

税收是国家为满足社会公共需要，凭借公共权力，按照法律所规定的标准和程序，参与国民收入分配，强制地、无偿地取得财政收入的一种特定分配方式。税收与其他分配方式相比，具有强制性、无偿性和固定性的特征。

（二）税法的概念及构成要素

税法是国家制定的用以调节国家与纳税人之间在纳税方面的权利及义务关系的法律规范的总称。包括以下构成要素：

1.征税主体

我国行使征税权力的机关有三个，分别是税务机关、财政机关和海关。

财政机关负责征收农业税、农业特产税、耕地占用税和契税。海关负责征收关税，并代征进口环节的增值税、消费税，代交通管理部门征收船舶吨税。其余的税种由税务机关负责征收。

2.纳税主体

企业、个人、政府机关、事业单位、社会团体都可以成为纳税主体。

3. 征税对象

征税对象是指针对什么样的标的物进行课税，是区分税种的标志。如流转税以流转额为征税对象，收益税以所得额为征税对象。

4. 税率

税率是税法规定的每一单位课税对象与应纳税款之间的比例，是税法的核心要素，代表着征税的深度。我国税率的基本形式有定额税率、比例税率和累进税率。采用定额税率的税种有资源税、城镇土地使用税、耕地占用税等；采用比例税率的税种最典型的是增值税和企业所得税；累进税率分为全额累进税率、全率累进税率、超额累进税率和超率累进税率，我国现行税法只采用超额累进税率和超率累进税率，采用超额累进税率的税种是个人所得税的某些税目，采用超率累进税率的税种是土地增值税。

（三）我国的主要税种

按照征税对象的不同，我国的税收主要包括以下几类：

1. 流转税

流转税是以商品生产流转额和非生产流转额为课税对象征收的一类税。流转税是我国税制结构中的主体税类，目前包括增值税、消费税、营业税和关税等税种。

2. 所得税

所得税也称收益税，是指以各种所得额为课税对象的一类税。所得税也是我国税制结构中的主体税类，目前包括企业所得税、个人所得税等税种。

3. 财产税

财产税是指以纳税人所拥有或支配的财产为课税对象的一类税，包括遗产税、房产税、契税、车辆购置税和车船使用税等。

4. 行为税

行为税是指以纳税人的某些特定行为为课税对象的一类税。我国现行税制中的城市维护建设税、固定资产投资方向调节税、印花税、屠宰税和筵席税都属于行为税。

5. 资源税

资源税是指对在我国境内从事资源开发的单位和个人征收的一类税。我国现行税制中资源税、土地增值税、耕地占用税和城镇土地使用税都属于资源税。

（四）税收的监管

1. 税务管理

税务管理是征收管理的基础性工作，主要内容是税务登记、账簿与凭证管理、纳税申报。

2. 征收管理

征收管理是税务机关为了实现税收计划，协调征纳关系，组织税款入库而开展的组织管理和监督检查等各项工作，是税收监管的中心环节。

3. 税务检查

税务检查是税务机关对纳税人履行纳税义务的情况进行的监督、审查的制度，是税收征收管理的重要内容，也是税务监督的重要组成部分。

四、审计法律制度

（一）审计与审计法概述

1. 审计

审计是审计机关依法独立检查被审计单位的会计凭证、会计账簿、会计报表以及其他与财政收支、财务收支有关的资料和资产，监督财政收支、财务收支真实、合法和效益的行为。

在我国，审计的基本职能是监督，即监督财政收支和财务收支活动的进行，审计是一项具有独立性的经济监督制度。

2. 审计法

审计法是调整审计关系的法律规范的总称。1994年8月31日，八届全国人大常委会九次会议通过了《中华人民共和国审计法》。

审计法的基本原则包括合法性原则、客观公正原则、实事求是原则、独立审计原则、廉洁奉公原则和保守秘密原则。

（二）审计机关和审计人员

1. 审计机关的设置及领导体制

国务院设审计署，在国务院总理的领导下，主管全国的审计工作，审计长是审计署的行政首长。省、自治区、直辖市、设区的市、自治州、县、自治县、不设区的市、市辖区设立审计机关，分别在省长、自治区主席、市长、州长、县长、区长和上一级审计机关的领导下，负责本行政区域内的审计工作。

2. 审计人员的权利、义务

（1）审计人员的权利。审计人员依法执行职务，受法律保护；任何组织和个人不得拒绝、阻碍审计人员依法执行职务，不得打击报复审计人员。

（2）审计人员的义务。审计人员办理审计事项，与被审计单位或者审计事项有利害关系的，应当回避；审计人员对其在执行职务中知悉的国家秘密和被审计单位的商业秘密，负有保密的义务。

（三）审计机关职责

第一，审计各级政府的预算执行情况；第二，审计中央银行的财务收支；第三，审计国有金融机构及国有企业的资产、负债、损益；第四，审计国家的事业组织的财务收支；第五，审计国家建设项目预算的执行情况和决算；第六，审计政府部门管理的和社会团体受委托管理的社会保障基金、社会捐赠资金以及其他有关基金、资金的财务收支；第七，审计国际组织和外国政府援助、贷款项目的财务收支。

（四）审计机关权限

第一，有权要求被审计单位报送有关资料；第二，有权检查被审计单位的会计资料和资产；第三，有权就审计事项中的有关问题向有关单位和个人进行调查；第四，有权对被审计单位正在进行的违反国家规定的行为进行制止；第五，有权建议有关部门纠正与法律、行政法规相抵触的有关财政收支、财务收支的规定；第六，可以向政府有关部门通报或向社会公布审计结果。

（五）审计程序

第一，组成审计组，于实施审计前向被审计单位送达审计通知书。

第二，通过审查、查阅、检查、调查等方式进行审计，取得有关资料。

第三，审计组向审计机关提出审计报告，审计报告报送审计机关前应征求被审计单位的意见，被审计单位应将其意见以书面形式送交审计组或者审计机关。

第四，审计机关审定审计报告，对审计事项作出评价，出具审计意见书；自收到审计报告之日起三十日内，将审计意见书和审计决定送达被审计单位和有关单位。

五、土地与房地产管理法律制度

（一）土地管理法律制度

1. 土地所有权和使用权

（1）土地所有权。土地所有权包括国有土地所有权和集体土地所有权。城市市区的土地属于国家所有。农村和城市郊区的土地，除由法律规定属于国家所有的以外，属于农民集体所有；宅基地和自留地、自留山，属于农民集体所有。土地所有权的取得与丧失必须依据法律规定，不得约定。土地所有权禁止交易。

（2）土地使用权。国有土地使用权的取得方式包括划拨、出让（拍卖、招标、协议、挂牌）、流转。集体土地使用权不得出让、转让、出租用于非农业建设。

2.土地总体利用规划制度

（1）土地利用总体规划是在一定区域内，根据国家社会经济可持续发展的要求和当地自然、经济、社会条件，对土地的开发、利用、治理、保护在空间上、时间上所作的总体安排和布局。土地利用总体规划由各级人民政府组织编制，规划期限由国务院规定。

（2）土地总体利用规划编制的原则：严格保护基本农田，控制非农业建设占用农用地；提高土地利用率；统筹安排各类、各区域用地；保护和改善生态环境，保障土地的可持续利用；占用耕地与开发复垦耕地相平衡。

（3）土地总体利用规划的审批。土地利用总体规划实行分级审批，省级、省政府所在地的市、人口在100万以上的城市以及国务院指定的城市的土地利用总体规划报国务院审批；除此之外的土地利用总体规划报省政府批准，其中，乡级土地利用总体规划可以由省政府授权设区市的市政府批准。

3.耕地保护

耕地保护是指运用法律、行政、经济、技术等手段和措施，对耕地的数量和质量进行的保护。耕地保护是关系我国经济和社会可持续发展的全局性战略问题。

扩展阅读

“十分珍惜和合理利用土地，切实保护耕地”是必须长期坚持的一项基本国策。

4.建设用地管理

建设用地管理是对所管辖行政区域范围内城乡建设用地的征用、划拨和出让实施统一管理，承办由同级政府审批的建设用地的审查、报批工作，指导、监督、协调各部门的建设用地，会同有关部门制订有关建设用地管理的行政法规、技术政策和经济管理办法，负责国有土地使用权转让、出租、抵押的监督。建设用地按其利用方式不同分为农业建设用地和非农业建设用地。

建设用地管理的主要工作是：

（1）研究编制各类建设用地的中长期用地规划和年度用地计划指标，并监督实施。

（2）依法办理土地的征用、划拨，城镇国有土地的出让工作和土地使用权转让的监督管理。

（3）清查处理违法用地和违章用地。

（4）制定、完善建设用地管理的法律、法规和各类规章制度。

（5）组织制定国家建设项目和乡镇用地定额指标的编制和实施。建设用地的审批权限一般由县级以上人民政府的土地管理部门来执行。

（二）房地产管理法律制度

1. 房地产开发管理

（1）房地产开发，是指在依法取得国有土地使用权的房地产开发企业在土地上进行基础设施、房屋建设的行为。

房地产开发具有以下原则：①依法在取得土地使用权的城市规划区国有土地范围内从事房地产开发的原则；②房地产开发必须严格执行城市规划的原则；③坚持经济效益、社会效益和环境效益相统一的原则；④应当坚持全面规划、合理布局、综合开发、配套建设的原则；⑤符合国家产业政策、国民经济与社会发展计划的原则。

（2）房地产开发的条件要求。

①开发主体合法。进行房地产开发的单位和个人，应取得房地产开发的资格。如果是房地产开发企业，应依照城市房地产管理法规定的条件设立，向工商行政管理部门申请登记，并取得营业执照。

②依法取得房地产开发用地的使用权。房地产开发主体必须通过城市房地产管理法规定的合法途径（出让和划拨），取得房地产开发用地使用权。用于房地产开发的土地，必须权属清晰，房地产开发主体拥有国有土地使用证。

③在规定的期限内动工开发房地产。以出让方式取得土地使用权进行房地产开发的，必须按照土地使用权出让合同约定的土地用途、动工开发期限开发的土地。

2. 房地产交易管理

房地产交易是房地产交易主体之间以房地产这种特殊商品作为交易对象所从事的市场交易活动。房地产交易包括房地产转让、房地产抵押和房屋租赁。

（1）房地产转让，是指房地产权利人通过买卖、赠予或者其他合法方式将其房地产转移给他人的行为。房地产转让应当签订书面转让合同，合同中应当载明土地使用权取得的方式。房地产转让时，土地使用权出让合同载明的权利、义务随之转移。房地产转让，当事人应当依法办理权属登记。

房地产不得转让的情形：以出让方式取得土地使用权的，不符合城市房地产管理法第三十八条规定的条件的；司法机关和行政机关依法裁定、决定查封或者以其他形式限制房地产权利的；依法收回土地使用权的；共有房地产，未经其他共有人书面同意的；权属有争议的；未依法登记领取权属证书的；法律、行政法规规定禁止转让的其他情形。

（2）房地产抵押，是指抵押人以其合法的房地产以不转移占有的方式向抵押权人提供债务履行担保的行为。债务人不履行债务时，抵押权人有权依法将抵押的房地产拍卖，所得的价款优先受偿。依法取得的房屋所有权连同该房屋占用范围内的土地使用权，可以设定抵押权。以出让方式取得的土地使用权，可以设定抵押权。房地产抵押，应当凭土地使用权证书、房屋所有权证书办理，抵押人和抵押权人应当签订书面抵押合同，并依法办理权属登记。

（3）房屋租赁，是指房屋所有权人作为出租人将其房屋出租给承租人使用，由承租人向出租人支付租金的行为。出租人和承租人应当签订书面租赁合同，约定租赁期限、租赁用途、租赁价格、修缮责任等条款，以及双方的其他权利和义务，并向房产管理部门登记备案。

六、环境保护法律制度

（一）环境影响评价制度

1. 概念

环境影响评价制度是指在进行建设活动之前，对建设项目的选址、设计和建成投产使用后可能对周围环境产生的不良影响进行调查、预测和评定，提出防治措施，并按照法定程序进行报批的法律制度。

2. 应用范围

环境影响评价的范围，一般是限于对环境质量有较大影响的各种规划、开发计划、建设工程等。

3. 评价内容

环境影响评价的内容主要包括：建设方案的具体内容；建设地点的环境本底状况；建设方案实施后对自然环境（包括自然资源）和社会环境将产生哪些不可避免的影响；防治环境污染和破坏的措施和经济技术可行性论证意见。

4. 评价程序

（1）由开发者首先进行环境调查和综合预测（有的委托专门顾问机构或大学、科研单位进行），提出环境影响报告书。

（2）公布报告书，广泛听取公众和专家的意见。建设单位应该在报批建设项目环境影响报告书前举行论证会、听证会，或采取其他形式征求有关单位、专家和公众的意见。

（3）根据专家和公众意见，对方案进行必要的修改。

（4）主管当局最后审批。

5. 意义

通过环境影响评价，可以为建设项目合理选址提供依据，防止由于布局不合理给环境带来难以消除的损害；通过环境影响评价，可以调查清楚周围环境的现状，预测建设项目对环境影响的范围、程度和趋势，提出有针对性的环境保护措施；环境影响评价还可以为建设项目的环境管理提供科学依据。

（二）“三同时”制度

1. 概念

“三同时”制度，是指建设项目需要配置的环境保护设施必须与主体工程同时设计、同时施工、同时投产使用的环境法律制度。

2. 适用范围

所有通过环境影响评价确认可以开发建设的项目，必须适用“三同时”制度。

3. 实施程序

（1）建设项目的初步设计，应当按照环境保护设计规范的要求，编制环境保护篇章，并依据经批准的建设项目环境影响报告书或者环境影响报告表，在环境保护篇章中落实防治环境污染和生态破坏的措施以及环境保护设施投资概算。

（2）建设项目的主体工程完工后，需要进行试生产，其配套建设的环境保护设施必须与主体工程同时投入试运行。建设项目试生产期间，建设单位应当对环境保护设施运行情况和建设项目对环境的影响进行监测。

（3）建设项目竣工后，建设单位应当向审批该建设项目环境影响报告书、环境影响报告表或者环境影响登记表的环境保护行政主管部门，申请该建设项目需要配套建设的环境保护设施竣工验收。

（4）环境保护行政主管部门应当自收到环境保护设施竣工验收申请之日起三十日内完成验收。

（5）建设项目需要配套建设的环境保护设施经验收合格，该建设项目方可投入生产或者使用。

（三）排污收费制度

排污收费制度是指国家环境管理机关根据法律法规的规定，对排放污染物的企业事业单位和其他生产经营者，按照国家有关规定缴纳排污费的一项法律制度。

征收排污费的对象是超过国家或地方污染物排放标准排放污染物的企业事业单位和其他产生经营者。

企业事业单位向水体排放污染物，不超过国家或者地方规定的污染物排放标准的，缴纳排污费；超过国家或者地方规定的污染物排放标准的，缴纳超标准排污费。

企业事业单位向大气和海洋排放污染物的，其污染物排放浓度不超过国家和地方规定的排放标准的征收排污费，超标排污应当限期治理并处以罚款。

（四）限期治理制度

限期治理制度，是指对污染严重的污染源，由法定国家机关依法限定在一定期限内治理并完成治理任务，达到治理目标的一整套法律制度。

排污单位的污染源有下列情形之一的，适用限期治理：第一，排放水污染物超过国家或者地方规定的水污染物排放标准的；第二，排放国务院或者省、自治区、直辖市人民政府确定实施总量削减和控制的重点水污染物，超过总量控制指标的。

限期治理的级别管辖：国家重点监控企业的限期治理，由省、自治区、直辖市环境保护行政主管部门决定，报环境保护部备案。省级重点监控企业的限期治理，由所在地设区的市级环境保护行政主管部门决定，报省、自治区、直辖市环境保护行政主管部门备案。其他排污单位的限期治理，由污染源所在地设区的市级或者县级环境保护行政主管部门决定。

限期治理的特殊管辖：下级环境保护行政主管部门实施限期治理有困难的，可以报请上一级环境保护行政主管部门决定限期治理。下级环境保护行政主管部门对依法应予限期治理的排污单位不作出限期治理决定的，上级环境保护行政主管部门应当责成下级环境保护行政主管部门依法决定限期治理，或者直接决定限期治理。排污单位排放水污染物超标或者超总量造成的社会影响特别重大，或者有其他特别严重情形的，环境保护部可以直接决定限期治理。上下级环境保护行政主管部门，对同一污染源的同一违法行为，不得重复下达限期治理决定。

第三节　社会法

社会法是调整有关劳动关系、社会保障和社会福利关系的法律规范的总和，它主要是保障劳动者、失业者、丧失劳动能力的人和其他需要扶助的人的权益的法律。它包括劳动用工、工资福利、职业安全卫生、社会保障、社会救济、特殊保障等方面的法律。

一、劳动关系法律制度

（一）劳动合同概述

1. 劳动合同的概念及适用范围

劳动合同是劳动者与用工单位之间确立劳动关系，明确双方权利和义务的协议。

中华人民共和国境内的企业、个体经济组织、民办非企业单位等组织与劳动者建立

劳动关系，订立、履行、变更、解除或者终止劳动合同，适用劳动合同法。农民工属于劳动者，是劳动合同法的主体，受到劳动合同法的保护。

2. 劳动合同的种类

按照劳动合同期限的长短，劳动合同可分为三种：有固定期限的劳动合同、无固定期限的劳动合同、以完成一定工作为期限的劳动合同。

（二）劳动合同的条款

1. 劳动合同的必备条款

劳动合同的必备条款是指法律规定的劳动合同必须具备的内容。在法律规定了必备条款的情况下，如果劳动合同缺少此类条款，劳动合同就不能成立。

我国劳动法第十九条第一款规定，劳动合同应当以书面形式订立，并具备以下条款：劳动合同期限；工作内容；劳动保护和劳动条件；劳动报酬；劳动纪律；劳动合同终止的条件；违反劳动合同的责任。

劳动合同法在劳动法的基础上，删去了劳动纪律、劳动合同终止条件、违反劳动合同的责任等内容，同时增加了工作时间、工作地点、职业病危害防护等内容。

2. 劳动合同的约定条款

对于某些事项，法律不做强制性规定，由当事人根据意愿选择是否在合同中约定，劳动合同缺乏这种条款不影响其效力。我们可以将这种条款称为可备条款。

我国劳动法第十九条第二款规定，劳动合同除必备条款外，当事人可以协商约定其他内容。劳动合同法第十七条二款规定，劳动合同除前款规定的必备条款外，用人单位与劳动者可以协商约定试用期、培训、保守秘密、补充保险和福利待遇等其他事项。这里所规定的试用期、培训、保守秘密、补充保险和福利待遇都属于法定可备条款。

（三）劳动合同中的几项重要内容

1. 劳动关系的建立

劳动合同法第七条规定，用人单位自用工之日起即与劳动者建立劳动关系。用人单位应当建立职工名册备查。

2. 关于劳动报酬的规定

劳动报酬，是指劳动者与用人单位确定劳动关系后，因提供了劳动而取得的报酬。劳动报酬是劳动合同中必不可少的内容。劳动报酬主要包括以下几个方面：用人单位工资水平、工资分配制度、工资标准和工资分配形式；工资支付办法；加班、加点工资及津贴、补贴标准和奖金分配办法；工资调整办法；试用期及病、事假等期间的工资待遇；特殊情况下职工工资（生活费）支付办法；其他劳动报酬分配办法。劳动合同中有关劳动报酬条款的约定，要符合我国有关最低工资标准的规定。

3. 关于试用期的规定

我国劳动合同法第十九条规定，劳动合同期限三个月以上不满一年的，试用期不得超过一个月；劳动合同期限一年以上三年以下的，试用期不得超过二个月；三年以上固定期限和无固定期限的劳动合同试用期不得超过六个月。同一用人单位与同一劳动者只能约定一次试用期。以完成一定工作任务为期限的劳动合同或者劳动合同期限不满三个月的，不得约定试用期。劳动合同仅约定试用期或者劳动合同期限与试用期相同的，试用期不成立，该期限为劳动合同期限。在试用期中，除有证据证明劳动者不符合录用条件外，用人单位不得解除劳动合同。用人单位在试用期解除劳动合同的，应当向劳动者说明理由。劳动者在试用期的工资不得低于本单位同岗位最低档工资或者劳动合同约定工资的百分之八十，并不得低于用人单位所在地的最低工资标准。

4. 关于违约金的规定

劳动合同法第二十五条规定，除法律规定的情形外，用人单位不得与劳动者约定由劳动者承担的违约金。违反本条规定，用人单位与劳动者径自约定劳动者违反劳动合同期限违约金责任的，约定无效。

5. 关于劳动合同的变更

劳动合同法第三十五条规定，用人单位与劳动者协商一致，可以变更劳动合同约定的内容。变更劳动合同，应当采用书面形式。变更后的劳动合同文本由用人单位和劳动者各执一份。

6. 关于劳动合同的解除和终止

我国劳动合同法中对劳动合同的解除主要有两种方式：劳动者和用人单位双方协商一致解除；劳动者单方面解除和用人单位单方面解除。

以案释法⑳

“生死合同”不免责

【案情介绍】22岁的李某从2011年5月开始在深圳某私人承包的建筑公司当临时工。李某刚来此建筑公司时，按照包工头要求，同包工头签订了“雇佣协议”。协议中包含“雇主对民工的工伤概不负责”“民工非因工负伤或患病所需的医疗费由民工自行负责”等条款。2015年2月，李某在工作时不慎从3米高空坠落，致使左胫、腓骨粉碎性骨折。公司当即派车将其送医救治，包工头也承认李某属于工伤。在送李某入院时，包工头留下2000元给其作医疗费，并告诉李某：“我们已经签订了雇佣协议，按理我可以概不负责，一分钱也不给你，但出于人道，这2000元我给你作医疗费，以后的事情就不能再找我麻烦了！”然而，由于李某伤情较严重，住院两个多月，共用去医疗费近万元，李某根本无力支付，只好找包工头帮忙解决，但包工头多次表明：一分钱也不能再给！李某在无奈的情况下，向深圳市劳动保障部门求助。

【以案释法】李某遇到的情况在当前并非个别。在一些私营企业中，不少老板在招人时就要求员工签下“生死合同”，约定员工发生工伤和意外事故时概不负责。按照《工伤保险条例》，职工有依法享受工伤保险待遇的权利。包工头要求李某签订这种“工伤概不负责”的协议，既不符合有关法律规定，也严重违反了社会公德，属无效的民事行为。依照我国现行法律法规的规定，雇主与雇工签订了被确认为无效的协议，在发生工伤等情况时，其法律后果和工伤补偿等问题应根据我国民法通则和劳动法的有关规定处理，具体工伤待遇则应按照《工伤保险条例》规定的标准执行。

二、社会保障制度

（一）社会保险制度

社会保险是指国家通过立法设立社会保险基金，使劳动者在暂时或永久丧失劳动能力以及失业时获得物质帮助和补偿的一种社会保障制度。

社会保险的特征：

第一，强制性。社会保险是通过立法强制实施的，社会保险的内容和实施都是通过法律进行的，凡属于法律规定范围内的成员都必须无条件地参加社会保险。

第二，普遍性。社会保险要求社会化，凡是符合法律规定的所有企业和社会成员都必须参加。

第三，福利性。福利性是指社会保险不以盈利为目的，实施社会保险完全是为了保障社会成员的基本生活。

第四，社会公平性。公平分配是宏观经济政策的目标之一，社会保险作为一种分配形式具有明显的公平特征。

第五，基本保障性。社会保险的保障标准是满足保障对象的基本生活需要。

第六，互济性。社会保险通过法律的形式向全社会有缴纳义务的单位和个人收取社保费，建立社会保险基金，并在全社会统一用于救助被保障对象，同时各项社会保险基金可以从统一基金中相互调节。

1. 社会保险基金制度

（1）社会保险基金是指为了保障保险对象的社会保险待遇，按照国家法律法规的规定，由缴费单位和缴费个人分别按缴费基数的一定比例缴纳以及通过其他合法方式筹集的专项资金。

（2）社会保险基金包括基本养老保险基金、基本医疗保险基金、工伤保险基金、失业保险基金和生育保险基金。

（3）我国养老保险、医疗保险、失业保险由国家、用人单位、劳动者三方负担，工伤保险、生育保险由用人单位负担。

2. 基本养老保险

（1）基本养老保险是按国家统一的法规政策强制建立和实施的社会保险制度。企业和职工依法缴纳养老保险费，在职工达到国家规定的退休年龄或因其他原因而退出劳动岗位并办理退休手续后，社会保险经办机构向退休职工支付基本养老保险金（也称“退休金”）。

（2）基本养老保险实行社会统筹与个人账户相结合。用人单位应当按照国家规定的本单位职工工资总额的比例缴纳基本养老保险费，记入基本养老保险统筹基金。职工应当按照国家规定的本人工资的比例缴纳基本养老保险费，记入个人账户。

（3）基本养老保险的领取。参加基本养老保险的个人，达到法定退休年龄时累计缴费满十五年的，按月领取基本养老金。参加基本养老保险的个人，达到法定退休年龄时累计缴费不足十五年的，可以缴费至满十五年，按月领取基本养老金；也可以转入新型农村社会养老保险或者城镇居民社会养老保险，按照国务院规定享受相应的养老保险待遇。

（4）基本养老保险的调整机制。国家建立基本养老金正常调整机制。根据职工平均工资增长、物价上涨情况，适时提高基本养老保险待遇水平。

（5）基本养老保险的转移。个人跨统筹地区就业的，其基本养老保险关系随本人转移，缴费年限累计计算。个人达到法定退休年龄时，基本养老金分段计算、统一支付。

3. 基本医疗保险

（1）基本医疗保险是为补偿劳动者因疾病风险造成的经济损失而建立的一项社会保险制度。通过用人单位和个人缴费，建立医疗保险基金，参保人员患病就诊发生医疗费用后，由医疗保险经办机构给予一定的经济补偿，以避免或减轻劳动者因患病、治疗等所带来的经济风险。

（2）职工应当参加职工基本医疗保险，由用人单位和职工按照国家规定共同缴纳基本医疗保险费。基本医疗保险基金实行社会统筹和个人账户相结合。

（3）基本医疗保险待遇的享受。符合基本医疗保险药品目录、诊疗项目、医疗服务设施标准以及急诊、抢救的医疗费用，按照国家规定从基本医疗保险基金中支付。参保人员医疗费用中应当由基本医疗保险基金支付的部分，由社会保险经办机构与医疗机构、药品经营单位直接结算。社会保险行政部门和卫生行政部门应当建立异地就医医疗费用结算制度，方便参保人员享受基本医疗保险待遇。

不纳入基本医疗保险基金支付范围的医疗费用包括：应当从工伤保险基金中支付的；应当由第三人负担的；应当由公共卫生负担的；在境外就医的。医疗费用依法应当由第三人负担，第三人不支付或者无法确定第三人的，由基本医疗保险基金先行支付。基本医疗保险基金先行支付后，有权向第三人追偿。

社会保险经办机构根据管理服务的需要，可以与医疗机构、药品经营单位签订服务协议，规范医疗服务行为。医疗机构应当为参保人员提供合理、必要的医疗服务。

个人跨统筹地区就业的，其基本医疗保险关系随本人转移，缴费年限累计计算。

4. 工伤保险

工伤保险是指劳动者在工作中或在规定的特殊情况下，遭受意外伤害或患职业病导致暂时或永久丧失劳动能力以及死亡时，劳动者或其遗属从国家和社会获得物质帮助的一种社会保险制度。

（1）工伤保险的缴纳。职工应当参加工伤保险，由用人单位缴纳工伤保险费，职工不缴纳工伤保险费。国家根据不同行业的工伤风险程度确定行业的差别费率，并根据使用工伤保险基金、工伤发生率等情况在每个行业内确定费率档次。

（2）工伤保险待遇的享受。职工因工作原因受到事故伤害或者患职业病，且经工伤认定的，享受工伤保险待遇；其中，经劳动能力鉴定丧失劳动能力的，享受伤残待遇。

5. 失业保险

失业保险是指劳动者由于非本人意愿暂时失去工作，致使工资收入中断而失去维持生计来源，并在重新寻找新的就业机会时，从国家或社会获得物质帮助以保障其基本生活的一种社会保险制度。

（1）失业保险的缴纳。职工应当参加失业保险，由用人单位和职工按照国家规定共同缴纳失业保险费。

（2）失业人员符合下列条件的，可以领取失业保险金：失业前用人单位和本人已经缴纳失业保险费满一年的；非因本人意愿中断就业的；已经进行失业登记，并有求职要求的。

6. 生育保险

生育保险是国家或社会在怀孕和分娩的妇女劳动者暂时中断劳动时，对其给予必要的经济补偿和医疗保健的社会保险制度。

（1）生育保险的缴纳。生育保险由用人单位按照国家规定缴纳生育保险费，职工不缴纳生育保险费。

（2）生育保险待遇的享受。用人单位已经缴纳生育保险费的，其职工享受生育保险待遇；职工未就业配偶按照国家规定享受生育医疗费用待遇。所需资金从生育保险基金中支付。生育保险待遇包括生育医疗费用和生育津贴，生育津贴按照职工所在用人单位上年度职工月平均工资计发。

（二）特殊群体权益保障制度

1. 残疾人保障法律制度

为了维护残疾人的合法权益，发展残疾人事业，保障残疾人平等地充分参与社会生活，共享社会物质文化成果，根据宪法制定残疾人保障法。残疾人保障法规定，残疾人享有以下权利：

（1）康复权。国家采取康复措施，帮助残疾人恢复或者补偿功能，增强其参与社会生活的能力。医学院校和其他有关院校应当有计划地开设康复课程、设置康复专业，培养各类康复专业人才。政府有关部门应当组织和扶持残疾人康复器械、辅助器具的研制、生产、供应、维修服务。

（2）教育权。政府、社会、学校应当采取有效措施，解决残疾儿童、少年就学存在的实际困难，帮助其完成义务教育。各级人民政府对接受义务教育的残疾学生、贫困残疾人家庭的学生提供免费教科书，并给予寄宿生活费等费用补助；对接受义务教育以外其他教育的残疾学生、贫困残疾人家庭的学生按照国家有关规定给予资助。

（3）劳动就业权。各级人民政府应当对残疾人劳动就业统筹规划，为残疾人创造劳动就业条件。残疾人劳动就业，实行集中与分散相结合的方针，采取优惠政策和扶持保护措施，通过多渠道、多层次、多种形式，使残疾人劳动就业逐步普及、稳定、合理。政府和社会举办残疾人福利企业、盲人按摩机构和其他福利性单位，集中安排残疾人就业。

国家机关、社会团体、企业事业单位、民办非企业单位应当按照规定的比例安排残疾人就业，并为其选择适当的工种和岗位。达不到规定比例的，按照国家有关规定履行保障残疾人就业义务。国家鼓励用人单位超过规定比例安排残疾人就业。国家鼓励和扶持残疾人自主择业、自主创业。地方各级人民政府和农村基层组织，应当组织和扶持农村残疾人从事种植业、养殖业、手工业和其他形式的生产劳动。

国家对安排残疾人就业达到、超过规定比例或者集中安排残疾人就业的用人单位和从事个体经营的残疾人，依法给予税收优惠，并在生产、经营、技术、资金、物资、场地等方面给予扶持。国家对从事个体经营的残疾人，免除行政事业性收费。县级以上地方人民政府及其有关部门应当确定适合残疾人生产、经营的产品、项目，优先安排残疾人福利性单位生产或者经营，并根据残疾人福利性单位的生产特点确定某些产品由其专产。政府采购，在同等条件下应当优先购买残疾人福利性单位的产品或者服务。地方各级人民政府应当开发适合残疾人就业的公益性岗位。对申请从事个体经营的残疾人，有关部门应当优先核发营业执照。对从事各类生产劳动的农村残疾人，有关部门应当在生产服务、技术指导、农用物资供应、农副产品购销和信贷等方面给予帮助。

政府有关部门设立的公共就业服务机构，应当为残疾人免费提供就业服务。残疾人联合会举办的残疾人就业服务机构，应当组织开展免费的职业指导、职业介绍和职业培训，为残疾人就业和用人单位招用残疾人提供服务和帮助。国家保护残疾人福利性单位的财产所有权和经营自主权，其合法权益不受侵犯。在职工的招用、转正、晋级、职称评定、劳动报酬、生活福利、休息休假、社会保险等方面，不得歧视残疾人。残疾职工所在单位应当根据残疾职工的特点，提供适当的劳动条件和劳动保护，并根据实际需要对劳动场所、劳动设备和生活设施进行改造。国家采取措施，保障盲人保健和医疗按摩人员从业的合法权益。残疾职工所在单位应当对残疾职工进行岗位技术培训，提高其劳动技能和技术水平。任何单位和个人不得以暴力、威胁或者非法限制人身自由的手段强迫残疾人劳动。

2. 老年人权益保障法律制度

老年人是指六十周岁以上的公民。为保障老年人合法权益，发展老龄事业，弘扬中华民族敬老、养老的美德，根据宪法，制定老年人权益保障法。老年人根据该法享有以下权利：

（1）家庭赡养与扶养。赡养人应当履行对老年人经济上供养、生活上照料和精神上慰藉的义务，照顾老年人的特殊需要。赡养人的配偶应当协助赡养人履行赡养义务。老年人与配偶有相互扶养的义务。老年人的婚姻自由受法律保护，子女或者其他亲属不得干涉老年人离婚、再婚及婚后的生活。

（2）社会保障。国家通过基本医疗保险制度，保障老年人的基本医疗需要。享受最低生活保障的老年人和符合条件的低收入家庭中的老年人参加新型农村合作医疗和城镇居民基本医疗保险所需个人缴费部分，由政府给予补贴。对生活长期不能自理、经济困难的老年人，地方各级人民政府应当根据其失能程度等情况给予护理补贴。

国家对经济困难的老年人给予基本生活、医疗、居住或者其他救助。老年人无劳动能力、无生活来源、无赡养人和扶养人，或者其赡养人和扶养人确无赡养能力或者扶养能力的，由地方各级人民政府依照有关规定给予供养或者救助。对流浪乞讨、遭受遗弃等生活无着的老年人，由地方各级人民政府依照有关规定给予救助。地方各级人民政府在实施廉租住房、公共租赁住房等住房保障制度或者进行危旧房屋改造时，应当优先照顾符合条件的老年人。

国家建立和完善老年人福利制度，根据经济社会发展水平和老年人的实际需要，增加老年人的社会福利。国家鼓励地方建立八十周岁以上低收入老年人高龄津贴制度。国家建立和完善计划生育家庭老年人扶助制度。农村可以将未承包的集体所有的部分土地、山林、水面、滩涂等作为养老基地，收益供老年人养老。老年人依法享有的养老金、医疗待遇和其他待遇应当得到保障，有关机构必须按时足额支付，不得克扣、拖欠或者挪用。国家根据经济发展以及职工平均工资增长、物价上涨等情况，适时提高养老保障水平。

国家鼓励慈善组织以及其他组织和个人为老年人提供物质帮助。老年人可以与集体经济组织、基层群众性自治组织、养老机构等组织或者个人签订遗赠扶养协议或者其他扶助协议。负有扶养义务的组织或者个人按照遗赠扶养协议，承担该老年人生养死葬的义务，享有受遗赠的权利。

3.妇女权益保障法律制度

为了保障妇女的合法权益，促进男女平等，充分发挥妇女在社会主义现代化建设中的作用，根据宪法和我国的实际情况，制定妇女权益保障法。根据该法，妇女享有以下权利：

（1）政治权利。妇女有权通过各种途径和形式管理国家事务，管理经济和文化事业，管理社会事务。妇女享有与男子平等的选举权和被选举权。国家积极培养和选拔女干部。国家重视培养和选拔少数民族女干部。

（2）文化教育权益。学校和有关部门应当执行国家有关规定，保障妇女在入学、升学、毕业分配、授予学位、派出留学等方面享有与男子平等的权利。学校应当根据女性青少年的特点，在教育、管理、设施等方面采取措施，保障女性青少年身心健康发展。

父母或者其他监护人必须履行保障适龄女性儿童少年接受义务教育的义务。各级人民政府应当依照规定把扫除妇女中的文盲、半文盲工作纳入扫盲和扫盲后继续教育规划，采取符合妇女特点的组织形式和工作方法，组织、监督有关部门具体实施。各级人民政府和有关部门应当采取措施，根据城镇和农村妇女的需要，组织妇女接受职业教育和实用技术培训。国家机关、社会团体和企业事业单位应当执行国家有关规定，保障妇女从事科学、技术、文学、艺术和其他文化活动，享有与男子平等的权利。

（3）劳动和社会保障权益。各单位在录用职工时，除不适合妇女的工种或者岗位外，不得以性别为由拒绝录用妇女或者提高对妇女的录用标准。实行男女同工同酬。妇女在享受福利待遇方面享有与男子平等的权利。在晋职、晋级、评定专业技术职务等方面，应当坚持男女平等的原则，不得歧视妇女。任何单位不得因结婚、怀孕、产假、哺乳等情形，降低女职工的工资，辞退女职工，单方解除劳动（聘用）合同或者服务协议。

（4）财产权益。妇女在农村土地承包经营、集体经济组织收益分配、土地征收或者征用补偿费使用以及宅基地使用等方面，享有与男子平等的权利。妇女享有的与男子平等的财产继承权受法律保护。在同一顺序法定继承人中，不得歧视妇女。丧偶妇女有权处分继承的财产，任何人不得干涉。

（5）人身权利。禁止非法拘禁和以其他非法手段剥夺或者限制妇女的人身自由；禁止非法搜查妇女的身体；禁止用迷信、暴力等手段残害妇女；禁止虐待、遗弃病残妇女和老年妇女；禁止拐卖、绑架妇女；禁止收买被拐卖、绑架的妇女。

（6）婚姻家庭权益。国家保护妇女的婚姻自主权。禁止干涉妇女的结婚、离婚自由。女方在怀孕期间、分娩后一年内或者终止妊娠后六个月内，男方不得提出离婚。女方提出离婚的，或者人民法院认为确有必要受理男方离婚请求的，不在此限。禁止对妇女实施家庭暴力。妇女对依照法律规定的夫妻共同财产享有与其配偶平等的占有、使用、收益和处分的权利，不受双方收入状况的影响。

4. 未成年人保护法律制度

未成年人是指未满十八周岁的公民。为了保护未成年人的身心健康，保障未成年人的合法权益，根据宪法，制定未成年人保护法。根据该法，未成年人享有下列权利：

（1）家庭保护。禁止对未成年人实施家庭暴力，禁止虐待、遗弃未成年人，禁止溺婴和其他残害婴儿的行为，不得歧视女性未成年人或者有残疾的未成年人。父母或者其他监护人应当尊重未成年人受教育的权利，必须使适龄未成年人依法入学接受并完成义务教育。不得使接受义务教育的未成年人辍学。父母因外出务工或者其他原因不能履行对未成年人监护职责的，应当委托有监护能力的其他成年人代为监护。

（2）学校保护。学校应当尊重未成年学生受教育的权利，关心、爱护学生，对品行有缺点、学习有困难的学生，应当耐心教育、帮助，不得歧视，不得违反法律和国家规定开除未成年学生。学校、幼儿园、托儿所应当建立安全制度，加强对未成年人的安全教育，采取措施保障未成年人的人身安全。

（3）社会保护。禁止任何组织、个人制作或者向未成年人出售、出租或者以其他方式传播淫秽、暴力、凶杀、恐怖等毒害未成年人的图书、报刊、音像制品、电子出版物以及网络信息等。生产、销售用于未成年人的食品、药品、玩具、用具和游乐设施等，应当符合国家标准或者行业标准，不得有害于未成年人的安全和健康；需要标明注意事项的，应当在显著位置标明。任何组织或者个人不得招用未满十六周岁的未成年人，国家另有规定的除外。对孤儿、无法查明其父母或者其他监护人的以及其他生活无着的未成年人，由民政部门设立的儿童福利机构收留抚养。

第四节　刑　　法

一、刑法概述

（一）概念及原则

刑法是以国家名义规定什么行为是犯罪和应负的刑事责任，并给犯罪嫌疑人以何种刑罚处罚的法律。我国刑法的任务是惩治犯罪、保护人民。刑法遵循以下原则：

1. 罪刑法定原则

法律明文规定为犯罪行为的，依照法律规定定罪处罚；法律没有明文规定为犯罪行为的，不得定罪处罚。

2. 人人平等原则

对任何人犯罪，在适用法律上一律平等。不允许任何人有超越法律的特权。

3. 罪责刑相适应原则

刑罚的轻重应当与犯罪分子所犯罪行和承担的刑事责任相适应。

（二）适用范围

刑法的适用范围，又叫刑法的效力范围，是指刑法在什么地方、对什么人和在什么时间内具有效力。刑法的效力范围可以分为刑法的空间效力、刑法的时间效力和刑法的对人效力三个方面。

1. 刑法的空间效力

刑法的空间效力，是指刑法对地和人的效力，它是解决一个国家的刑事管辖权的范围问题。一般遵循以下原则：

（1）属地管辖原则。刑法第六条规定，凡在中华人民共和国领域内犯罪的，除法律有特别规定的以外，都适用本法。凡在中华人民共和国船舶或者航空器内犯罪的，也适用本法。犯罪的行为或者结果有一项发生在中华人民共和国领域内的，就认为是在中华人民共和国领域内犯罪。

（2）属人管辖原则。刑法第七条规定，中华人民共和国公民在中华人民共和国领域外犯本法规定之罪的，适用本法，但是按本法规定的最高刑为三年以下有期徒刑的，可以不予追究。中华人民共和国国家工作人员和军人在中华人民共和国领域外犯本法规定之罪的，适用本法。

（3）保护管辖原则。刑法第八条规定，外国人在中华人民共和国领域外对中华人民共和国国家或者公民犯罪，而按本法规定的最低刑为三年以上有期徒刑的，可以适用本法，但是按照犯罪地的法律不受处罚的除外。

（4）普遍管辖原则。刑法第九条规定，对于中华人民共和国缔结或者参加的国际条约所规定的罪行，中华人民共和国在所承担条约义务的范围内行使刑事管辖权。

2. 刑法的时间效力

刑法的时间效力，涉及刑法的溯及力问题，即刑法生效以后，对于其生效以前未经审判或者尚未确定的行为是否具有溯及既往效力的问题。如果适用，就具有溯及力；如果不适用，就是没有溯及力。

3. 刑法对人的效力

刑法对人的效力，是指刑法在确定的空间和时间范围内适用于哪些人，包括自然人和法人，也包括中国人和外国人。

二、犯罪

（一）概念及特征

犯罪是指触犯法律、具有刑事违法性、应受刑罚处罚的行为。其特征如下：

1. 社会危害性

行为具有社会危害性，是犯罪的基本特征。犯罪的社会危害性是指犯罪对国家和人民利益所造成的危害。

2. 刑事违法性

刑事违法性是犯罪的法律特征，是刑法对具有社会危害性的犯罪行为的否定的法律评价。

3. 应受刑罚惩罚性

犯罪不仅是具有社会危害性、触犯刑律的行为，而且是应受刑罚处罚的行为，即具有应受惩罚性。

（二）构成要件

犯罪构成要件是指任何犯罪的成立必须同时具备的要件，主要包括：

1. 犯罪客体要件

犯罪客体要件，是指我国刑法所保护而为犯罪行为所侵犯的社会关系。一个行为不侵犯任何客体，就意味着不具有社会危害性，也就不能构成犯罪。

2. 犯罪客观要件

犯罪客观要件，是指某种犯罪是通过什么样的行为、在什么样的条件下对刑法所保护的社会关系进行侵犯，以及这种侵犯造成了什么样的后果的事实特征。

3. 犯罪主体要件

犯罪主体是指实施犯罪行为并应承担刑事责任的人。确定犯罪主体是追究刑事责任的前提。犯罪主体分为两类：

（1）自然人犯罪主体。只有达到刑事责任年龄并具有刑事责任能力的自然人，才能成为犯罪主体，责任年龄和责任能力是构成犯罪主体的必要条件。

（2）单位犯罪主体。公司、企事业单位、机关、团体实施危害社会的行为，法律规定为单位犯罪的，都是单位犯罪的主体。

4. 犯罪主观要件

犯罪主观要件是指行为人对其所实施的危害社会的行为及其危害结果所持的故意或过失的主观状态。犯罪必须是主客观相统一才能构成，因此主观上的罪过（即犯罪的故意或过失）是构成犯罪的必要条件。

三、刑罚

（一）概念及特征

刑罚是刑法规定的，由国家审判机关依法对犯罪分子所适用的限制或剥夺其某种权益的最严厉的强制性法律制裁的方法。

刑罚具有以下特点：刑罚内容为对受刑者一定权益的限制和剥夺；刑罚的对象只能是罪犯；刑罚行使的主体只能是国家审判机关；刑罚的种类及适用标准必须有刑法的明文规定作依据；刑罚适用必须依照刑事诉讼程序；刑罚的执行机关是特定的。

（二）刑罚的种类

1. 管制

管制是指对犯罪分子不实行关押，交由公安机关管束或人民群众监督，限制其一定自由的刑罚方法。适用于罪行较轻、人身危险性较小，不需要关押的犯罪分子。管制作为一种限制人身自由的刑罚，其期限为三个月以上二年以下；数罪并罚时最高不能超过三年。

2. 拘役

拘役是剥夺罪犯短期人身自由，就近实行强制劳动改造的刑罚方法。拘役既可适用于犯罪情节轻微，不需要判处有期徒刑的犯罪，也可以适用于本应判处短期徒刑，但具有从轻情节的犯罪。拘役的期限为一个月以上六个月以下；数罪并罚时不超过一年。

3. 有期徒刑

有期徒刑是剥夺犯罪分子一定期限的人身自由，实行强制劳动改造的刑罚方法。有期徒刑是剥夺自由刑的主刑，其刑罚幅度变化较大，从较轻犯罪到较重犯罪都可以适用。有期徒刑的适用对象可依刑期不同而有所不同。

（1）三年以下有期徒刑为短期徒刑。在刑法分则中，有一些犯罪的法定最高刑是短期徒刑，如侮辱罪、诽谤罪、非法剥夺公民宗教信仰自由罪、破坏选举罪等。

（2）三年以上十年以下有期徒刑为中期徒刑，刑期幅度范围较广，适用面也较宽。

（3）十年以上有期徒刑为长期徒刑，一般适用于罪行比较严重、情节恶劣、人身危险性较大的罪犯。

有期徒刑总和刑期不满三十五年的，最高不能超过二十年；总和刑期在三十五年以上的，最高不能超过二十五年。

4. 无期徒刑

无期徒刑是剥夺犯罪分子终身自由，并强制劳动改造的刑罚方法，主要适用于那些不必判处死刑，而又需要与社会永久隔离、罪行严重的危害国家安全的犯罪分子和其他重大刑事犯罪分子以及严重的经济犯罪分子。

5. 死刑

死刑是剥夺犯罪分子生命的刑罚方法。死刑是刑罚体系中最严厉的惩罚手段。

死刑只适用于罪行极其严重的犯罪分子。犯罪的时候不满十八周岁的人和审判的时候怀孕的妇女，不适用死刑。审判的时候已满七十五周岁的人，不适用死刑，但以特别残忍手段致人死亡的除外。

（三）刑罚的裁量

1. 量刑

量刑，即刑罚裁量，是指人民法院对犯罪分子依法裁量决定刑罚的一种审判活动。量刑主要包括以下内容：决定是否对罪犯判处刑罚；决定对罪犯判处何种刑罚和多重的刑罚；决定对罪犯所判处的刑罚是否要立即执行；将数个宣告刑合并为执行刑。

2. 累犯

被判处有期徒刑以上刑罚的犯罪分子，刑罚执行完毕或者赦免以后，在五年以内再犯应当判处有期徒刑以上刑罚之罪的，是累犯，应当从重处罚，但是过失犯罪和不满十八周岁的人犯罪的除外。危害国家安全犯罪、恐怖活动犯罪、黑社会性质组织犯罪的犯罪分子，在刑罚执行完毕或者赦免以后，在任何时候再犯上述任一类罪的，都以累犯论处。

以案释法㉑

再次犯罪是否就是累犯

【案情介绍】张某因盗窃罪被判处有期徒刑8年，在执行4年后被假释。假释考验期满后5年内张某又犯抢劫罪。张某行为是否构成累犯？

【以案释法】张某的行为构成累犯。刑法第六十五条规定，被判处有期徒刑以上刑罚的犯罪分子，刑罚执行完毕或者赦免以后，在五年以内再犯应当判处有期徒刑以上刑罚之罪的，是累犯，应当从重处罚，但是过失犯罪和不满十八周岁的人犯罪的除外。

3. 自首

自首，是指犯罪以后自动投案，如实供述自己罪行的行为，或者被采取强制措施的犯罪嫌疑人、被告人和正在服刑的罪犯，如实供述司法机关还未掌握的本人其他罪行的行为。对于自首的犯罪分子，可以从轻或者减轻处罚。

4. 立功

立功，是指犯罪分子揭发他人的犯罪行为，查证属实的，或者提供重要线索，从而得以侦破其他案件的行为。犯罪分子有一般立功表现的，可以从轻或者减轻处罚。犯罪分子有重大立功表现的，可以减轻或者免除处罚。

第五节　诉讼和非诉讼程序法

诉讼与非诉讼程序法是调整因诉讼活动和非诉讼活动而产生的社会关系的法律规范的总和。它包括民事诉讼、刑事诉讼、行政诉讼和仲裁等方面的法律。主要包括以下法律制度：

一、民事诉讼

（一）民事诉讼的概念及内容

民事诉讼是指法院在当事人和其他诉讼参与人的参加下，以审理、判决、执行等方式解决民事纠纷的活动。主要包括下面内容：

1. 合议制度

合议制度是指由若干名审判人员、陪审人员组成合议庭对民事案件进行审理的制度。合议庭由三个以上单数的审判人员和陪审员组成。在普通程序中，合议庭组成有两种形式：一是审判员和人民陪审员共同组成；另一种是由审判员组成。

2. 回避制度

回避制度是指为了案件的公正审判，要求与案件有一定利害关系的审判人员或其他有关人员不得参与本案的审理活动或诉讼活动的审判制度。适用回避的人员包括：审判人员、书记员、翻译人员、鉴定人员、勘验人员。

扩展阅读

《最高人民法院关于适用〈中华人民共和国民事诉讼法〉的解释》第四十三条规定，审判人员有下列情形之一的，应当自行回避，当事人有权申请其回避：是本案当事人或者当事人近亲属的；本人或者其近亲属与本案有利害关系的；担任过本案的证人、鉴定人、辩护人、诉讼代理人、翻译人员的；是本案诉讼代理人近亲属的；本人或者其近亲属持有本案非上市公司当事人的股份或者股权的；与本案当事人或者诉讼代理人有其他利害关系，可能影响公正审理的。

第四十四条规定，审判人员有下列情形之一的，当事人有权申请其回避：接受本案当事人及其受托人宴请，或者参加由其支付费用的活动的；索取、接受本案当事人及其受托人财物或者其他利益的；违反规定会见本案当事人、诉讼代理人的；为本案当事人推荐、介绍诉讼代理人，或者为律师、其他人员介绍代理本案的；向本案当事人及其受托人借用款物的；有其他不正当行为，可能影响公正审理的。

在一个审判程序中参与过本案审判工作的审判人员，不得再参与该案其他程序的审判。发回重审的案件，在一审法院作出裁判后又进入第二审程序的，原第二审程序中合议庭组成人员不受前款规定的限制。审判人员有应当回避的情形，没有自行回避，当事人也没有申请其回避的，由院长或者审判委员会决定其回避。人民法院应当依法告知当事人对合议庭组成人员、独任审判员和书记员等人员有申请回避的权利。

3. 公开审判制度

公开审判制度是指人民法院审理民事案件，除法律规定的情况外，审判过程及结果应当向群众、社会公开。根据法律规定，下列案件不公开审判：涉及国家秘密的案件；涉及个人隐私的案件；当事人申请不公开审理的离婚案件、涉及商业秘密的案件。

4. 两审终审制度

两审终审制度是指一个民事案件经过两级人民法院审判以后即告终结的制度。

（二）民事诉讼的基本原则

1. 当事人诉讼权利平等原则

民事诉讼当事人有平等的诉讼权利。人民法院审理民事案件，应当保障和便利当事人行使诉讼权利，对当事人在适用法律上一律平等。

2. 同等原则和对等原则

同等原则是指外国人、无国籍人、外国企业和组织在人民法院起诉、应诉，同中华人民共和国公民、法人和其他组织有同等的诉讼权利义务。

对等原则是指外国法院对中华人民共和国公民、法人和其他组织的民事诉讼权利加以限制的，我国人民法院对该国公民、企业和组织的民事诉讼权利，也采取相应措施加以同样的限制。

3. 法院调解自愿和合法原则

人民法院审理民事案件，应当根据自愿和合法的原则进行调解；调解不成的，应当及时判决。

4. 辩论原则

民事诉讼当事人有权对争议的问题进行辩论。当事人辩论的内容，既可以是程序方面的问题，也可以是实体方面的问题；既可以通过口头形式进行，也可以运用书面形式表达。当事人的辩论权贯穿民事诉讼的整个过程。

5. 处分原则

当事人有权在法律规定的范围内处分自己的民事权利和诉讼权利。

6. 支持起诉原则

机关、社会团体、企业事业单位对损害国家、集体或者个人民事权益的行为，可以支持受损害的单位或者个人向人民法院起诉。

（三）民事诉讼的主管和管辖

1. 民事诉讼主管

民事诉讼主管是指法院受理民事案件的权限范围。

2. 民事诉讼管辖

民事诉讼管辖是指各级人民法院和同级人民法院之间受理第一审民事案件的分工和权限。根据我国民事诉讼法规定，管辖包括级别管辖、地域管辖、专属管辖、协议管辖、移送管辖、指定管辖和管辖权转移。

（四）民事诉讼参加人

民事诉讼参加人是指参加民事诉讼的当事人和诉讼代理人。

1. 当事人

当事人是指因民事权利义务发生争议，以自己的名义进行诉讼并受人民法院裁判约束的利害关系人。当事人有狭义和广义之分，狭义的当事人是指原告和被告；广义的当事人除原告和被告外，还包括共同诉讼人和第三人。

原告是因民事权益发生争议或受到侵害，向法院起诉要求保护其合法权益之人。

被告是指被原告诉称侵犯其合法权益或与原告发生民事争议，而由法院通知应诉之人。

共同诉讼人是指共同诉讼中的当事人。共同诉讼是指当事人一方或者双方为二人以上，其诉讼标的为共同或者属同一种类，人民法院认为可以合并审理并经当事人双方同意的诉讼。

第三人是因与案件处理结果有法律上的利害关系，而参加到他人已经开始的诉讼中去的人。根据对诉讼标的是否有独立请求权，可将第三人分为有独立请求权的第三人和无独立请求权的第三人。对当事人双方的诉讼标的，第三人虽然没有独立请求权，但案件处理结果同他有法律上的利害关系的，可以申请参加诉讼，或者由人民法院通知参加诉讼。

2. 诉讼代理人

诉讼代理人是指为了维护被代理人的利益，以被代理人的名义实施诉讼行为、参加诉讼活动的人。根据产生的原因不同，可分为法定代理人、委托代理人和指定代理人。

法定代理人是指依据法律规定行使代理权的人。这种代理关系是基于一定的身份关系或监护关系发生的。

委托代理人是指受当事人或法定代理人的委托而代其进行诉讼活动的人。可以被委托为诉讼代理人的包括：律师、基层法律服务工作者；当事人的近亲属或者工作人员；当事人所在社区、单位以及有关社会团体推荐的公民。

指定代理人是指根据人民法院的指定行使代理权的人。

（五）民事诉讼程序

民事诉讼的程序包括第一审普通程序（简易程序）、第二审普通程序、审判监督程序、特别程序、督促程序、公示催告程序、执行程序。

1. 第一审普通程序

第一审普通程序是我国人民法院审理民事案件时通常适用的最基本的程序。包括起诉与受理、审理前准备、开庭审理、判决和裁定等几个阶段。

（1）起诉和受理。起诉是指当事人为了维护自己的合法权益，向法院提起诉讼主张的行为。起诉应当向人民法院递交起诉状，并按照被告人数提出副本。书写起诉状确有困难的，可以口头起诉，由人民法院记入笔录，并告知对方当事人。

（2）审理前的准备。审理前的准备指人民法院在决定立案受理后，在开庭审理前依法所做的各项准备工作。主要包括自立案之日起五日内将起诉状副本发送被告，在收到被告答辩状副本之日起五日内将副本发送原告；告知当事人诉讼权利义务以及在合议庭组成后三日内告知当事人合议庭组成人员；审核诉讼材料和调查收集必要证据以及追加当事人等。

（3）开庭审理。开庭审理是指人民法院在法庭上依法对案件进行审理的诉讼活动，包括开庭准备、法庭调查、法庭辩论和评议与宣判四个阶段。

2. 简易程序

简易程序是指基层人民法院及其派出法庭在审理事实清楚、权利义务关系明确、争议不大的简单民事案件时所适用的程序。在简易程序中，原告可以口头起诉，法院可以用简便方式随时传唤当事人，由审判员一人独任审理，审理程序简化，必须在三个月内审结民事案件。

3. 第二审普通程序

第二审普通程序是当事人不服第一审人民法院作出的未发生法律效力的判决和裁定而依法提请上级人民法院对案件重新进行审理的程序。第二审人民法院的判决、裁定是终审的判决、裁定。

4. 审判监督程序

审判监督程序是对已经发生法律效力的民事判决、裁定或调解书发现确有错误并依法对案件进行再次审理并作出判决的程序。审判监督程序启动的方式有两种：

一是当事人申请再审，二是检察机关抗诉。

5. 特别程序

特别程序是人民法院审理选民资格案件、宣告失踪或者宣告死亡案件、认定公民无民事行为能力或者限制民事行为能力案件和认定财产无主案件、确认调解协议案件和实现担保物权案件所适用的程序。特别程序审理实行一审终审。选民资格案件或者重大、疑难的案件，由审判员组成合议庭审理，其他案件由审判员一人独任审理。案件应当在立案之日起三十日内或者公告期满后三十日内审结。

6. 督促程序

督促程序是指人民法院接受债权人的申请，督促债务人履行义务的非诉讼程序。

7. 公示催告程序

公示催告程序是指人民法院根据票据丧失人的申请，以公示方式催促利害关系人在规定期间内申报权利，超过期限则依法宣告票据无效的非诉讼程序。

8. 执行程序

执行程序是指人民法院的执行组织依照法定程序对发生法律效力的法律文书所确定的给付内容，采取强制措施迫使义务人履行义务的行为。

二、刑事诉讼

（一）刑事诉讼概念及原则

刑事诉讼是指审判机关、检察机关和侦查机关在当事人以及诉讼参与人的参加下，依照法定程序解决被追诉者刑事责任问题的诉讼活动。除了诉讼的一般原则以外，刑事诉讼特有的原则包括：

1. 侦查权、检察权、审判权由专门机关依法行使

对刑事案件的侦查、拘留、执行逮捕、预审，由公安机关负责；检察、批准逮捕、检察机关直接受理案件的侦查、审查起诉、提起公诉，由人民检察院负责；审判由人民法院负责。除法律特别规定的以外，其他任何机关、团体和个人都无权行使这些权力。

2. 人民法院、人民检察院依法独立行使职权

人民法院依照法律规定独立行使审判权，人民检察院依照法律规定独立行使检察权。

3. 分工负责、互相配合、互相制约原则

人民法院、人民检察院和公安机关进行刑事诉讼，应当分工负责、互相配合、互相制约，以保证准确有效地执行法律。

4. 犯罪嫌疑人、被告人有权获得辩护

人民法院审判案件，被告人有权获得辩护，人民法院有义务保证被告人获得辩护。犯罪嫌疑人、被告人除自己行使辩护权外，还可以委托一至两人作为辩护人。

被告人的辩护权，公诉案件被侦查机关第一次讯问或采取强制措施之日起行使；自诉案件的被告人可以随时委托辩护人。

5. 未经人民法院判决，对任何人都不得确定有罪

未经人民法院依法判决，对任何人都不得确定有罪，即确定被告人有罪的权力由人民法院统一行使。

6. 具有法定情形不予追究刑事责任

法定不予追究刑事责任的情形包括：情节显著轻微、危害不大，根据刑法不认为是犯罪的；犯罪已过追诉时效期限的；经特赦令免除刑罚的；依照刑法告诉才处理的犯罪，没有告诉或者撤回告诉的；犯罪嫌疑人、被告人死亡的；其他法律规定免予追究刑事责任的。

（二）刑事诉讼中的专门机关和诉讼参与人

1. 专门机关

刑事诉讼中的专门机关主要包括侦查机关、检察机关和审判机关。

享有侦查权的机关包括：公安机关、国家安全机关、检察机关、军队的保卫部门、监狱和海关总署缉私局。人民检察院是唯一享有检察权的机关。在刑事诉讼中，检察权贯穿始终，如对公安机关不立案的监督；自侦案件的侦查；批准逮捕；审查起诉；出庭支持公诉；抗诉；执行监督等。人民法院是唯一享有审判权的机关。

2. 诉讼参与人

诉讼参与人是指在刑事诉讼过程中享有一定诉讼权利，承担一定诉讼义务的除国家专门机关工作人员以外的人。诉讼参与人包括当事人和其他诉讼参与人。

（1）当事人。当事人是指与案件事实和处理结果有切身利害关系的诉讼参与人。具体包括：

①被害人。它是特指在公诉案件中，直接遭受犯罪行为侵害的人。自诉案件的被害人称之为自诉人。

②自诉人。它是指以个人名义直接向人民法院提起诉讼的被害人。被害人死亡或者丧失行为能力的，被害人的法定代理人、近亲属有权直接向人民法院提起诉讼。

③犯罪嫌疑人。因涉嫌犯罪而被公安机关或人民检察院决定立案侦查，尚未被提起公诉的人。

④被告人。它是指被指控犯有某种罪行并被起诉到人民法院的当事人。包括自诉案件的被告人和公诉案件的被告人。犯罪嫌疑人自被提起公诉之日起称为被告人。

⑤附带民事诉讼的原告和被告人。附带民事诉讼的原告是指向司法机关提起附

带民事诉讼，要求被告人对犯罪行为所造成的损失做出物质赔偿的人。附带民事诉讼的被告人是指对其犯罪行为所造成的损失承担物质赔偿责任的人。

（2）其他诉讼参与人。包括法定代理人、辩护人、证人、鉴定人、翻译人员以及诉讼代理人。

（三）刑事诉讼的管辖

1. 立案管辖

立案管辖是人民法院、人民检察院和公安机关在直接受理刑事案件上的分工。

（1）公安机关受理的案件。刑事案件的侦查由公安机关进行，法律另有规定的除外。

（2）人民检察院受理的案件。贪污贿赂犯罪，国家工作人员的渎职犯罪，国家机关工作人员利用职权实施的非法拘禁、刑讯逼供、报复陷害、非法搜查的侵犯公民人身权利的犯罪以及侵犯公民民主权利的犯罪，由人民检察院立案侦查。对于国家机关工作人员利用职权实施的其他重大的犯罪案件，需要由人民检察院直接受理的时候，经省级以上人民检察院决定，可以由人民检察院立案侦查。

（3）人民法院直接受理的案件。包括告诉才处理的案件；人民检察院没有提起公诉，被害人有证据证明的轻微刑事案件；被害人有证据证明对被告人侵犯自己人身、财产权利的行为应当依法追究刑事责任，而公安机关或者人民检察院已经作出不予追究的书面决定的案件。

（4）其他机关管辖的案件。国家安全机关管辖危害国家安全案件；军队保卫部门管辖军队内部发生的刑事案件；监狱管辖罪犯在监狱内犯罪的案件。

2. 审判管辖

审判管辖是指各级人民法院之间、同级人民法院之间以及普通人民法院与专门人民法院之间在审判第一审刑事案件上的分工。审判管辖分为普通管辖和专门管辖；普通管辖又分为级别管辖、地域管辖和指定管辖。

（四）刑事回避与刑事辩护制度

刑事回避是指与案件有法定利害关系或者其他可能影响案件公正处理关系的人员及机构，不得参与该刑事案件的处理的一种刑事诉讼制度。回避制度适用于审判人员、检察人员、侦查人员、书记员、翻译人员和鉴定人。

刑事辩护是指犯罪嫌疑人、被告人在未经法律规定的程序判决有罪之前，被推定为无罪，因而享有辩护权及其他诉讼权利，可以委托律师或其他辩护人参与刑事诉讼程序，通过充分行使辩护权，与追诉机关进行平等对抗，以维护其合法权益的刑事诉讼制度。

1. 自行委托辩护人

犯罪嫌疑人、被告人除自己行使辩护权以外，还可以委托一至两人作为辩护人。

公诉案件自案件被侦查机关第一次讯问或采取强制措施之日起，犯罪嫌疑人有权委托辩护人。自诉案件的被告人有权随时委托辩护人。

2. 法院指定辩护人

公诉案件被告人因经济困难或者其他原因没有委托辩护人的，人民法院可以指定承担法律援助义务的律师为其提供辩护。

被告人是盲、聋、哑或者精神病人而没有委托辩护人的，被告人可能被判处死刑或无期徒刑而没有委托辩护人的，人民法院应当指定承担法律援助义务的律师为其提供辩护。

（五）刑事诉讼强制措施

刑事诉讼中的强制措施是指公检法机关为保证刑事诉讼的顺利进行，依法对犯罪嫌疑人、被告人的人身自由进行暂时限制或剥夺的强制性方法。包括下面内容：

1. 拘传

拘传是指司法机关对未被拘留逮捕的犯罪嫌疑人、被告人依法强制其到指定地点接受讯问的强制措施。拘传首先要经过公安机关负责人、检察院检察长或法院的院长批准，并填写拘传证后方可执行。执行人员不得少于2人，并要向被拘传人出示拘传证。一次拘传的持续时间最长不得超过12小时，不得以连续拘传的形式变相拘禁犯罪嫌疑人。

2. 取保候审

取保候审是指司法机关责令未被逮捕的犯罪嫌疑人、被告人提出保证人或者交纳保证金，保证不逃避或妨害侦查、起诉、审判并随传随到的一种强制措施。人民法院、人民检察院和公安机关对有下列情形之一的犯罪嫌疑人、被告人，可以取保候审：可能判处管制、拘役或者独立适用附加刑的；可能判处有期徒刑以上刑罚，采取取保候审不致发生社会危险性的；患有严重疾病、生活不能自理，怀孕或者正在哺乳自己婴儿的妇女，采取取保候审不致发生社会危险性的；羁押期限届满，案件尚未办结，需要采取取保候审的。取保候审由公安机关执行。

3. 监视居住

监视居住是指司法机关责令未被逮捕的犯罪嫌疑人、被告人未经批准不得离开住处，无固定住处的，未经批准不得离开指定的住处，依法对其行动加以监视和控制的一种强制措施。监视居住的适用对象与取保候审相同。当犯罪嫌疑人、被告人找不到保证人也不能交纳保证金时，采用监视居住的方法。监视居住期限最长不得超过六个月。在监视居住期间不得中断对案件的侦查、起诉和审理。

4. 拘留

拘留是指人民检察院、公安机关对直接受理的案件，在侦查过程中遇到法定的紧急情况下，对现行犯或者重大嫌疑分子，采取暂时限制其人身自由的一种强制措施。

5. 逮捕

逮捕是指司法机关为防止犯罪嫌疑人、被告人实施妨碍刑事诉讼的行为，逃避侦查、起诉、审判或造成社会危害，而依法暂时剥夺其人身自由的一种强制措施，是刑事诉讼强制措施中最严厉的一种。

三、仲裁

（一）仲裁的概念及内容

仲裁是当事人根据他们之间订立的仲裁协议，自愿将其争议提交由非官方身份的仲裁员组成的仲裁庭进行裁判，并受该裁判约束的一种制度。平等主体的公民、法人和其他组织之间发生的合同纠纷和其他财产权益纠纷，可以仲裁。具体包括下面内容：

1. 协议仲裁

当事人采用仲裁方式解决纠纷，应当双方自愿，达成仲裁协议。没有仲裁协议，一方申请仲裁的，仲裁委员会不予受理。

2. 或裁或审

或裁或审是尊重当事人选择解决争议途径的制度。当事人达成书面仲裁协议的，应当向仲裁机构申请仲裁，不能向法院起诉。人民法院也不受理有仲裁协议的起诉。

3. 一裁终局

仲裁裁决作出后，即产生法律效力，即使当事人对裁决不服，也不能就同一案件再次申请仲裁或向法院提出起诉。

（二）仲裁委员会

1. 仲裁委员会的设立

仲裁委员会是常设性仲裁机构，可以在直辖市和省、自治区人民政府所在地的市设立，也可以根据需要在其他设区的市设立，不按行政区划层层设立。仲裁委员会由市人民政府组织有关部门和商会统一组建。设立仲裁委员会应当经省、自治区、直辖市的司法行政部门登记。

仲裁委员会应当具备下列条件：有自己的名称、住所和章程；有必要的财产；有该委员会的组成人员；有聘任的仲裁员。

2. 仲裁委员会的组成

仲裁委员会由主任一人、副主任二至四人和委员七至十一人组成。仲裁委员会的主任、副主任和委员由法律、经济贸易专家和有实际工作经验的人员担任。仲裁委员会的组成人员中，法律、经济贸易专家不得少于三分之二。

（三）仲裁协议

仲裁协议，是指双方当事人在自愿、协商、平等互利的基础之上将他们之间已经发生或者可能发生的争议提交仲裁解决的书面文件。

1. 仲裁协议的形式

仲裁协议包括合同中订立的仲裁条款和以其他书面方式在纠纷发生前或者发生后达成的请求仲裁的协议。

2. 仲裁协议的内容

仲裁协议应当具有下列内容：请求仲裁的意思表示；仲裁事项；选定的仲裁委员会。仲裁协议对仲裁事项或者仲裁委员会没有约定或者约定不明确的，当事人可以补充协议；达不成补充协议的，仲裁协议无效。

（四）仲裁程序

1. 仲裁的申请和受理

（1）申请。仲裁的申请是指当事人向仲裁委员会提出仲裁要求的行为。申请仲裁应当符合下列条件：有仲裁协议；有具体的仲裁请求和事实、理由；属于仲裁委员会的受理范围。当事人申请仲裁，应当向仲裁委员会递交仲裁协议、仲裁申请书及副本。

（2）受理。受理是指仲裁委员会依法接受当事人申请的程序。仲裁委员会收到仲裁申请书之日起五日内，认为符合受理条件的，应当受理，并通知当事人；认为不符合受理条件的，应当书面通知当事人不予受理，并说明理由。

2. 组织仲裁庭

仲裁委员会受理仲裁申请后，应当在仲裁规则规定的期限内将仲裁规则和仲裁员名册送达申请人和被申请人。申请人和被申请人各自在仲裁委员会仲裁员名册中指一名仲裁员，并由仲裁委员会主席指定一名仲裁员为首席仲裁员，共同组成仲裁庭审理案件；双方当事人亦可在仲裁委员名册共同指定或委托仲裁委员会主席指定一名仲裁员为独任仲裁员，成立仲裁庭，单独审理案件。

3. 审理案件

仲裁庭审理案件的形式有两种：一是不开庭审理，这种审理一般是经当事人申请，或由仲裁庭征得双方当事人同意，只依据书面文件进行审理并做出裁决；二是开庭审理，这种审理按照仲裁规则的规定，采取不公开审理，如果双方当事人要求公开进行审理时，由仲裁庭做出决定。

4. 作出裁决

仲裁庭在作出裁决前，可以先行调解。当事人自愿调解的，仲裁庭应当调解。

调解不成的，应当及时作出裁决。裁决应当按照多数仲裁员的意见作出，少数仲裁员的不同意见可以记入笔录。仲裁庭不能形成多数意见时，裁决应当按照首席仲裁员的意见作出。

5. 仲裁裁决的执行

当事人对于仲裁裁决书，应依照其中所规定的时间自动履行，裁决书未规定期限的，应立即履行。一方当事人不履行的，另一方当事可以根据法律的规定，向法院申请执行。

思考题

1. 如何保护知识产权？
2. 消费者权益保护有哪些途径？
3. 特殊群体权益保护制度包括哪些内容？
4. 刑罚有哪些种类？
5. 什么是仲裁？仲裁需要执行哪些程序？

第七章　公务员法律制度

本章要点

公务员法的颁布实施，把我国公务员队伍的建设和管理提高到一个新水平，从而有力地促进我国公务员队伍的能力和素质建设，进一步推动我国社会主义市场经济、民主政治、先进文化建设与和谐社会建设。

公务员法的颁布实施，是深化干部人事制度改革的重大举措，是积极稳妥地推进我国政治体制改革和社会主义政治文明建设的重要内容。

第一节　公务员法概述

一、公务员法的出台及其意义

2005年4月27日，十届全国人大常委会十五次会议审议通过了公务员法，该法于2006年1月1日生效。该法的出台，是我国公务员制度建设中的一件大事，是我国人事制度改革中的一个里程碑，对建设一支高素质的公务员队伍产生深远的影响。

二、公务员的权利与义务

根据公务员法的规定，公务员是指依法履行公职、纳入国家行政编制、由国家财政担负工资福利的工作人员。根据公务员法第十三条的规定，公务员享有下列权利：获得履行职责应当具有的工作条件；非因法定事由、非经法定程序，不被免职、降职、辞退或者处分；获得工资报酬，享受福利、保险待遇；参加培训；对机关工作和领导人员提出批评和建议；提出申诉和控告；申请辞职；法律规定的其他权利。

根据公务员法第十二条的规定，公务员法应尽下列义务：模范遵守宪法和法律；按照规

定的权限和程序认真履行职责，努力提高工作效率；全心全意为人民服务，接受人民监督；维护国家的安全、荣誉和利益；忠于职守，勤勉尽责，服从和执行上级依法做出的决定和命令；保守国家秘密和工作秘密；遵守纪律，恪守职业道德，模范遵守社会公德；清正廉洁，公道正派；法律规定的其他义务。

第二节　公务员基本法律制度

国家公务员制度指通过制定法律和规章，依法对政府中行使国家行政权力、执行国家公务的人员进行科学管理的一种人事制度。我国的国家公务员制度基本内容包括以下几方面：

一、职务分类制度

职务分类是一种以工作职务为主要依据的人事分类制度，是公务员各项管理制度的基础和依据。主要内容如下：

（一）划分职务类别

公务员职位类别按照公务员职位的性质、特点和管理需要，划分为综合管理类、专业技术类和行政执法类。国务院根据公务员法，对于具有职位特殊性，需要单独管理的岗位，可以增设其他职位类别。

综合管理类是指机关中履行公共管理职责，负责机关内部日常工作等的职位。综合管理类职位适用范围最广泛、人数最多。

专业技术类是指在机关中承担专业技术职责，为实施公共管理提供直接的技术支持和保障的公务员职位类别，如公安机关的法医、工程技术等。

行政执法类是指在工商、税务、质检、环保等履行市场监管与社会管理职能的行政执法部门基层单位的行政执法职位中设置的公务员职位类别。行政执法类公务员主要履行行政监管、行政处罚、行政强制、行政稽查等现场执法职责。

（二）设置职务序列

职务序列，即职务的层次和职务的级别，一般包括领导职务和非领导职务两大类。

领导职务层次分为：国家级正职、国家级副职、省部级正职、省部级副职、厅局级正职、厅局级副职、县处级正职、县处级副职、乡科级正职、乡科级副职。

非领导职务的层次在厅局级以下设置。

（三）确定级别

公务员法第十九条对公务员级别作了如下规定：第一，公务员的职务应当对应相应的级别，公务员职务与级别的对应关系由国务院规定；第二，公务员的职务与级别是确定公务员工资及其他待遇的依据；第三，公务员的级别根据所任职务及其德才表现、工作实绩和资历确定，公务员在同一职务上，可以按照国家规定晋升级别。

二、录用制度

公务员录用制度是指国家行政机关依据有关法律和法规的规定，按照一定的标准和法定的程序，采用公开考试、严格考察、平等竞争、择优录取的办法，将符合条件的人员录用为公务员的制度。

（一）录用公务员的条件

我国公务员法规定，公务员应当具备下列条件：具有中华人民共和国国籍；年满十八周岁；拥护中华人民共和国宪法；具有良好的品行；具有正常履行职责的身体条件；具有符合职位要求的文化程度和工作能力；法律规定的其他条件。录用公务员除应当具备上述七个条件外，还应当具备省级以上公务员主管部门规定的拟任职位所要求的资格条件。

此外，公务员法规定了下列人员不得录用为公务员：曾因犯罪受过刑事处罚的；曾被开除公职的；有法律规定不得录用为公务员的其他情形的。

（二）录用公务员的程序

第一，发布招考公告。

第二，报名和资格审查。

第三，公开考试，采取笔试和面试的方式进行考核。

第四，考察和体检，招录机关根据考试成绩确定考察人选，并对其进行报考资格复审、考察和体检。

第五，公示。招录机关根据考试成绩、考察情况和体检结果，提出拟录用人员名单，并予以公示。

第六，审批。公示期满，中央一级招录机关将拟录用人员名单报中央公务员主管部门备案，地方各级招录机关将拟录用人员名单报省级或者设区的市级公务员主管部门审批。

第七，录用后的试用期。新录用的公务员试用期为一年。试用期满合格的，予以任职；不符合的，取消录用。

录用特殊职位的公务员，经省级以上公务员主管部门批准，可以简化程序或者采用其他测评办法。

三、考核制度

公务员考核是指公务员管理部门依照管理权限，依据公务员考核的内容、标准、程序和方法，对公务员进行考察和评价，以此作为对公务员进行奖惩、培训、辞退以及调整职务、级别和工资依据的制度。

（一）公务员考核的对象

对非领导级别公务员的定期考核采取年度考核的方式，先由个人按照职位职责和有关要求进行总结，主管领导在听取群众意见后，提出考核等次建议，由本机关负责人或者授权的考核委员会确定考核等次。

对领导成员的定期考核，由主管机关按照有关规定办理。

（二）公务员考核的内容

公务员考核的内容主要包括德、能、勤、绩、廉五方面，其中以工作实绩为重点。

所谓“德”，是指公务员在政治上是否能坚持四项基本原则，能否遵守国家的法律法规，能否认真贯彻执行国家的方针政策，对国家是否忠诚以及思想作风、遵守职业道德与社会公德等情况。

所谓“能”，是指公务员的业务知识和工作能力。主要考核公务员能否具有胜任本职工作的能力，包括专业知识、业务技术、文字水平、语言能力、管理水平等方面。

所谓“勤”，主要是指公务员的出勤情况和工作态度。出勤情况是指公务员是否按时上下班，是否有迟到、早退、缺勤，病、事假是否按规定办理手续等。工作态度是指公务员对本职工作是否认真负责、积极肯干、任劳任怨、热心踏实、精益求精等。

所谓“绩”，是指公务员的工作实绩。主要包括公务员的工作质量、数量、效率及工作适应能力等方面的内容。

所谓“廉”，是指为人处事的廉洁，不贪污，不受贿，不侵占、挪用国家和集体的财产等。

（三）公务员的考核等次

公务员法第三十六条规定，定期考核的结果分为优秀、称职、基本称职和不称职四个等次。

所谓优秀，是指正确贯彻执行党和国家的路线、方针、政策，模范遵守各项规章制度，熟悉业务，工作勤奋，有改革创新精神，成绩突出。

所谓称职，是指正确贯彻执行党和国家的路线、方针、政策，自觉遵守各项规章制度，熟悉或比较熟悉业务，工作积极，能够完成工作任务。

所谓基本称职，是指思想政治素质和业务素质一般，能基本完成本职工作，但工作作风方面存在明显不足，工作积极性、主动性不够，完成工作的质量和效率不高，或在工作中有某些失误。

所谓不称职，是指政治、业务素质较差，难以适应工作要求，或工作责任心不强，不能完成工作任务，或在工作中造成严重失误。

四、培训制度

公务员培训制度，是指通过各种形式有计划、有组织地对公务员进行以提高业务能力为目的的教育、培养和训练制度。公务员法第六十条规定，机关根据公务员工作职责的要求和提高公务员素质的需要，对公务员进行分级分类培训。

（一）公务员培训的内容

根据提高思想政治素质的需要，对公务员进行中国特色社会主义理论的培训。

根据提高法律素质的需要，对公务员进行法律方面的培训。首先是要培养公务员遵守宪法和法律的意识及严格按照法定权限和程序履行职责的意识；其次是要培养公务员理解法律法规及在实际工作中准确执行和灵活运用法律法规的能力。

根据提高专业技能素质的需要，对公务员进行专业知识和技术方面的培训，包括专业理论、专业技能的培训，对于专业技术类公务员还有专业技术知识的培训。

根据提高其他素质的需要，对公务员进行一些旨在拓宽视野、丰富知识、提高技能的培训。

（二）公务员培训的类型

1.初任培训

初任培训是对新录用但尚未正式任职的公务员所进行的培训。培训的内容应当是新录用人员拟任职位所必需的基本知识、基本技能和基本素质，目的是要使新录用的公务员了解党和国家的方针、政策，熟悉其即将从事的工作内容和工作程序，掌握一般的工作方法，为正式上岗任职做好准备。

2.任职培训

任职培训的对象是晋升一定领导职务的在职公务员。培训的内容应根据公务员准备晋升的领导职务或职位所必须具备的政策水平、法律知识、组织领导协调能力与专业知识能力来确定。培训的方式主要是脱产学习。

3.专门业务培训

专门业务培训是指国家机关为公务员从事专项工作而提供所需知识和技能的培训。专项工作是指因国家和政府某些工作的需要，从政府机关临时抽调公务员进行的工作，如人口普查、执法检查、经济普查等。

扩展阅读

在进行经济普查时，各地经济普查领导小组都抽调大量的公务员参加到经济普查工作中来。但是被抽调的公务员对普查工作的调查方法、普查数据处理的特殊要求并不熟悉，因此各普查领导小组办公室通过专门业务培训，帮助他们熟练掌握工作所需的知识、技能、工作方法，培训合格者方能参加经济普查。

4. 更新知识培训

更新知识培训是指国家机关有计划地对在职公务员进行的以增新、补充、拓宽相关知识为目的的再教育和再训练，是我国公务员培训中最常见的一种，其对象包括全体在职公务员，以脱产培训为主。

5. 对后备领导人员有计划地加强培训

对后备领导人员的培训，要把提高思想政治素质放在首位，提高他们的战略思维能力和理论素养，并进行较为系统的政治理论、社会主义市场经济理论、法律理论、历史知识和相关业务知识培训。

（三）公务员培训的方式

公务员培训的方式是分级、分类进行的，这是按需施教原则的要求和具体体现。

分级培训，是根据每个公务员不同的级别，进行有针对性的培训。对职务和级别较高的公务员，要全面培养他们政治、经济和文化方面的知识和科学决策能力；职务和级别较低的公务员，素质要求也相应不同，在制定培训计划时应区别于级别较高的公务员。

分类培训，是对不同类别的公务员进行有针对性的培训。其中专业技术类和行政执法类的工作职责对公务员的素质要求有特殊性，因此对这两类公务员的培训应当区别于综合管理类公务员的培训。公务员法规定，公务员的培训实行登记管理。公务员培训情况、学习成绩作为公务员考核的内容和任职、晋升的依据之一。

五、奖惩制度

公务员的奖惩制度是规范公务员行为、调动公务员工作积极性的重要制度，包括公务员的奖励和惩戒两方面内容。

（一）公务员的奖励

公务员法规定，对工作表现突出，有显著成绩和贡献，或者有其他突出事迹的公务员或者公务员集体，给予奖励。奖励坚持精神奖励与物质奖励相结合、以精神奖励为主的原则。

1. 公务员奖励的条件

公务员法规定，公务员或者公务员集体有下列情形之一的，给予奖励：忠于职守，积极工作，成绩显著的；遵守纪律，廉洁奉公，作风正派，办事公道，模范作用突出的；在工作中有发明创造或者提出合理化建议，取得显著经济效益或者社会效益的；为增进民族团结、维护社会稳定做出突出贡献的；爱护公共财产，节约国家资源有突出成绩的；防止或者消除事故有功，使国家和人民群众利益免受或者减少损失的；在抢险救灾等特定环境中奋不顾身，做出贡献的；同违法违纪行为作斗争有功绩的；在对外交往中为国家争得荣誉和利益的；有其他突出功绩的。

2. 公务员奖励的种类

公务员的奖励分为嘉奖、记三等功、记二等功、记一等功、授予荣誉称号。

3. 奖励的权限和撤销

公务员的奖励由公务员所在机关或者上级机关按照下列权限批准：

第一，嘉奖、记三等功，由县级以上人民政府或市级以上人民政府工作部门批准。

第二，记二等功，由市级以上人民政府或者省级以上人民政府工作部门批准。

第三，记一等功，由省、自治区、直辖市以上人民政府或国务院工作部门批准。

第四，省、自治区、直辖市人民政府授予荣誉称号，经本级政府人事部门审核后，由省、自治区、直辖市人民政府批准。

第五，经国务院授予荣誉称号，经国务院人事部门审核后，由国务院批准。

第六，国务院工作部门授予荣誉称号，经国务院人事部门审核同意后，由国务院工作部门批准。

地方各级人民政府按照奖励权限的规定，给予本级人民政府代表大会选举或者人大常委会决定任命的人民政府领导人员奖励，应当报上一级人民政府批准；对政府工作部门领导人员的奖励，由本级人民政府批准。

公务员或者公务员集体有下列情形之一的，撤销奖励：弄虚作假，骗取奖励的；申报奖励时隐瞒严重错误或者严重违反规定程序的；有法律法规规定的应当撤销奖励的其他情形的。

（二）公务员的惩戒

公务员的惩戒是指对违反法律和纪律应当承担相应责任的公务员所给予的处分。处分的种类包括：警告、记过、记大过、降级、撤职、开除。处分程序是由处分决定机关决定对公务员违纪的情况进行调查，并将调查认定的事实及拟给予处分的依据告知公务员本人。公务员有权进行陈述和申辩。处分决定机关认为对公务员应当给予处分的，须在规定的期限内，按照管理权限和规定的程序作出处分决定。处分决定应当以书面形式通知公务员本人。

六、任免制度

公务员职务任免制度是指公务员任用方式、任职资格、任免权限、任免程序与手续、任免条件等方面的规定和规范的总称。

公务员的职务任免包括任职与免职两方面内容。

（一）公务员的任职

1. 公务员任职的条件

根据公务员法的规定，公务员任职必须在规定的编制限额和职数内进行，并有相应的职位空缺。

2. 公务员的任职形式

根据公务员法第三十八条规定，公务员职务实行选任制和委任制。领导成员职务按照国家规定实行任期制。

（二）公务员免职

1. 公务员免职的原因

公务员具有下列情形之一的，应予免职：晋升职务后需要免去原任职务的；降低职务的；转任的；辞职或者调出机关的；退休的；其他原因需要免职的。

2. 公务员免职的程序

公务员免职一般按照下列程序进行：提出免职建议；对免职事由进行审核；按照干部管理权限集体讨论决定；按照规定履行免职手续。

七、升降制度

公务员职务升降制度是指公务员升职和降职的原则、标准、条件、方式和程序等方面规定和规范的总称。

（一）职务晋升

1. 职务晋升的条件

职务晋升的条件包括标准条件和资格条件两种。标准条件是指公务员在政治立场、思想品质、工作能力、业务水平等方面的要求。资格条件是指公务员在学历、任职资历等方面的要求。

2. 职务晋升的程序

根据公务员法第四十四条规定，公务员晋升领导职务，按照下列程序办理：民主推荐，确定考察对象；组织考察，研究提出任职建议方案，并根据需要在一定范围内进行酝酿；按照管理权限讨论决定；按照规定履行任职手续。

公务员晋升非领导职务，参照相应条款规定的程序办理。

（二）公务员的降职

1. 降职原因

担任科员以上职务的国家公务员，具有下列情形之一，应予以降低职务：在年度考核中被确定为不称职的，或者不胜任现职又不宜转任其他职务的；因机构撤销、调整，需要降低职务安排的；本人要求改任较低职务的；其他原因应予以降低职务的。

2.降职程序

降低国家公务员的职务，一般一次只降低一级，并严格按下列程序进行。

（1）所在单位提出降职安排意见。主要包括两个方面：一是降职的理由；二是降职后的去向安排。对这两方面，必须在进行任职情况考核或年度考核的基础上提出，经单位领导集体讨论作决定。提出的降职理由必须实在、充分。

（2）征求本人意见。所在单位在正式上报前，应征求本人的意见，即使是本人提出降职要求，也需要走这一步。

（3）任免机关审批。任免机关审批前，其从事部门应派人到呈报单位进行复查了解，然后由任免机关领导集体研究决定。

另外，任免机关作出降职决定后，若本人不服，允许有申诉的权利。

八、工资、福利和保险制度

（一）公务员的工资

公务员法规定，公务员实行国家统一的职务与级别相结合的工资制度。公务员工资制度贯彻按劳分配的原则，体现工作职责、工作能力、工作实绩、资历等因素，保持不同职务、级别之间的合理工资差距。国家建立公务员工资的正常增长机制。公务员工资包括基本工资、津贴、补贴和奖金。公务员按照国家规定享受地区附加津贴、艰苦边远地区津贴、岗位津贴等津贴。公务员按照国家规定享受住房、医疗等补贴、补助。公务员在定期考核中被确定为优秀、称职的，按照国家规定享受年终奖金。公务员工资应当按时足额发放。同时，公务员法规定，公务员的工资水平应当与国民经济发展相协调、与社会进步相适应。

（二）福利和保险制度

公务员法规定，公务员按照国家规定享受福利待遇。国家根据经济社会发展水平提高公务员的福利待遇。公务员实行国家规定的工时制度，按照国家规定享受休假。公务员在法定工作日之外加班的，应当给予相应的补休。国家建立公务员保险制度，保障公务员在退休、患病、工伤、生育、失业等情况下获得帮助和补偿。公务员因公致残的，享受国家规定的伤残待遇。公务员因公牺牲、因公死亡或者病故的，其亲属享受国家规定的抚恤和优待。为了保障公务员工资、福利、保险制度的贯彻执行，公务员法还规定，任何机关不得违反国家规定自行更改公务员工资、福利、保险政策，擅自提高或者降低公务员的工资、福利、保险待遇。任何机关不得扣减或者拖欠公务员的工资。

九、交流、回避制度

（一）公务员交流制度

公务员法规定，国家实行公务员交流制度。公务员可以在公务员队伍内部交流，也可以与国有企业事业单位、人民团体和群众团体中从事公务的人员交流。交流的方式包括以下三种：

1. 调任

公务员法规定，国有企业事业单位、人民团体和群众团体中从事公务的人员可以调入机关担任领导职务或者副调研员以上及其他相当职务层次的非领导职务。

2. 转任

公务员法规定，公务员在不同职位之间转任应当具备拟任职位所要求的资格条件，在规定的编制限额和职数内进行。对省部级正职以下的领导成员应当有计划、有重点地实行跨地区、跨部门转任。对担任机关内设机构领导职务和工作性质特殊的非领导职务的公务员，应当有计划地在本机关内转任。

3. 挂职锻炼

公务员法规定，根据培养锻炼公务员的需要，可以选派公务员到下级机关或者上级机关、其他地区机关以及国有企业事业单位挂职锻炼。公务员在挂职锻炼期间，不改变与原机关的人事关系。

（二）公务员回避制度

1. 任职回避

任职回避是指公务员之间有夫妻关系、直系血亲关系、三代以内旁系血亲关系以及近姻亲关系的，不得在同一机关担任双方直接隶属于同一领导人员的职务或者有直接上下级领导关系的职务，也不得在其中一方担任领导职务的机关从事组织、人事、纪检、监察、审计和财务工作。

2. 地域回避

地域回避是指公务员担任乡级机关、县级机关及其有关部门主要领导职务的，应当实行地域回避。

3. 公务回避

公务员执行公务时，有下列情形之一的，应当回避：涉及本人利害关系的；涉及与本人之间有夫妻关系、直系血亲关系、三代以内旁系血亲关系以及近姻亲关系的；其他可能影响公正执行公务的情形。

十、辞职、辞退、退休制度

（一）辞职

根据公务员法的规定，公务员辞去公职，应当向任免机关提出书面申请。任免机关应当自接到申请之日起三十日内予以审批，其中对领导成员辞去公职的申请，应当自接到申请之日起九十日内予以审批。

公务员有下列情形之一的，不得辞去公职：未满国家规定的最低服务年限的；在涉及国家秘密等特殊职位任职或者离开上述职位不满国家规定的脱密期限的；重要公务尚未处理完毕，且须由本人继续处理的；正在接受审计、纪律审查，或者涉嫌犯罪、司法程序尚未终结的；法律、行政法规规定的其他不得辞去公职的情形。

担任领导职务的公务员辞去领导职务，包括下面几种情况：担任领导职务的公务员因个人或者其他原因，可以自愿提出辞去领导职务；领导成员因工作严重失误、失职造成重大损失或者恶劣社会影响的，或者对重大事故负有领导责任的，应当引咎辞去领导职务；领导成员应当引咎辞职或者因其他原因不再适合担任现任领导职务，本人不提出辞职的，应当责令其辞去领导职务。

（二）辞退

公务员法规定，公务员有下列情形之一的，予以辞退：在年度考核中，连续两年被确定为不称职的；不胜任现职工作，又不接受其他安排的；因所在机关调整、撤销、合并或者缩减编制员额需要调整工作，本人拒绝合理安排的；不履行公务员义务，不遵守公务员纪律，经教育仍无转变，不适合继续在机关工作，又不宜给予开除处分的；旷工或者因公外出、请假期满无正当理由逾期不归连续超过十五天，或者一年内累计超过三十天的。

对有下列情形之一的公务员，不得辞退：因公致残，被确认丧失或者部分丧失工作能力的；患病或者负伤，在规定的医疗期内的；女性公务员在孕期、产假、哺乳期内的；法律、行政法规规定的其他不得辞退的情形。

辞退公务员，按照管理权限决定。辞退决定应当以书面形式通知被辞退的公务员。被辞退的公务员，可以领取辞退费或者根据国家有关规定享受失业保险。

（三）退休

公务员法规定，公务员达到国家规定的退休年龄或完全丧失工作能力的，应当退休。

公务员法规定，公务员符合下列条件之一的，本人自愿提出申请，经任免机关批准，可以提前退休：工作年限满三十年的；距国家规定的退休年龄不足五年，且工作年限满二十年的；符合国家规定的可以提前退休的其他情形的。

公务员退休后，享受国家规定的退休金和其他待遇，国家为其生活和健康提供必要的服务和帮助，鼓励发挥个人专长，参与社会发展。

十一、申诉、控告制度

（一）申诉

1. 申诉范围

公务员法规定，公务员申诉的范围包括：处分；辞退或者取消录用；降职；定期考核定为不称职；免职；申请辞职、提前退休未予批准；未按规定确定或者扣减工资、福利、保险待遇；法律、法规规定可以申诉的其他情形。

2. 申诉程序

公务员法规定，公务员对涉及本人的下列人事处理不服的，可以自知道该人事处理之日起三十日内向原处理机关申请复核；对复核结果不服的，可以自接到复核决定之日起十五日内，按照规定向同级公务员主管部门或者作出该人事处理的机关的上一级机关提出申诉；也可以不经复核，自知道该人事处理之日起三十日内直接提出申诉。对省级以下机关作出的申诉处理决定不服的，可以向作出处理决定的上一级机关提出再申诉。

行政机关公务员对处分不服向行政监察机关申诉的，按照行政监察法的规定办理。原处理机关应当自接到复核申请书后的三十日内作出复核决定。受理公务员申诉的机关应当自受理之日起六十日内作出处理决定；案情复杂的，可以适当延长，但是延长时间不得超过三十日。复核、申诉期间不停止人事处理的执行。公务员申诉的受理机关审查认定人事处理有错误的，原处理机关应当及时予以纠正。

（二）控告

1. 公务员实施控告权的前提条件

根据公务员法的规定，公务员认为机关及其领导人员侵犯其合法权益的，可以依法向上级机关或者有关的专门机关提出控告。受理控告的机关应当按照规定及时处理。公务员提出控告，不得捏造事实，诬告、陷害他人。

2. 公务员控告受理的机构

（1）上级行政机关。该机关既有责任又有权力纠正其下级行政机关及其领导者的错误行为，也有权力惩处犯错误的机关和公务员。

（2）行政监察机关。它既有受理控告的权力，还有直接惩办和建议有关部门惩办违法违纪公务员的权力。

第三节　公务员依法行政能力建设

一、公务员依法行政能力概述

公务员依法行政能力是指行政机关工作人员依据依法行政的原则和观念，按照法定职责和权限实施行政行为并承担相应行政责任的能力。

公务员依法行政能力的基本内容包括：有较强的法律意识、规则意识、法治观念；忠实遵守宪法、法律和法规，按照法定的职责权限和程序履行职责、执行公务；准确运用与工作相关的法律、法规和有关政策；依法办事，准确执法，公正执法，文明执法，不以权代法；敢于同违法行为作斗争，维护宪法、法律尊严。

二、提高公务员依法行政能力的基本要求

根据我国行政体制改革发展的客观要求和目前依法行政存在的现实问题，要求国家公务员在依法行政实践中做到如下几方面：

（一）转变观念，培养法律意识

公务员依法行政的思想具体表现为：转变“官贵民贱”观念，树立“法律面前人人平等”意识；转变“权大于法”观念，树立“职权法定”意识；转变“人治”观念，树立“法治”意识。

（二）学法懂法，提高依法决策能力

公务员在工作实践中的具体表现如下：第一，学法懂法，要有依法行政的思维；第二，统揽全局，依法决策，真正做到决策程序法定化、决策内容透明化、决策过程高效化、民主参与制度化、决策科学化、决策责任明确化，健全决策反馈机制。

（三）恪守行政道德，打造“责任行政”

公务员只有不断提高自己的道德修养，才能使其行政行为更合理，更有责任感。具体表现为：遵守行政道德，奉行公正廉洁；坚持政务公开，积极接受监督；严格执法责任，杜绝违法行政。

三、提高公务员依法行政能力的措施

（一）高度重视依法行政能力的培养

具体表现为：牢固树立社会主义法治理念；提高运用法律手段解决问题的能力；重视提拔善用法律手段解决问题、推动发展的优秀干部。

（二）推行依法行政情况考察和法律知识测试制度

具体表现为：建立和完善任职前法律知识测试和依法行政情况考察制度；建立健全公务员录用法律知识考试制度。

（三）建立法律知识学习培训长效机制

具体表现为：完善领导干部学法制度；加强依法行政知识培训制度；健全行政执法人员培训制度。

四、公务员依法行政能力建设的重要意义

首先，增强公务员依法行政观念和能力是全面推进依法行政、建设法治政府的迫切需要。公务员依法行政的观念和依法行政能力是影响政府机关依法行政水平的制约因素，这就需要对公务员特别是行政机关的领导干部长期不懈地进行教育和培训，增强公务员法制观念，树立依法行政的正确态度，提高依法行政的水平。

其次，增强公务员依法行政观念和能力是公务员能力建设的鲜明主题。公务员只有坚持依法行政，才能适应社会发展对公务员职位的要求和政府工作的需要。

最后，增强公务员依法行政观念和能力是执政为民的要求。公务员本质上是人民的公仆，这要求公务员要正确对待和行使手中的权力，坚持依法行政，做到用权为民。

思考题

1. 公务员应具备哪些条件？
2. 公务员基本法律制度包括哪些内容？
3. 提高依法行政能力，对公务员有哪些基本要求？

第八章　公务员依法行政概述

本章要点

依法行政是现代政治文明的重要标志。贯彻依法治国基本方略，推进依法行政，建设法治政府，是我国政治体制改革迈出的重要一步，具有划时代的重要意义。全面推进公务员依法行政、弘扬社会主义法治精神，是坚持立党为公、执政为民的必然要求，是推动科学发展、促进社会和谐的必然要求。

第一节　依法行政与法治政府

一、依法行政的概念

依法行政是指行政机关及其公务人员根据法律法规的规定取得、行使行政权力，并对其行政行为的后果承担相应的责任。其中，依法行政所依据的法律法规不仅包括法律的规定，也包括法规、规章的规定；不仅包括法律规范，也包括法律原则、法律精神和法律目的。

扩展阅读

2010年5月，西安市、宝鸡市和咸阳市三政府分别收到省环境保护厅开出的环保罚单。这三个城市因向渭河超标排放污染物，被罚缴纳70万元“环境补偿金”。向地方政府开“环保罚单”，代表法律面前人人平等，是依法行政的具体体现，对于促进政府及相关部门依法行政具有重大意义。

行政工作人员要切实做到依法行政，需要做到以下内容：

（一）行政主体要合法

行政主体是指依法享有公共行政权力，能以自己的名义行使行政职权，并能独立地承担相应法律责任的行政机关和法律、法规授权的组织。行政主体必须依法设立并具备相应的资格和条件。

（二）行政权的取得和行使要合法

1. 行政权的取得必须有法律依据

任何行政机关都必须依法设立，否则不仅不能取得行政主体资格，而且其行为还是违法行为，应受到法律追究。

2. 行政权的行使必须符合法律法规的规定

首先，行政活动必须有法律法规作为依据，必须在法定的权限范围内活动，越权无效；其次，行政行为应当符合法定程序。

3. 行政行为内容应当合法、适当

行政行为所涉及的权利、义务等均应符合法律法规的规定和社会公共利益。

扩展阅读

2009年10月，上海市司机张某、孙某分别遭遇“钓鱼”执法，反映出一些执法部门存在严重的违规执法现象，让百姓对执法产生质疑。因此，行政执法要有法可依，要遵循并完善行政执法的程序，防止出现“钓鱼式执法”，树立公正执法的形象。

（三）行政权的行使必须要权责统一

行政职权、职责具有同一性，行政职权同时也是行政职责。行政机关不履行或者不当履行职责，要承担法律责任。

以案释法㉒

工商执法公报私仇，违法行政处罚无效

【案情介绍】李某1999年下岗后依法登记注册一家百货商店。李某每月准时缴费并依法纳税，其生意经营得很好。2001年2月13日，三名区属工商人员以检查工作为名来到商店并要求李某请其吃饭，遭到拒绝后，对李某怀恨在心。2001年3月15日，区工商行政管理局三名工作人员借着“打假”的机会再次来到了李某的商店，以李某涉嫌经营假冒伪劣产品为由，吊销了李某的营业执照，并当场罚款3000元。李某一直守法经营，并没有经销过假冒伪劣产品。此次由于营业执照被吊销，李某遭受了近10000元的经济损失。李某感到被冤枉，向人民法院提起行政诉讼，要求法院撤销区工商行政管理局的行政处罚决定。法院经过审查，认为区工商行政管理局的行政处罚属于违法行为，依法予以撤销。

【以案释法】本案三名执法人员因为李某拒绝请他们吃饭，在“打假”活动中，以李某涉嫌经营假冒伪劣产品为由对其做出吊销执照、罚款3000元的行政处罚。这一处罚行为属于严重的行政违法行为。首先，该行政处罚不符事实，李某一直守法

经营，从未经销过假冒伪劣产品。其次，该行政处罚程序违法。根据行政处罚法第四十二条规定，行政机关作出责令停产停业、吊销许可证或者执照、较大数额罚款等行政处罚决定之前，应当告知当事人有要求举行听证的权利；当事人要求听证的，行政机关应当组织听证。本案中三名执法人员没有告知李某有要求听证的权利，并且当场做出处罚决定，违反了行政处罚法规定的程序。行政人员在执法时有行使权力的责任，也有告知义务，应做到责权统一。

二、促进依法行政，建设法治政府

法治政府是指按照法治的原则运作的政府，即政府的运行和政府的行为都受法律规范和制约。依法行政的奋斗目标是建设法治政府。促进依法行政，建设法治政府，包括下面内容：

（一）加强政府立法和制度建设

1. 加强重点领域的立法工作

要完善财税、环保、土地等方面的法律法规。要完善收入分配、就业、社会保障、教育、医疗等方面的法律法规，加强应对突发事件、预防化解社会矛盾纠纷等方面的制度建设。要进一步加强规范政府行为方面的立法，完善行政权力运行规则，坚持制度办事原则，强化民主监督机制，切实提高行政效能。

扩展阅读

在我国，全国人大及其常委会行使国家立法权，负责制定法律（法律草案可由国务院提出）。国务院根据宪法和法律制定行政法规，部门根据法律和行政法规制定规章。省级人大及其常委会可以制定地方性法规。

2. 健全立法机制，提高立法质量

政府立法工作要符合法定的权限和程序。政府立法要坚决防止部门利益化倾向，要防止借立法之机牟取私利、损害公民和市场主体合法权益的行为。

3. 坚决维护法制统一，确保政令畅通

各级行政机关要严格遵守宪法和立法法的规定，按照法定权限及程序立法和出台规范性文件，加强合法性审查，做到下位法与上位法不矛盾、不抵触，政策之间不冲突。做到有法必依、执法必严、违法必究。要及时受理和处理人民群众提出的审查有关规章和规范性文件的建议。

（二）坚持科学民主决策

1. 要依法决策

各级政府及其工作人员要依法行使决策权，要坚决防止越权决策、违法决策。对于重大决策要进行合法性审查，不得作出超出法定权限或与法律法规相抵触的决策。

2. 要健全决策程序

各级行政机关要进一步建立、健全重大决策的规则，把公众参与、专家咨询、风险评估、合法性审查和集体讨论决定作为决策的必经程序。要进一步加强对主要领导干部决策权力的监督，防止个人独断专行。

3. 要强化决策责任

在决策执行过程中，要及时全面了解决策实施情况，全面评估决策执行效果。根据评估结果，适时调整和完善有关决策，及时采取补救措施或停止执行错误决策，最大限度地减少损失。对违反科学民主决策规定、出现重大决策失误、给国家和人民造成重大损失的，要按照谁决策、谁负责的要求追究责任。

以案释法㉓

领导好心事与愿违，职工受损投诉无果

【案情介绍】某市有一长期亏损食品厂位于该市的繁华地段。该市政府领导为解决食品厂破产后职工就业问题和方便附近居民的生活，决定在此地段建一个副食品批发市场，并为此进行了项目审批、征地拆迁、建筑规划设计等准备工作。但是事与愿违，该地段不远处一外地开发商率先投资兴建了一个综合市场，并包含了副食品批发市场，其规模足以满足附近居民生活需求。这样，市领导的副食品批发市场建设计划失去意义。在此情况下，市领导再次做出决定：将该食品厂厂房所在地建成一居民小区，由开发商进行开发，但对原食品厂职工没能作出有效的赔偿，职工都怨气冲天，由于长期不能解决赔偿问题，给城市的稳定留下隐患。

【以案释法】该市领导解决问题初衷是好的，想解决职工就业与居民生活购物问题，但是决策一再失误。首先，没有充分调研，作出错误决策；其次，决策后的评估也不到位，没有采取正确的方法补救，致使问题始终没有得到很好的解决，造成了多方面的损失，包括职工的经济损失、前期投入的资金等。此案属于领导的重大决策失误，理应负相应的责任。

（三）严格依法办事

政府及工作人员一定要严格依法履行各项职能。政府不仅要按照法定权限办事，还要按照法定程序办事。要把建立和完善行政程序作为推进依法行政的一项重要任务，要规范执法、公正执法、文明执法。

（四）全面推进政务公开

1. 要加大政府信息公开力度

要坚持以公开为原则、不公开为例外，凡是不涉及国家秘密、商业秘密和个人

隐私的政府信息，都要向社会公开。同时也要注意处理好公开信息与保守秘密的关系，对依法应当保密的信息，切实做好保密工作。

2. 要深入推进办事公开

所有面向社会服务的政府部门以及医院、学校、公交、供水、供电、供热等公共企事业领域，都要全面推进办事公开制度，提供高效便民服务。

3. 要创新政务公开方式

充分利用现代信息技术，建设好互联网信息服务平台和便民服务网络平台。优化工作流程，改善服务质量，提高服务效率，降低行政成本。

（五）健全行政监督体系和问责制度

1. 更加重视群众和舆论监督

要完善群众举报投诉制度，拓宽群众监督渠道，依法保障人民群众监督政府的权利。要支持新闻媒体对违法或者不当行政行为进行曝光。加强行政复议，依法纠正违法或不当的行政行为。要正确对待和认真做好行政应诉工作。

以案释法㉔

让人民批评政府

【案情介绍】2010年的政府工作报告指出：要建设服务型政府，创造条件让人民批评监督政府。不少领导干部在不同场合表示，欢迎媒体监督批评政府，多反映百姓呼声。这显示出我国打造责任政府的决心。

【以案释法】我国宪法规定，公民对于任何国家机关和国家工作人员，有提出批评和建议的权利。让人们批评、监督政府，帮助政府改进工作，应该实现：

第一，政府的工作要公开透明，加大政务公开力度，及时公开政务信息，完善各类公开办事制度和行政复议制度，实现人们对行政权力的监督，充分发挥新闻舆论的监督作用，让权力在阳光下运行。

第二，要认真受理群众的批评，让群众的批评、监督、意见能够得到认真采纳，得到政府的尊重，让群众真切感受到作为公民的荣誉感。

第三，让人民批评监督政府，就必须建立和完善相关法律保障制度，要做到违法必究，让批评者不再担心受到报复或追究，而让报复者付出代价。

2. 进一步加强审计、监察工作

各级政府要支持审计、监察部门依法独立行使监督权。

审计部门要着力加强财政专项资金和预算执行审计、重大投资项目审计、金融审计、国有企业领导人员经济责任审计等工作，加强社会保障基金、住房公积金、扶贫救灾等公共资金的审计工作。监察部门要全面履行法定职责，进一步加强执法监察，积极推进行政问责和绩效管理监察，严肃查处有令不行、有禁不止和失职渎职等行为。

3. 严格行政问责

2009年6月，中共中央办公厅、国务院办公厅印发了《关于实行党政领导干部问责的暂行规定》，对因决策严重失误、工作失职、管理或监督不力、滥用职权、群体或突发事件处置失当等导致事态恶化，造成重大损失或恶劣影响的七种情形的党政领导干部实行问责。

对党政领导干部实行问责，坚持严格要求、实事求是，权责一致、惩教结合，依靠群众、依法有序的原则。通过加强对党政领导干部的管理和监督，增强党政领导干部的责任意识和大局意识，促进深入贯彻落实科学发展观，从而提高党的执政能力和执政水平。

第二节　依法行政的基本原则和要求

一、依法行政的基本原则

依法行政原则是对行政机关及其行政公务人员从事行政管理活动的基本要求和根本准则。

国务院《全面推进依法行政实施纲要》中规定了依法行政的基本原则，主要包括以下内容：依法行政必须坚持党的领导、人民当家作主和依法治国三者的有机统一；必须把维护最广大人民的根本利益作为政府工作的出发点；必须维护宪法权威，确保法制统一和政令畅通；必须把发展作为执政兴国的第一要务，坚持以人为本和全面、协调、可持续的发展观，促进经济社会和人的全面发展；必须把依法治国和以德治国有机结合起来，大力推进社会主义政治文明、精神文明建设；必须把推进依法行政与深化行政管理体制改革、转变政府职能有机结合起来，坚持开拓创新与循序渐进的统一，既要体现改革和创新的精神，又要有计划、有步骤地分类推进；必须把坚持依法行政与提高行政效率统一起来，做到既严格依法办事，又积极履行职责。

二、依法行政的基本要求

2004年国务院《全面推进依法行政实施纲要》对依法行政提出了六项基本要求：合法行政、合理行政、程序正当、高效便民、诚实守信、权责统一。这六项要求对指导和规范行政机关及其工作人员依法行政具有极其重要的作用。

（一）合法行政

行政机关实施行政管理，应当依照法律、法规、规章的规定进行；没有法律、法规、规章的规定，行政机关不得作出影响公民、法人和其他组织合法权益或者增加公民、法人和其他组织义务的决定。

以案释法㉕

离婚夫妻一方擅自复婚被准，行为无效

【案情介绍】王某与杨某于2000年在某镇政府办理了离婚手续并领取了离婚证。2001年，杨某在王某不知情的情况下向镇政府提交了一份复婚协议书，该镇政府随即作出了撤销王某与杨某离婚证的决定，并出具了王某与杨某为夫妻关系的证明。王某得知情况后不服，向县政府申请行政复议，要求依法撤销镇政府的行政决定。

【以案释法】婚姻法第三十五条规定，离婚后，男女双方自愿恢复夫妻关系的，必须到婚姻登记机关进行复婚登记。本案中，镇政府只凭杨某单方协议，就恢复了王某和杨某的夫妻关系，程序明显违法，该行政决定无效。

（二）合理行政

行政机关实施行政管理，应当遵循公平、公正的原则。要平等对待行政管理相对人，不偏私、不歧视。行使自由裁量权应当符合法律目的，排除不相关因素的干扰；所采取的措施和手段应当必要、适当；行政机关实施行政管理可以采用多种方式实现行政目的的，应当避免采用损害当事人权益的方式。

（三）程序正当

行政机关实施行政管理，除涉及国家秘密和依法受到保护的商业秘密、个人隐私外，应当公开。要注意听取公民、法人和其他组织的意见；要严格遵循法定程序，依法保障行政管理相对人、利害关系人的知情权、参与权和救济权。行政机关工作人员履行职责，与行政管理相对人存在利害关系时，应当回避。

（四）高效便民

行政机关实施行政管理，应当遵守法定时限，积极履行法定职责，提高办事效率，提供优质服务，方便公民、法人和其他组织。

以案释法㉖

心系百姓上门服务，高效便民百姓称赞

【案情介绍】在便民维权工作中，某县人口计生委坚持高效便民的原则，坚持

以计生优质服务“十到户”活动为载体，深入村组，免费为群众办理各种证件，免费为育龄妇女进行环孕检、妇科病普查等，大力实施民生工程，切实为群众解决实际问题。正如该县某村的村民刘某说的那样：“原来办《生育证》《流动人口婚育证》时常要跑40里路到乡里，而且跑三四次都难找到办事人员；有时找到了办事人员，态度又不好，还要交几十元钱办证费。现在可好，办证都上门了，且不用交钱，当场可拿，现在计生干部的工作真是做到家了。”

【以案释法】案例中，某县人口计生委之前的工作方法是被动地等待村民来办事，结果是群众办事难，耗时耗力耗财，给群众造成了不便，也影响了工作的开展。后来采取“十到户”主动上门服务方式，切实为群众解决问题，使工作开展及时、到位，并受到群众认可与支持。前后两种办事方法与态度不同，产生了两种截然不同的结果。因此，只有把高效便民服务真正落实到位，心系百姓，便利为民，才会把工作真正落实做好，受到百姓的认可与拥护。

（五）诚实守信

行政机关公布的信息应当全面、准确、真实。非因法定事由并经法定程序，行政机关不得撤销、变更已经生效的行政决定；因国家利益、公共利益或者其他法定事由需要撤回或者变更行政决定的，应当依照法定权限和程序进行，并对行政管理相对人因此而受到的财产损失依法予以补偿。

（六）权责统一

行政机关依法履行经济、社会和文化事务管理职责，要由法律、法规赋予其相应的执法手段。行政机关违法或者不当行使职权，应当依法承担法律责任，实现权力和责任的统一。依法做到执法有保障、有权必有责、用权受监督、违法受追究、侵权须赔偿。

第三节　依法行政体制建设

行政管理体制改革在我国全面深化改革和现代化建设中居于重要的战略地位。党的十七大报告明确指出，行政管理体制改革是深化改革的重要环节。为适应经济社会不断发展，以转变政府职能为重点，广大行政工作人员和公务员要全面推进依法行政，加快行政管理体制改革的步伐，健全行政管理体制。

一、深化行政管理体制改革的重要性和紧迫性

当前，我国处于改革开放的关键时期。面对新形势、新任务，行政管理体制仍然存在一系列问题：政府职能转变还不到位，对微观经济运行干预过多，社会管理和公共服务仍比较薄弱；部门职责交叉、权责脱节和效率不高的问题仍比较突出；政府机构设置不尽合理，行政运行和管理制度不够健全；对行政权力的监督制约机

制还不完善，滥用职权、以权谋私、贪污腐败等现象仍然存在。这些问题直接影响政府全面正确履行职能，在一定程度上制约经济社会发展。深化行政管理体制改革势在必行。

二、深化行政管理体制改革的指导思想、基本原则和总体目标

（一）指导思想

深化行政管理体制改革，要高举中国特色社会主义伟大旗帜，以邓小平理论和“三个代表”重要思想为指导，深入贯彻落实科学发展观，按照建设服务政府、责任政府、法治政府和廉洁政府的要求，着力转变职能、理顺关系、优化结构、提高效能，做到权责一致、分工合理、决策科学、执行顺畅、监督有力，为全面建设小康社会提供体制保障。

（二）基本原则

第一，必须坚持以人为本、执政为民，把维护人民群众的根本利益作为改革的出发点和落脚点。

第二，必须坚持与完善社会主义市场经济体制相适应，与建设社会主义民主政治和法治国家相协调。

第三，必须坚持解放思想、实事求是、与时俱进，正确处理继承与创新、立足国情与借鉴国外经验的关系。

第四，必须坚持发挥中央和地方两个积极性，在中央的统一领导下，鼓励地方结合实际改革创新。

第五，必须坚持积极稳妥、循序渐进，做到长远目标与阶段性目标相结合、全面推进与重点突破相结合，处理好改革、发展、稳定的关系。

以案释法 27

“替谁说话”——最牛的一句话

【案情介绍】河南郑州市某村原本被划拨为建设经济适用房的土地上，竟然被开发商建起了12幢连体别墅和两幢楼中楼。中央人民广播电台记者赶赴郑州采访主管信访工作的市规划局副局长时，这位副局长竟质问记者：“你是准备替党说话，还是准备替老百姓说话？”此言一出，该副局长引来一片声讨。“替谁说话”成为网络热词，被网上称为“最牛的一句话”。

【以案释法】“替谁说话”之所以被称为“最牛的一句话”，是因为这句话把党和人民群众的利益放在了对立面。事实上，党的利益从根本上和人民群众的利益是一致的。此事件反映了以该副局长为代表的个别党员干部把党和群众利益对立，把执政党基本理论、基本原则忘记了，以致弄出了“替谁说话”的笑话。作为党员干部，

要真正树立为人民群众服务的思想，端正权力观，保障群众的知情权，真正做到发展为人民、发展靠人民、发展成果由人民共享。

（三）总体目标

到2020年建立起比较完善的中国特色社会主义行政管理体制。通过改革，实现政府职能向创造良好发展环境、提供优质公共服务、维护社会公平正义的根本转变，实现政府组织机构及人员编制向科学化、规范化、法治化的根本转变，实现行政运行机制和政府管理方式向规范有序、公开透明、便民高效的根本转变，建设人民满意的政府。要加快政府职能转变，深化政府机构改革，加强依法行政和制度建设，为实现深化行政管理体制改革的总体目标打下坚实基础。

三、加快政府职能转变

（一）深化行政管理体制改革要以政府职能转变为核心

要加快推进政企分开、政资分开、政事分开、政府与市场中介组织分开，把不该由政府管理的事项转移出去，把该由政府管理的事项切实管好，从制度上更好地发挥市场在资源配置中的基础性作用，更好地发挥公民和社会组织在社会公共事务管理中的作用，更加有效地提供公共产品。

（二）要全面正确履行政府职能

改善经济调节，更多地运用经济手段、法律手段并辅之以必要的行政手段调节经济活动，增强宏观调控的科学性、预见性和有效性，促进国民经济又好又快发展。严格市场监管，推进公平准入，规范市场执法，加强对涉及人民生命财产安全领域的监管。加强社会管理，强化政府促进就业和调节收入分配职能，完善社会保障体系，健全基层社会管理体制，维护社会稳定。更加注重公共服务，着力促进教育、卫生、文化等社会事业健康发展，建立健全公平公正、惠及全民、水平适度、可持续发展的公共服务体系，推进基本公共服务均等化。

（三）各级政府要按照加快职能转变的要求，结合实际，突出管理和服务重点

中央政府要加强经济社会事务的宏观管理，进一步减少和下放具体管理事项，把更多的精力转到制定战略规划、政策法规和标准规范上，维护国家法制统一、政令统一和市场统一。地方政府要确保中央方针政策和国家法律法规的有效实施，加强对本地区经济社会事务的统筹协调，强化执行和执法监管职责，做好面向基层和群众的服务与管理，维护市场秩序和社会安定，促进经济和社会事业发展。按照财力与事权相匹配的原则，科学配置各级政府的财力，增强地方特别是基层政府提供公共服务的能力。

（四）合理界定政府部门职能，明确部门责任，确保权责一致

理顺部门职责分工，坚持一件事情原则上由一个部门负责，确需多个部门管理的事项，要明确牵头部门，分清主次责任，健全部门间协调配合机制。

四、推进政府机构改革

（一）深化国务院机构改革

合理配置宏观调控部门的职能，做好发展规划和计划、财税政策、货币政策的统筹协调，形成科学权威高效的宏观调控体系。整合完善行业管理体制，注重发挥行业管理部门在制定和组织实施产业政策、行业规划、国家标准等方面的作用。完善能源资源和环境管理体制，促进可持续发展。理顺市场监管体制，整合执法监管力量，解决多头执法、重复执法问题。加强社会管理和公共服务部门建设，健全管理体制，强化服务功能，保障和改善民生。

（二）推进地方政府机构改革

根据各层级政府的职责重点，合理调整地方政府机构设置。在中央确定的限额内，需要统一设置的机构应当上下对口，其他机构因地制宜设置。调整和完善垂直管理体制，进一步理顺和明确权责关系。深化乡镇机构改革，加强基层政权建设。

（三）精简和规范各类议事协调机构

精简和规范各类议事协调机构及其办事机构，不再保留的，任务交由职能部门承担。要严格控制议事协调机构设置，涉及跨部门的事项，由主办部门牵头协调。确需设立的，要严格按规定程序审批，一般不设实体性办事机构。

（四）推进事业单位分类改革

按照政事分开、事企分开和管办分离的原则，对现有事业单位分三类进行改革。主要承担行政职能的，逐步转为行政机构或将行政职能划归行政机构；主要从事生产经营活动的，逐步转为企业；主要从事公益服务的，强化公益属性，整合资源，完善法人治理结构，加强政府监管。推进事业单位养老保险制度和人事制度改革，完善相关财政政策。

（五）认真执行政府组织法律法规和机构编制管理规定

严格控制编制，严禁超编进人，对违反规定的限期予以纠正。建立健全机构编制管理与财政预算、组织人事管理的配合制约机制，加强对机构编制执行情况的监督检查，加快推进机构编制管理的法治化进程。

第四节　行政执法责任制

一、执法责任制及其重要性

执法责任制是指各级行政机关依据其职能和法律法规的规定，将本机关对外承担的行政职权以责任形式设定，将各项执法的职责和任务进行分解，明确相关执法机构、执法岗位和执法人员的执法责任，以监督考核为手段，从而形成的行政主体自律、补救和防范等措施完备的各项制度的总和。实施执法责任制是依法行政、公正执法的一项基础性工作，是各级执法机关的重要议事日程之一，是执法部门接受监督的重要载体。实施执法责任制是贯彻“三个代表”重要思想的具体体现，是推进依法行政的重要举措，对维护法律公正、提高执法水平、确保法律的严格执行具有重要意义。

二、推行行政执法责任制

第一，建立完善的推行行政执法责任制的组织保障机制。

第二，依法界定行政执法职责，包括明确执法主体、梳理执法依据、分解执法职责、确定执法责任，构建以执法依据、执法主体、执法职责、执法程序、执法标准和执法责任为核心内容的执法责任制体系。

第三，建立健全公开、公平、公正的行政执法评议考核机制。

第四，强化行政执法责任追究，完善责任追究制度。

第五，建立健全行政执法奖励机制。

第六，抓好推行行政执法责任制其他相关配套制度建设。

三、建立健全行政执法评议考核机制

行政执法评议考核是评价行政执法工作情况，检验行政执法部门和行政执法人员是否正确行使执法职权和全面履行法定义务的重要机制，是推行行政执法责任制的重要环节。

（一）评议考核的基本要求

行政执法评议考核应当严格遵守公开、公平、公正原则。在评议考核中，要公正对待、客观评价行政执法人员的行政执法行为。评议考核的标准、过程和结果要以适当方式在一定范围内公开。

（二）评议考核的主体

地方各级人民政府负责对所属部门的行政执法工作进行评议考核，同时要加强对下级人民政府行政执法评议考核工作的监督和指导。国务院实行垂直管理的行政执法部门，由上级部门进行评议考核，并充分听取地方人民政府的评议意见。实行双重管理的部门按照管理职责分工分别由国务院部门和地方人民政府评议考核。各行政执法部门对所属行政执法机构和行政执法人员的行政执法工作进行评议考核。

（三）评议考核的内容

评议考核的主要内容是行政执法部门和行政执法人员行使行政执法职权和履行法定义务的情况，包括行政执法的主体资格是否符合规定，行政执法行为是否符合执法权限，适用执法依据是否规范，行政执法程序是否合法，行政执法决定的内容是否合法、适当，行政执法决定的行政复议和行政诉讼结果是否合法，案卷质量是否合格等。评议考核主体要结合不同部门、不同岗位的具体情况和特点，制定评议考核方案，明确评议考核的具体标准。

（四）评议考核的方法

行政执法评议考核可以采取组织考评、个人自我考评、互查互评相结合的方法，做到日常评议考核与年度评议考核的有机衔接。要高度重视通过案卷评查考核行政执法部门和行政执法人员的执法质量。要积极探索新的评议考核方法，利用现代信息管理手段，提高评议考核的公正性和准确性。

四、行政执法责任制的落实

推行行政执法责任制的关键是要落实行政执法责任。对违法或者不当行政执法行为的行政执法部门，可以根据造成后果的严重程度或者影响的恶劣程度等具体情况，给予限期整改、通报批评、取消评比先进的资格等处理；对有关行政执法人员，可以根据年度考核情况，或者根据过错形式、危害大小、情节轻重，给予批评教育、离岗培训、调离执法岗位、取消执法资格等处理。

对行政执法部门的行政执法行为在行政复议和行政诉讼中被认定违法和变更、撤销等比例较高的，对外部评议中群众满意程度较低或者对推行行政执法责任制消极应付、弄虚作假的，可以责令行政执法部门限期整改；情节严重的，可以给予通报批评或者取消评比先进的资格。

追究行政执法责任，必须做到实事求是、客观公正。同时，要建立健全行政执法奖励机制，对行政执法绩效突出的行政执法部门和行政执法人员予以表彰，调动行政执法部门和行政执法人员提高行政执法质量和水平的积极性，形成有利于推动严格执法、公正执法、文明执法的良好环境。

第五节　行政监督

一、行政监督的概念及特征

行政监督是指对国家行政机关及其工作人员的行政管理活动依法进行的监督，既包括国家行政机关内部的相互监督，也包括行政机关以外的国家机关、政党组织、社会团体、大众媒介和公民对行政机关及其工作人员的行政管理活动依法进行的监督。

行政监督具有以下特征：

第一，行政监督的对象是行政机关的行政行为和行政工作人员的职务行为。

第二，行政监督的主体是国家权力机关、司法机关、国家特设的行政机关、政党、社团组织和人民群众等。

第三，行政监督的性质是监督主体对行政机关及其工作人员的法制监督。

第四，行政监督的目的在于保障社会主义民主和法制，促进行政机关及其工作人员依法行政，合理行政，改善和强化行政管理，提高行政效率，推进廉政建设。

二、行政监督的类型

行政监督根据不同的划分标准，具有不同的类型。

以对象范围为标准，行政监督分为一般的行政监督与特殊的行政监督。

以内容为标准，行政监督分为工商、公安、海关、资源、环境保护、审计等行政监督。

以实施的时期为标准，行政监督分为事前监督、事中监督、事后监督。

以主体的任务为标准，行政监督分为专门行政监督和业务行政监督。

以行政监督与监督主体的职权关系为标准，行政监督分为依职权的监督和依授权的监督。

三、行政监督的内容

（一）执政党监督

党对国家行政管理工作的领导和监督的方式有五个方面：第一，通过制定正确的路线、方针、政策来实现党对国家行政管理工作的领导和监督；第二，通过党的各级组织对各级政府及其部门具体实施党的路线、方针、政策和国家的法律、法令的过程实行监督；第三，通过推荐优秀党员干部担任政府重要职务来实现党对政府工作的领导和监督；第四，通过宣传教育和思想政治工作等手段来实现党对政府公职人员的领导和监督；第五，通过党的各级纪律检查委员会对审查和处理党员领导干部违反党纪政纪的行为实行监督。

（二）国家权力机关监督

我国权力机关监督政府的方式和内容主要有以下几个方面：听取和审议政府工作报告；审查和批准国民经济计划和财政预算、决算；审查政府的法规、决定和命令；质询和询问；视察和检查；提出建议、批评和意见；受理申诉和检举；罢黜职务。

（三）司法监督

司法监督包括人民检察院的监督、审判机关的监督两类。检察院对国家行政机关和国家公务人员实行监督的范围是：法纪检查、经济检查、侦查监督。审判机关监督的方式和种类包括通过行政诉讼、国家赔偿诉讼、刑事诉讼进行的监督。

（四）行政机关内部监督

监察机关行使监察职能，履行下列职责：检查国家行政机关在遵守和执行法律、法规和人民政府的决定、命令中的问题；受理对国家行政机关、国家公务员和国家行政机关任命的其他人员违反行政纪律行为的控告、检举；调查处理国家行政机关、国家公务员和国家行政机关任命的其他人员违反行政纪律的行为；受理国家公务员和国家行政机关任命的其他人员不服主管行政机关给予行政处分的申诉，以及法律、行政法规规定的其他由监察机关受理的申诉；法律、行政法规规定的由监察机关履行的其他职责。审计机关主要从经济角度对国家行政机关进行监督。

（五）公民监督

对行政机关及其工作人员的监督，主要包括批评和建议、控告、检举和举报、申诉、信访。

（六）社会舆论监督

舆论监督的主要形式有新闻舆论监督、公众舆论监督。

四、行政监督的重要意义

加强行政监督，是防止行政权力被滥用的一项十分有效的措施。行政权力是一种公权力，是公众赋予行政管理人员为公共利益服务的权力。行政监督，对行政权力的范围、行使程序、行使结果进行全流程的监督，可以防止行政权力异化。因此，行政监督的开展有利于建设一个廉洁、高效、勤政、务实、责任的政府。

加强行政监督有利于提高行政效率。对于行政管理机构本身来说，行政监督可以减少行政行为中可能出现的失误，从而避免错误决策给行政管理机构和社会带来的负面影响。行政监督也能够使行政权力的使用更加科学与合理，更能为公共利益服务，这些都有利于依法行政效率的提高。

思考题

1. 如何实现依法行政、建设法治政府？
2. 依法行政的基本要求和原则是什么？
3. 简述依法行政的重要性。
4. 如何加快政府职能转变？
5. 简述行政监督的内容及重要意义。

第九章　公务员依法行政法律制度

本章要点

依法行政作为依法治国的重要方面，要求各级国家行政机关根据“公开、公平、公正”的原则，依照法定的权限和程序履行职责。建立和形成较完备的行政法律制度是依法行政的前提和条件。为了增强行政机关工作人员依法行政的观念和能力，需要对行政基本法律制度有深入全面的了解。

第一节　行政立法与行政执法

一、行政立法

（一）行政立法的概念与特点

行政立法是指有立法权的行政机关依照法定程序，在自己的职权范围内制定并颁行有关行政管理事项普遍应用的规则的活动。我国的行政立法，是行政性质和立法性质的有机结合。它既有行政的性质，是一种抽象行政行为；又具有立法的性质，是一种准立法行为。

行政立法具有以下特点：

1. 行政立法的行政性质

主要表现在：行政立法的主体是国家行政机关；行政立法所调整的对象主要是行政管理事务及与行政管理密切关联的事务；行政立法的根本目的是实施和执行权力机关制定的法律，实现行政管理职能。

2. 行政立法的立法性质

主要表现在：行政立法是有立法权的行政机关以国家名义创制法律规范的活动。行政立法所制定的行为规则属于法的范畴，具有法的基本特征，即普遍性、规范性和强制性；行政立法必须遵循相应的立法程序。

（二）行政立法的生效要件

行政立法的生效要件包括下面内容：第一，必须是国家行政机关在其职权范围内或经授权制定的法律规范；第二，行政立法的内容不得与宪法、法律及上级行政机关制定的行政法规相抵触，必须符合法定程序；第三，行政立法的内容须采用书面表示，注明制定、批准机关的名称，以及首长签署和发布时间等。

（三）行政立法的主体及其权限

1.行政立法的主体

行政立法的主体是指依法取得行政立法权，可以制定行政法规或行政规章的国家行政机关。

根据我国宪法、组织法以及有关法律、法规的规定，我国行政立法的主体为：国务院；国务院各部、各委员会；国务院直属机构；省、自治区、直辖市人民政府；省、自治区人民政府所在地的市人民政府；经国务院批准的较大的市的人民政府；作为经济特区的市人民政府。

2.行政立法权限的划分

行政立法权限，是指行政立法主体行使相应立法权力的范围和程度。它是行政立法的核心问题，因为它既涉及权力机关与行政机关之间的立法权限，也涉及中央和地方行政机关之间的立法权限。

（1）国务院的立法权限。根据宪法第八十九条第一款规定，国务院有权根据宪法和法律，规定行政措施，制定行政法规，发布决定和命令。宪法赋予国务院制定行政法规的立法权。

（2）国务院各部门的行政立法权限。国务院是由各部、各委员会、审计机关和直属机构组成的，根据宪法和国务院组织法的规定，国务院各部委可以根据法律和国务院的行政法规、决议、命令，在本部门的权限内，发布命令、指示和规章。从而确定了国务院各部委的行政规章制定权。

（3）有关地方人民政府的行政立法权限。根据地方组织法的规定，省、自治区、直辖市以及省、自治区的人民政府所在地的市和经国务院批准的较大的市的人民政府，可以根据法律和国务院的行政法规制定规章。另外，地方人民政府也可以根据同级权力机关制定的地方性法规制定规章。

（四）行政立法的程序

行政立法程序应由宪法、法律作原则规定，然后再由配套的法规作具体、详尽的规定。根据《行政法规制定程序条例》的规定，行政立法程序可以概括为：

1.立项

国务院于每年年初编制本年度的立法工作计划。

2.起草

行政法规由国务院组织起草。国务院年度立法工作计划确定行政法规由国务院的一个部门或者几个部门具体负责起草工作，也可以确定由国务院法制机构起草或者组织起草。

3. 审查

报送国务院的行政法规送审稿，由国务院法制机构负责审查。国务院法制机构主要从以下方面对行政法规送审稿进行审查：(1) 是否符合宪法、法律的规定和国家的方针政策；(2) 是否符合法律要求；(3) 是否与有关行政法规协调、衔接；(4) 是否正确处理有关机关、组织和公民对送审稿主要问题的意见；(5) 其他需要审查的内容。

4. 决定与公布

行政法规草案由国务院常务会议审议，或者由国务院审批。国务院常务会议审议行政法规草案时，由国务院法制机构或者起草部门作说明。国务院法制机构应当根据国务院对行政法规草案的审议意见，对行政法规草案进行修改，形成草案修改稿，报请总理签署国务院令予以公布施行。

5. 解释

行政法规条文本身需要进一步明确界限或者作出补充规定的，由国务院解释。行政法规的解释与行政法规具有同等效力。

（五）行政立法的监督

1. 权力机关对行政立法的监督

权力机关对行政立法的监督，既可以是事前监督，又可以是事后监督。事前监督主要是针对授权立法。权力机关无论是授权行政机关进行创制立法，还是授权行政机关进行执行性立法，都应该严格规定授权立法的目的、性质和范围。

权力机关对行政立法事后监督的主要形式是审查行政立法行为，撤销与宪法、法律相抵触的行政法规或规章。事后监督既可针对特别授权立法，又可针对一般授权立法。

2. 上级行政机关对下级行政机关行政立法的监督

上下级行政机关的关系是领导与被领导、监督与被监督的关系。

根据行政隶属关系，上级行政机关不仅有权撤销下级行政机关违法的行政规章，而且有权撤销下级行政机关不适当的规章。

3. 人民法院对行政立法的监督

人民法院通过审查，如果认为相应行政规章违法、越权或违反法定程序和法定形式，就可以向相应行政机关或其上级行政机关，或者人民代表大会提出撤销或改变的建议。在行政诉讼过程中，人民法院如果发现行政法规和规章与宪法、法律相抵触，可以不予适用。人民法院虽然没有撤销行政法规、规章的权力，但对违法的行政法规、规章不予适用，也是对行政立法的有效监督形式。

二、行政执法

（一）概述

1. 行政执法的概念和特征

行政执法，就是指行政机关和法律、法规授权的组织在行政管理活动中行使行政职权，依照法定职权和法定程序，将法律、法规和规章直接应用于个人或组织，使国家行政管理职能得以实现的活动。行政执法具有以下特征：执法主体的法定性和国家代表性；执法具有主动性和单方意志性；执法具有极大的自由裁量性。

2. 行政执法的原则

行政执法要坚持的基本原则有：合法性原则、合理性原则、正当程序原则、效率原则、诚实守信原则、责任原则。

3. 行政执法的分类

根据不同的标准，行政执法主要可以分为以下几类：抽象执法和具体执法、羁束性执法和自由裁量性执法、依职权的执法和依申请的执法、强制性执法和非强制性执法。

从体系结构上看，行政执法主要分为：政府的执法、政府工作部门的执法、法律授权的社会组织的执法、行政委托的社会组织的执法。

4. 行政执法的形式

行政执法的表现形式通常有以下几种：

（1）行政监督检查。为了实现行政职能，行政机关监督检查管理相对人行使权利和履行义务的情况。

（2）行政处理决定。行政执法一般通过行政处理决定的形式表现。

（3）行政强制执行。在行政管理中行政机关对不履行法定义务的当事人，用强制措施迫使其履行义务。

5. 行政执法的生效、撤销、变更和终止

行政执法的生效要件：行政执法行为必须是依法组成的并享有管理权限的行政机关在法定范围内采取的，执法内容必须合法；在行政执法中，管理相对人必须具有法定的权利和行为能力；行政执法的标的物必须是依法能作为该执法行为的物品；行政执法行为必须符合法定程序和法定形式。

已经成立的行政执法行为，如发现其违法、不当或不再适应新的情况，可由有权机关撤销，宣布无效或不再生效。部分内容应予撤销，部分内容继续有效的，可以宣布保留其整体而变更其应撤销部分，对应变更部分作出新的决定。

行政执法行为已执行完毕，或执行的条件已不复存在，或有期限的行政执法行为已到期，应宣布该执法行为终止

（二）行政程序

1. 行政程序的概念及特征

行政程序是行政主体实施行政行为时所应当遵循的方式、步骤、时限和顺序。具有以下法律特征：

（1）法定性。这是指用于规范行政行为的程序一般应通过预设的立法程序法律化，使其具有可控制行政行为合法、正当运作的强制力量。

（2）多样性。这是指因行政行为性质上的差异性导致所遵守的行政程序在客观上呈现出多种行政程序并存，并有各自调整行政行为的格局。

（3）分散性。这是指因通过多种法律形式规定行政程序，从而使行政程序分散于由众多的、具有不同等级效力的法律文件之中。

2. 行政程序的基本原则

（1）公开原则。公开原则是指用以规范行政权的行政程序，除涉及国家秘密、商业秘密或者个人隐私外，应当一律向行政相对人和社会公开。

具体内容如下：行使行政权的依据必须公开；行政信息公开；设立听证制度；行政决定公开。

（2）公正、公平原则。公正、公平原则是指行政主体行使行政权应当公正、公平，尤其是公正、公平地行使行政自由裁量权。

具体内容如下：①行政程序立法应当赋予行政相对人应有的行政程序权利；②行政主体所选择的行政程序必须符合客观情况，具有可行性；③行政主体所选择的行政程序必须符合规律或者常规，具有科学性；④行政主体所选择的行政程序必须符合社会公共道德，具有合理性；⑤行政主体所选择的行政程序必须符合社会一般公正心态，具有正当性。

（3）参与原则。参与原则是指行政主体在作出行政行为过程中，除法律有特别规定外，应当尽可能为行政相对人提供参与行政行为的各种条件和机会，从而确保行政相对人实现行政程序权益，同时也可以使行政行为更加符合社会公共利益。

参与原则的内容集中体现在行政相对人的行政程序上的权利，这些权利主要有：参与听证权；陈述、申辩权；复议申请权。

（4）效率原则。效率原则是指行政程序中的各种行为方式、步骤、时限、顺序的设置都必须有助于确保基本的行政效率，并在不损害行政相对人合法权益的前提下适当提高行政效率。

效率原则主要通过下面行政程序来体现：

①时效。时效是指行政程序法律关系的主体，在法定期限内不作为，待法定期限届满后即产生相应不利的法律后果。时效的法律意义是稳定行政法律关系，及时排除行政程序中的不利因素，提高行政效率。

②代理。代理是指行政程序法律关系主体不履行或无法履行法定义务时，依法由他人代为履行的制度。代理制度的法律意义是督促行政主体及时履行职责，减少行政怠职，促进行政相对人自觉履行义务，提高行政效率。

③不停止执行。不停止执行是指行政相对人因不服行政行为而提起复议或诉讼后，除非有法律的特别规定，行政行为必须执行。不停止行政行为执行的意义是在确保行政行为被撤销后，行政相对人可以在恢复其权利的前提下，使行政行为获得迅速执行，从而提高行政效率。

3. 行政程序的基本制度

（1）行政听证制度。听证制度是行政主体在作出影响行政相对人合法权益的决定前，由行政主体告知决定理由和听证权利，行政相对人随之向行政主体表达意见、提供证据，以及行政主体听取其意见、接纳其证据的程序所构成的一种法律制度。一般情况下，行政程序法的听证制度包括告知和通知、公开听证、委托代理、对抗辩论、制作笔录。

（2）行政回避制度。行政程序法中的回避，是指行政机关的公务员在行使职权过程中，因其与所处理的法律事务有利害关系，为保证实体处理结果和程序进展的公正性，依法终止其职务的行使并由他人代理的一种法律制度。回避制度能够确保法律程序的公正性，而法律程序的公正性则可以树立起利益冲突的双方当事人寻求法律程序来解决争议的信心，客观上也有助于社会的稳定发展。

（3）审裁分离制度。审裁分离是指行政主体的审查案件职能和对案件裁决的职能，分别应由其内部不同的机构或人员来行使，以确保行政相对人的合法权益不受侵犯。在行政程序中，如果审查案件的人同时具有对案件作裁决的权力，行政相对人的合法权益就难以获得保障。通过审裁分离制度，可以在行政主体内部实现审查权与裁决权相互分离，达到相互制约的目的。

审裁分离的基本模式有两种：内部审裁分离，是指在同一行政主体内部由不同的机构或人员分别行使案件调查、审查权与裁决权的一种制度；审裁完全分离，是指行政案件的调查权、审查权与裁决权，分别交给两个相互完全独立的机构来行使的一种制度。

（4）说明理由制度。行政行为说明理由，是指行政主体在作出对行政相对人合法权益产生不利影响的行政行为时，除法律有特别规定外，必须向行政相对人说明其作出该行政行为的事实根据、法律依据以及进行自由裁量时所考虑的政策、公益等因素。

（5）信息获取制度。信息获取，是指行政相对人通过预设的程序从行政主体那里获得各种有助于其参与行政程序，维护自身合法权益或者公共利益所需要的各种信息资料，如果没有法律禁止，则行政主体应当无条件地提供。

信息获取制度的核心内容是：

①行政相对人可以获取信息的范围。法律如何确定行政相对人可以获取信息的范围，这关系到行政相对人的权利的范围大小以及能否有效地实现参与行政程序的问题。

②行政相对人对信息获取权利的救济。行政相对人与行政主体对某种资料信息是否可以获取发生争议时，行政主体不具有争议的最终裁决权，行政相对人有权提起行政复议或者行政诉讼。

（6）案卷制度。案卷是指行政主体的行政行为所依据的证据、记录和法律文书等，根据一定的顺序组成的书面材料。案卷是行政行为作出过程和支持行政行为合法性的重要依据。正式的行政程序必须有案卷，这是依法行政的基本要素之一。

案卷必须具备如下条件：案卷的材料必须与案件有关，凡是与案件有关的材料必须是通过合法手段获得的，对行政相对人不利的证据必须已在行政程序中质证过；行政主体凡是在行政程序结束之后调取的证据或者其他书面材料，不得成为案卷的一部分，但不作为行政行为依据的，可以例外；案卷形成于行政程序结束之后，且案卷一旦形成便具有封闭性特点。

第二节　行政机关组织法律制度

一、行政组织法的概述

行政组织法主要是关于行政组织的设置权、编制权、行政权限、国家公务员录用权和管理权的规则。

我国的行政组织法有三项基本原则：一是民主集中制原则；二是中央与地方行政机关的职权划分，遵循在中央的统一领导下，充分发挥地方的主动性、积极性原则；三是行政机关的组织建设，实行精简的原则。

二、中央国家行政机关

中央行政机关，是指国务院和国务院所属各工作部门的总称。

（一）国务院

国务院即中央人民政府，它的法律性质是最高国家权力机关的执行机关，是我国最高行政机关。

国务院的组成人员是总理、副总理、国务委员、各部部长、各委员会主任、审计长、秘书长。

国务院的决策制度，是总理负责制，总理领导国务院的工作。国务院工作中的重大问题，须经国务院常务会议或者全体会议讨论决定。

（二）国务院行政机构

1. 国务院办公厅

国务院办公厅，是协助国务院领导处理国务院日常工作的机构。依据国务院组织法的规定，国务院设立办公厅，由国务院秘书长领导。

2. 国务院组成部门

国务院组成部门，包括各部、各委员会、人民银行和审计署。各部、各委员会、人民银行、审计署实行部长、主任、审计长、行长负责制。

3. 国务院直属机构

国务院直属机构，是国务院主管某项专门业务的行政机构，具有独立的行政管理职能。国务院直属机构包括：海关总署、国家税务总局、国家工商行政管理总局、国家质量监督检验检疫总局、国家新闻出版广电总局、国家体育总局、国家统计局、国家林业局、国家食品药品监督管理局、国家安全生产监督管理总局、国家知识产权局、国家旅游局、国家宗教事务局、国务院参事室、国家机关事务管理局。国家预防腐败局列入国务院直属机构序列，在监察部加挂牌子。国家新闻出版广电总局加挂国家版权局的牌子。

4. 国务院办事机构

国务院办事机构，是协助国务院总理办理专门事项的行政机构，不具有独立的行政管理职能。如国务院侨务办公室、国务院法制办公室、国务院港澳事务办公室、国务院研究室等，原则上属于内部机构，没有制定部门规章的权力。

三、地方国家行政机关

（一）地方国家行政机关

地方国家行政机关，是指在一定行政区域内由该行政区人民代表机关产生的人民政府及其工作部门，管理地方各级所辖范围内的行政事务。

我国地方国家行政机关分为省（自治区、直辖市）、市（自治州、直辖市的区）、县、乡（镇、民族乡）四级。

地方国家行政机关的地位具有双重性：一方面，它是地方国家权力机关的执行机关；另一方面，它是国务院统一领导下的国家行政机关。地方各级人民政府在管辖的地域范围内，依照宪法和有关法律规定的权限，管理本行政区域内的各项行政事务，并依法对自己行为所产生的法律后果承担责任。

地方国家行政机关的法定行政职权主要是：制定地方规章权或发布决定、命令权；本区域内行政事务的管理权；领导和监督本级政府的职能部门和下级人民政府行政工作权。

（二）地方国家行政机关的组成

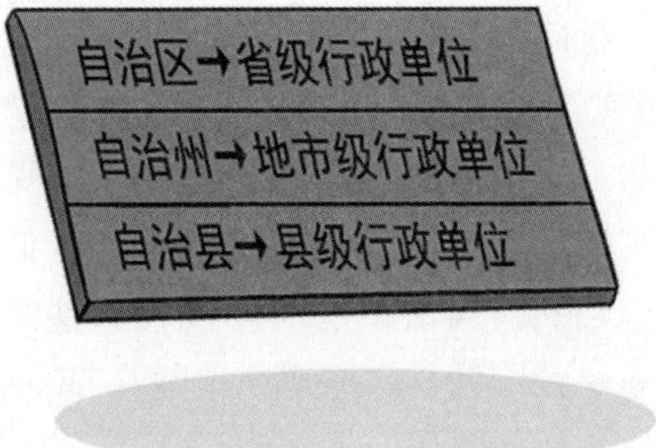

省、自治区、直辖市、自治州、设区的市的人民政府分别由省长、副省长，自治区主席、副主席，市长、副市长，州长、副州长和秘书长、厅长、局长、委员会主任等组成。县、自治县、不设区的市、市辖区的人民政府分别由县长、副县长，市长、副市长，区长、副区长和局长、科长等组成。

县级以上普通地方人民政府的工作部门主要有：科学、体育、计划生育、财政、公安、民政、司法、监察、文化、卫生、工作、农业、林业、交通、外贸、教育、等委员会、厅、局（科）。各地方政府根据本地区行政管理的实际需要，按照有关程序设立其他必要的行政机构。

（三）地方行政机关的派出机关和派出机构

派出机关是由有权地方人民政府在一定行政区域内设立，代表设立机关管理该行政区域内各项行政事务的行政机构。派出机关有三类：

一是省、自治区人民政府设立的行政公署。设立的主要条件是“在必要的时候”和“经国务院批准”。

二是县、自治县的人民政府设立的区公所，设立的主要条件是“在必要的时候”和“经省、自治区、直辖市的人民政府批准”。

三是市辖区、不设区的市的人民政府设立的街道办事处，设立的主要条件是“经上一级人民政府批准”。

派出机构是由有权地方人民政府的职能部门在一定行政区域内设立，代表该设立机构管理该行政区域内某一方面行政事务的行政机构。派出机构主要是根据部门行政法的规定设立并赋予行政职权。部门行政法根据有关行政领域的具体情况对派出机构的设置和职权作出规定。

四、具有行政职权的其他组织

（一）法律、法规授权的组织

1. 被授权组织的概念

法律、法规授权的组织是指依具体法律、法规授权而行使特定行政职能的非国家机关组织。包括：事业组织、社会团体、基层群众性自治组织、企业组织。

2. 被授权组织的法律地位

被授权组织的法律地位是：（1）在行使法律法规所授职权时，享有与行政机关相同的行政主体地位；（2）以自己的名义行使法律法规所授职权，并由其本身就行使职权的行为对外承担法律责任；（3）被授权组织在执行其本身的职能时，不享有行政职权，不具有行政主体的地位。

（二）行政机关委托的组织

行政机关委托的组织，是指受行政机关委托，行使一定行政职能的非国家机关的组织。被授权组织的范围通常与行政机关委托行使行政职权的组织的范围相同。当法律、法规授权这些组织行使行政职权时，它们即为被授权组织；当法律、法规未授权，而是行政机关委托它们行使一定行政职权时，它们即为被委托的组织。

第三节　行政许可

一、行政许可的概述

行政许可，是指在法律一般禁止的情况下，行政主体根据行政相对方的申请，经依法审查，通过颁发许可证、执照等形式，赋予或确认行政相对方从事某种活动的法律资格或法律权利的行政行为。

行政许可的原则有合法性原则、公开公平公正原则、便民原则、救济原则、信赖保护原则、行政许可一般不得转让原则、监督原则等。

二、行政许可的范围

行政许可的范围，根据行政许可法第十二条规定："下列事项可以设定行政许可：（一）直接涉及国家安全、公共安全、经济宏观调控、生态环境保护以及直接关系人身健康、生命财产安全等特定活动，需要按照法定条件予以批准的事项；（二）有限自然资源开发利用、公共资源配置以及直接关系公共利益的特定行业的市场准入等，需要赋予特定权利的事项；（三）提供公众服务并且直接关系公共利益的职业、行业，需要确定具备特殊信誉、特殊条件或者特殊技能等资格、资质的事项；（四）直接关系公共安全、人身健康、生命财产安全的重要设备、设施产品、物品，需要按照技术标准、技术规范，通过检验、检测、检疫等方式进行审定的事项；（五）企业或者其他组织的设立等，需要确定主体资格的事项；（六）法律、行政法规规定可以设定行政许可的其他事项。”

可以设定行政许可的事项的例外，根据行政许可法第十三条规定：“本法第十二条所列事项，通过下列方式能够予以规范的，可以不设行政许可：（一）公民、法人或者其他组织能够自主决定的；（二）市场竞争机制能够有效调节的；（三）行业组织或者中介机构能够自律管理的；（四）行政机关采用事后监督等其他行政管理方式能够解决的。”

以案释法㉘

行政许可不得随意设定

【案情介绍】2008年9月1日，河南省漯河市某镇下发《关于加强秋季秸秆禁烧工作的紧急通知》的文件，明确规定收割玉米的农户要先办理“砍伐证”“准运证”，每亩玉米缴费500元后，才能收割，否则将“给予严重处罚直至追究刑事责任”。绝大多数农户未办“两证”，致使数万亩成熟玉米无法收割，村民们心急如焚。此事经媒体曝光后，9月18日上午，该镇所在区委常委会作出决定，因违规发放“玉米秸秆砍伐证”，该镇党委书记和镇长按相关程序免职。

【以案释法】行政许可法第十七条规定，省级人民政府以下的行政机关或者其内部机构不能通过发文件的方式设定行政许可。显然，该镇根本没有设定行政许可的权限，无权发文规定砍伐秸秆要办手续并缴纳费用。

三、行政许可的种类

从行政许可的性质、功能和适用条件的角度来说，大体可以划分为五类：普通许可、特许、认可、核准、登记。

（一）普通许可

普通许可是准许符合法定条件的相对人行使某种权利的行为。凡是直接关系国家安全、公共安全的活动，基于高度社会信用的行业的市场准入和法定经营活动，直接关系到人身健康、生命财产安全的产品、物品的生产及销售活动，都适用于普通许可，如游行示威的许可，烟花爆竹的生产与销售的许可等。

（二）特许

特许是行政机关代表国家向被许可人授予某种权利或者对有限资源进行有效配置的管理方式。它主要适用于有限自然资源的开发利用、有限公共资源的配置、直接关系公共利益的垄断性企业的市场准入，如出租车经营许可、排污许可等。

（三）认可

认可是对相对人是否具有某种资格、资质的认定，通常采取向取得资格的人员颁发资格、资质证书的方式，如会计师、医师的资质。

（四）核准

核准是行政机关按照技术标准、经济技术规范，对申请人是否具备特定标准、规范的判断和确定。主要适用于直接关系公共安全、人身健康、生命财产安全的重要设备、设施的设计、建造、安装和使用，以及直接关系人身健康、生命财产安全的特定产品、物品的检验、检疫，如电梯安装的核准、食用油的检验。

（五）登记

登记是行政机关对个人、企业是否具有特定民事权利能力和行为能力的主体资格和特定身份的确定，如工商企业注册登记、房地产所有权登记等。

四、行政许可的实施

（一）实施主体

行政许可实施主体是指行使行政许可权并承担相应责任的行政机关和法律、法规授权的具有管理公共事务职能的组织。行政许可的实施主体主要有三种：法定的行政机关、被授权的具有管理公共事务职能的组织、被委托的行政机关。

（二）实施程序

1. 申请与受理

公民、法人或者其他组织向行政机关提出申请，应如实提交有关材料和反映真实情况，并对其申请材料实质内容的真实性负责。行政机关对申请人提出的行政许可申请应当根据不同情况分别作出受理或不受理的处理决定。

2. 审查与决定

行政机关对申请人提交申请材料进行审查。材料齐全、符合法定形式，行政机关能够当场作出决定的，应当当场作出书面的行政许可决定；不能当场作出行政许可决定的，应当在法定期限内按照规定程序作出行政许可决定。

3. 听证

法律、法规、规章规定实施行政许可应当听证的事项，或者行政机关认为需要听证的其他涉及公共利益的重大行政许可事项，行政机关应当向社会公告，并举行听证。

4. 变更与延续

行政机关不得擅自改变已经生效的行政许可。行政许可决定所依据的法律、法规、规章修改或者废止，或者准予行政许可所依据的客观情况发生重大变化，行政机关为了公共利益的需要，可以依法变更或者撤回已经生效的行政许可，但应当对由此给公民、法人或者其他组织造成的财产损失依法给予补偿。

被许可人要求变更行政许可事项的，应当向作出行政许可决定的行政机关提出申请；符合法定条件、标准的，行政机关应当依法办理变更手续。需要延续依法取得的行政许可的有效期的，应当在该行政许可有效期届满三十日前向作出行政许可决定的行政机关提出申请。法律、法规、规章另有规定的，依照其规定。行政机关应当根据被许可人的申请，在该行政许可有效期届满前作出是否准予延续的决定；逾期未作决定的，视为准予延续。

第四节　行政处罚

一、行政处罚的概述

行政处罚是指具有行政处罚权的行政主体为维护公共利益和社会秩序，保护公民、法人或其他组织的合法权益，依法对行政相对人违反行政法律规范而尚未构成犯罪的行政行为所实施的法律制裁。

行政处罚的原则包括法定原则、公正公开原则、处罚与违法行为相适应原则、处罚与教育相结合的原则等。

二、行政处罚的种类

行政处罚的种类，主要是指行政处罚机关对违法行为的具体惩戒制裁手段。我国的行政处罚可以分为以下几种：

（一）人身罚

人身罚也称自由罚，是指特定行政主体限制和剥夺违法行为人的人身自由的行政处罚。这是最严厉的行政处罚。人身罚主要是指行政拘留。

行政拘留，也称治安拘留，是特定的行政主体依法对违反行政法律规范的公民，在短期内剥夺或限制其人身自由的行政处罚。

（二）行为罚

行为罚又称能力罚，是指行政主体限制或剥夺违法行为人特定的行为能力的制裁形式。它是仅次于人身罚的一种较为严厉的行政处罚措施。

1. 责令停产停业

这是行政主体对从事生产经营者实施的违法行为所给予的行政处罚措施。它直接剥夺生产经营者进行生产经营活动的权利，只适用于违法行为严重的行政相对人。

2. 暂扣或者吊销许可证和营业执照

这是指行政主体依法收回或暂时扣留违法者已经获得的从事某种活动的权利或资格的证书，目的在于取消或暂时中止被处罚人的一定资格、剥夺或限制某种特许的权利。

（三）财产罚

财产罚是指行政主体依法对违法行为人给予的剥夺财产权的处罚形式。它是运用最广泛的一种行政处罚。

1. 罚款

这是指行政主体强制违法者承担一定金钱给付义务，要求违法者在一定期限内交纳一定数量货币的处罚。

2. 没收财物

没收财物具体包括没收违法所得和没收非法财物。没收违法所得，指行政主体依法没收违法行为人的部分或全部违法所得。没收非法财物，属于将违禁品或实施违法行为的工具收归国有的处罚方式。

（四）申诫罚

申诫罚又称精神罚、声誉罚，是指行政主体对违反行政法律规范的公民、法人或其他组织的谴责和警戒。它是对违法者的名誉、荣誉、信誉或精神上的利益造成一定损害的处罚方式。

三、行政处罚的实施

（一）行政处罚的实施机关

国务院或者经国务院授权的省、自治区、直辖市人民政府可以决定一个行政机关行使有关行政机关的行政处罚权，但限制人身自由的行政处罚权只能由公安机关行使。

法律、法规授权的具有管理公共事务职能的组织可以在法定授权范围内实施行政处罚。

行政机关依照法律、法规或者规章的规定，可以在其法定权限内委托符合法定条件的组织实施行政处罚。行政机关不得委托其他组织或者个人实施行政处罚。

（二）行政处罚的管辖和适用

行政处罚由违法行为发生地的县级以上地方人民政府具有行政处罚权的行政机

关管辖。法律、行政法规另有规定的除外。

行政机关实施行政处罚时，应当责令当事人改正或者限期改正违法行为。对当事人的同一个违法行为，不得给予两次以上罚款的行政处罚。

（三）行政处罚的程序

1. 简易程序

行政处罚的简易程序又称当场处罚程序，指行政处罚主体对于事实清楚、情节简单、后果轻微的行政违法行为，当场作出行政处罚决定的程序。

适用简易程序的行政处罚必须符合以下条件：（1）违法事实确凿；（2）对该违法行为处以行政处罚有明确、具体的法定依据；（3）处罚较为轻微，即对个人处以50元以下的罚款或者警告，对法人或者组织处以1000元以下的罚款或者警告。

2. 一般程序

一般程序是行政机关进行行政处罚的基本程序。一般程序适用于处罚较重或情节复杂的案件以及当事人对执法人员给予当场处罚的事实认定有分歧而无法作出行政处罚决定的案件。

根据行政处罚法的规定，行政机关作出责令停产停业、吊销许可证或者执照、较大数额罚款等行政处罚决定之前，应当告知当事人有要求举行听证的权利。当事人要求听证的，行政机关应当组织听证。

（四）行政处罚的执行

行政处罚决定一旦作出，就具有法律效力，处罚决定中所确定的义务必须得到履行。

处罚执行程序有三项重要内容：

第一，实行处罚机关与收缴罚款机构相分离。行政处罚决定作出后，除数额在20元以下、事后难以执行或者交通偏远的以外，作出罚款决定的行政机关及其工作人员不能自行收缴罚款，由当事人15日内到指定的银行缴纳罚款，银行将收缴的罚款直接上缴国库。

第二，严格实行收支两条线，罚款必须全部上交财政。行政机关实施罚款、没收非法所得等处罚所收缴的款项，必须全部上交国库，财政部门不得以任何形式向作出行政处罚的机关返还这些款项的全部或部分。

第三，行政处罚的强制执行。行政处罚决定作出之后，当事人应当在法定期限内自觉履行义务，如果当事人没有正当理由逾期不履行，则可能导致被强制执行。

第五节　行政强制

一、行政强制的概述

2011年6月30日，十一届全国人大常委会二十一次会议表决通过了行政强制法，自2012年1月1日起施行。该法规范的行政强制包括两个类型：一类是行政强制措施；一类是行政强制执行。

行政强制的原则包括：法定原则、适当原则、教育与强制相结合原则、权力不得滥用原则、相对人有权要求赔偿原则等。

二、行政强制措施

（一）行政强制措施的概念

行政强制措施，是指行政机关在行政管理过程中，为制止违法行为、防止证据损毁、避免危害发生、控制危险扩大等情形，依法对公民的人身自由实施暂时性限制，或者对公民、法人或者其他组织的财物实施暂时性控制的行为。

（二）行政强制措施的种类和设定

1. 行政强制措施的种类

行政强制措施的种类包括：限制公民人身自由；查封场所、设施或者财物；扣押财物；冻结存款、汇款；其他行政强制措施。

2. 设定

（1）行政强制措施由法律设定。

（2）尚未制定法律，且属于国务院行政管理职权事项的，行政法规可以设定除限制公民人身自由、冻结存款汇款和应当由法律规定的行政强制措施以外的其他行政强制措施。

（3）尚未制定法律、行政法规，且属于地方性事务的，地方性法规可以设定查封场所、设施或者财物，扣押财物的行政强制措施。

法律、法规以外的其他规范性文件不得设定行政强制措施。

（三）实施行政强制措施的基本规则

一是实施行政强制措施的主体为法律、法规规定的行政机关；二是行政强制措施由行政机关在法定职权范围内实施，行政强制措施权不得委托；三是行政强制措施由行政机关具备资格的行政执法人员实施，其他人员不得实施；四是违法行为情节显著轻微或者没有明显社会危害的，可以不采取行政强制措施。

三、行政强制执行

（一）行政强制执行的概念

行政强制执行，是指行政机关或者行政机关申请人民法院，对不履行行政决定的公民、法人或者其他组织，依法强制履行义务的行为。

（二）行政强制执行的方式和设定

1. 方式

行政强制执行的方式包括：加处罚款或者滞纳金；划拨存款、汇款；拍卖或者依法处理查封、扣押的场所、设施或者财物；排除妨碍、恢复原状；代履行；其他强制执行方式。

2. 设定

（1）行政强制执行由法律设定。

（2）起草法律草案、法规草案，拟设定行政强制的，起草单位应当采取听证会、论证会等形式听取意见，并向制定机关说明设定该行政强制的必要性、可能产生的影响以及听取和采纳意见的情况。

（3）行政强制的设定机关应当定期对其设定的行政强制进行评价，并对不适当的行政强制及时予以修改或者废止。

（三）行政强制执行的基本程序

行政强制执行程序分为行政机关强制执行和申请人民法院强制执行两种。法律没有规定行政机关强制执行的，由作出行政决定的行政机关申请人民法院强制执行。

1. 行政机关强制执行

行政机关依法作出行政决定后，当事人在行政机关决定的期限内不履行义务的，具有行政强制执行权的行政机关可以依法强制执行。

（1）行政机关作出强制执行决定前，应当事先催告当事人履行义务。催告应该以书面方式作出。

（2）当事人收到催告书后有权进行陈述和申辩。行政机关应当充分听取当事人的意见，对当事人提出的事实、理由和证据，应当进行记录、复核。当事人提出的事实、理由或者证据成立的，行政机关应当采纳。

（3）经催告，当事人逾期仍不履行行政决定，且无正当理由的，行政机关可以作出强制执行决定。在催告期间，对有证据证明有转移或者隐匿财物迹象的，行政机关可以作出立即强制执行决定。

（4）在执行中或者执行完毕后，据以执行的行政决定被撤销、变更，或者执行错误的，应当恢复原状或者退还财物；不能恢复原状或者退还财物的，依法给予赔偿。

（5）实施行政强制执行，行政机关可以在不损害公共利益和他人合法权益的情况下，与当事人达成执行协议。执行协议应当履行。当事人不履行执行协议的，行政机关应当恢复强制执行。

2. 申请人民法院强制执行

当事人在法定期限内不申请行政复议或者提起行政诉讼，又不履行行政决定的，没有行政强制执行权的行政机关可以自期限届满之日起3个月内，依照行政强制的规定申请人民法院强制执行。

执行的程序如下：行政机关申请人民法院强制执行前，应当催告当事人履行义务；催告书送达10日后当事人仍未履行义务的，行政机关可以向有管辖权的人民法院申请强制执行；人民法院接到行政机关强制执行的申请，应当在5日内受理；人民法院对行政机关强制执行的申请进行书面审查，对材料齐全，且行政决定具备法定执行效力的，应当自受理之日起7日内作出执行裁定。

以案释法㉙

行政强制执行过程必须合法

【案情介绍】1999年3月9日，某区人民政府根据该区国土局的申请，作出裁定，要求赵某收到裁定书之日起15日内自行拆除原农村房屋。如不按期履行，政府将实施强制执行。赵某没有自行拆除。区政府于1999年3月24日发出强制拆除公告，决定于1999年3月29日实施强制拆除。在强制拆除过程中，区公证处到场对执法过程中从被拆除的房屋中搬移的物品进行清点、公证。由于赵某拒不接收被搬移出的物品，区政府在公证处清点登记后，将搬移物品另行存放，并通知赵某接收，赵某虽然签收了该通知，但一直未实际接收。2001年2月，另行存放的物品全部损失。事后，赵某因不服区政府强制拆除决定并认为强制拆除行为过程违法，损害了自己的财产而诉至法院，要求法院撤销区政府的行政决定书，并判令被告赔偿损失。本案经两审终审，法院认定区政府的行政决定书合法有效，予以维持，但区人民政府应承担对财产损失的赔偿。

【以案释法】本案中，虽然区政府作出行政强制执行的决定合法有效，但是其强制执行过程中却存在违法行为。在对房屋进行强制拆除时，区政府未对房屋内的财物进行有效保护，且在运转和存放时，其提供保管财物的地点未设置安全措施，致使财物丢失和损坏。因此，法院确认区政府强制拆除和运转、保管财物的事实行为违法，并判令其承担赔偿责任。

第六节　行政监察

一、行政监察的概述

行政监察是国家行政机构内专门行使监督职权的机关，依法对国家行政机关及其公务员和国家机关任命的其他人员，行使行政权力的行为进行的监督和检查。

行政监察的原则包括：监察独立原则、实事求是原则、教育与惩处相结合原则、依靠群众原则。

二、行政监察机关和监察对象

（一）监察机关

国务院监察机关主管全国的监察工作；县级以上地方各级人民政府监察机关负责本行政区域内的监察工作；县级以上各级人民政府监察机关根据工作需要，经本级人民政府批准，可以向政府所属部门派出监察机构或者监察人员。

（二）监察对象

国务院监察机关的监察对象包括：国务院各部门及其国家公务员；国务院及国务院各部门任命的其他人员；省、自治区、直辖市人民政府及其领导人员。

县级以上各级人民政府监察机关监察对象包括：本级人民政府各部门及其公务员；本级人民政府及本级人民政府各部门任命的其他人员；下一级人民政府及其领导人员。县、自治县、不设区的市、市辖区人民政府监察机关还对本辖区所属的乡、民族乡、镇人民政府的公务员以及乡、民族乡、镇人民政府任命的其他人员实施监察。

三、行政监察机关的职责

行政监察机关的职责包括：第一，检查国家行政机关在遵守和执行法律、法规和人民政府的决定、命令中的问题；第二，受理对国家行政机关及其公务员和国家行政机关任命的其他人员违反行政纪律行为的控告、检举；第三，调查处理国家行政机关及其公务员和国家行政机关任命的其他人员违反行政纪律的行为；第四，受理国家公务员和国家行政机关任命的其他人员不服主管行政机关给予处分决定的申诉，以及法律、行政法规规定的其他由监察机关受理的申诉；第五，法律、行政法规规定由监察机关履行的其他职责。

四、行政监察机关的权限

（一）检查权

对监察对象贯彻执行国家法律、法规和政策的情况，以及违反政纪的行为进行检查。

（二）调查权

对监察对象违反国家法律、法规和政策的行为，以及违反政纪的行为进行调查。

（三）建议权

监察机关可以对国家行政机关违反国家法律、法规和政策的行为，向有处理权的机关提出处理建议，可以对如何提高行政工作效能提出建议。对监察对象模范执行国家法律、法规、政策和遵守政纪的行为，对同监察对象的违法违纪行为进行坚决斗争，作出显著贡献的个人或单位，向有处理权的机关提出奖励的建议。

（四）行政处分权

在监察对象违反国家法律、法规、政策和违反政纪时，监察机关可给予警告、记过、记大过、降级、撤职、开除等行政处分。

五、监察程序

（一）检查程序

首先，对需要检查的事项予以立项，重要检查事项的立项，应当报本级人民政府和上一级监察机关备案；其次，制订检查方案并组织实施；再次，向本级人民政府或者上级监察机关提出检查情况报告；最后，根据检查结果，作出监察决定或者提出监察建议。

（二）调查处理程序

首先，对需要调查处理的事项进行初步审查。认为有违反行政纪律的事实，需要追究行政纪律责任的，予以立案；重要、复杂案件的立案，应当报本级人民政府和上一级监察机关备案。其次，组织实施调查，收集有关证据。再次，有证据证明违反行政纪律，需要给予行政处分或者作出其他处理的，进行审理。最后，作出监察决定或者提出监察建议。

第七节　行政复议

一、行政复议的概述

行政复议是行政系统内部的一种自我纠错机制，是指公民、法人或其他组织认为行政机关的行政行为侵犯其合法权益，按照法定的程序和条件向法定的行政机关提出复议申请，受理申请的行政机关对该行政行为进行复查，并作出复议决定的活动。

行政复议的一般原则主要有合法原则、公正原则、公开原则、及时原则、便民原则等，但最能体现行政复议特殊性的是有错必纠原则。有错必纠原则是指行政复议机关对被申请复议的行政行为进行全面的审查，不论是违法，还是不当，也不论申请人有否请求，只要有错误一概予以纠正，这是行政复议不同于行政诉讼的重要之处。

二、行政复议的范围

根据行政复议法第六条规定："有下列情形之一的，公民、法人或者其他组织可以依照本法申请行政复议：(一）对行政机关作出的警告、罚款、没收违法所得、没收非法财物、责令停产停业、暂扣或者吊销许可证、暂扣或者吊销执照、行政拘留等行政处罚决定不服的；(二）对行政机关作出的限制人身自由或者查封、扣押、冻结财产等行政强制措施决定不服的；(三）对行政机关作出的有关许可证、执照、资质证、资格证等证书变更、中止、撤销的决定不服的；(四）对行政机关作出的关于确认土地、矿藏、水流、森林、山岭、草原、荒地、滩涂、海域等自然资源的所有权或者使用权的决定不服的；(五）认为行政机关侵犯合法的经营自主权的（六）认为行政机关变更或者废止农业承包合同，侵犯其合法权益的；(七）认为行政机关违法集资、征收财物、摊派费用或者违法要求履行其他义务的；(八）认为符合法定条件，申请行政机关颁发许可证、执照、资质证、资格证等证书，或者申请行政机关审批、登记有关事项，行政机关没有依法办理的；(九）申请行政机关履行保护人身权利、财产权利、受教育权利的法定职责，行政机关没有依法履行的；(十）申请行政机关依法发放抚恤金、社会保险金或者最低生活保障费，行政机关没有依法发放的；(十一）认为行政机关的其他行政行为侵犯其合法权益的。"

根据行政复议法第七条规定："公民、法人或者其他组织认为行政机关的行政行为所依据的下列规定不合法，在对行政行为申请行政复议时，可以一并向行政复议机关提出对该规定的审查申请：(一）国务院部门的规定；(二）县级以上地方各级人民政府及其工作部门的规定；(三）乡、镇人民政府的规定。前款所列规定不含国务院部、委员会规章和地方人民政府规章。规章的审查依照法律、行政法规办理。"

以案释法 30

申请行政复议的事项必须属于行政复议受案范围

【案情介绍】某水电站系1991年6月成立、登记为集体性质的镇办企业。2010年7月，县国资局作出《对水电站资产产权界定的批复》，认定其资产为国有资产。水电站不服，向法院提起诉讼，经终审判决确认水电站资产为国有资产。

2012年9月，镇政府发布公告关闭水电站，由清算组接管其资产。水电站不服关闭清算决定，向县法院提起诉讼，称镇政府侵犯其企业经营自主权，请求撤销公告。县法院认为镇政府关闭水电站是以出资人身份作出的自主经营决定，不是行政机关履行管理职责行为，水电站请求事项不属于法院行政诉讼受案范围，裁定不予受理。水电站不服，提起上诉。上诉法院维持一审法院意见，认为水电站的资产于2010年已被界定为国有资产，并经法院生效判决确认，镇政府根据县政府《同意水电站关闭的批复》发布公告，对水电站予以关闭清算，是行使国有资产出资人权利、履行出资人职责的行为，不是行政机关行使行政职权、履行社会公共管理职能的行为，不属于行政诉讼法的调整范围，驳回上诉，维持原裁定。

【以案释法】本案有两个焦点，一是工商登记为集体所有的企业经济性质为什么最后认定为国有企业，二是行政机关履行国有企业出资人职责的行为能否列入行政诉讼受案范围。

关于第一个问题，根据《集体企业国有资产产权界定暂行办法》规定，全民所有制企业、事业单位、国家机关等全民单位以货币、实物和所有权属于国家的土地使用权、知识产权等独资创办的以集体所有制名义注册登记的企业，其资产所有权应界定为国有资产。因此对于“名”为集体而已通过产权界定程序确定“实”为国有的企业，应当根据资产性质视为国家出资的国有企业，适用企业国有资产法等国有资产监督管理法律、法规处理法律上的权利义务关系。此外，司法裁判的效力高于工商登记，工商登记对企业经济性质的记载不妨碍司法裁判，在司法裁判对企业经济性质作出认定后，可根据需要通过变更登记解决两者之间的冲突。工商登记的目的在于明确企业所有制形式，反映资产来源及产权归属，只有公示作用而并无实际确权或权利设定功能，因而将资产属于国有但工商登记为集体的企业视为国有企业体现了企业经济性质与产权归属的一致。所以，本案中企业经济性质应当根据实际产权归属确定，实至名归的认定才能正确处理相关企业法律上的权利义务关系。

关于第二个问题，行政机关履行出资人职责的行为不属于行政诉讼的受案范围。提起行政诉讼的行政行为，需同时具备三个基本要件：一是主体要件，即行政行为的主体应是行政主体；二是职权要件，即行政行为必须是属于履行社会公共事务管理职能的行为；三是行为要件，即必须要有具体的行政行为，包括作为或不作为。本案中，行政机关履行出资人职责的行为不具有履行行政管理职能的属性，行政机关履行出资人职责的行为不具有履行行政管理职能的属性，恰恰是作为国有资产出资人行使企业自主经营权的表现。

随着改革的深入推进，各级政府对国有企业管理引发的纷争是否属于行政诉讼受案范围，这类诉讼将会增多。这里，通常需要着重把握下列两类问题：

一是行政机关侵犯国有企业经营自主权的行为本身属于行政诉讼的受案范围。

行政诉讼法第十二条第七项规定，行政机关侵犯法律规定的经营自主权的行为属于行政诉讼的受案范围，本身没有排除不适用于国有企业。根据《最高人民法院关于当事人对行政机关作出的全民所有制工业企业分立的决定不服提起诉讼人民法院应作何种行政案件受理问题的复函》（法函〔1994〕34号）和《关于对因政府调整划转企业国有资产引起的纠纷是否受理问题的批复》（法复〔1996〕4号）的相关规定及内在的立法精神，行政机关对国有企业作出的分立、调整划转企业国有资产的行为属于侵犯法律规定的经营自主权的行为，当事人提起行政诉讼的，人民法院应予受理。《最高人民法院关于执行〈中华人民共和国行政诉讼法〉若干问题的解释》第十七条列举了部分典型的侵犯企业经营自主权的行为，如行政机关注销、撤销、合并、强令兼并、出售、分立企业或者改变企业隶属关系。实践中行政机关侵犯企业经营自主权的情形要宽泛、复杂得多。具体而言，主要包括以下几个方面的权利：第一，企业财产权，即企业对其管理的资产享有的占有、使用和收益的权利；第二，人事管理权，包括选择管理者及其对职工依法进行劳动管理的权利；第三，经营决策权，包括企业设立、分立、合并、投资、出售、关闭、解散以及改变经营体制等重大事项的决策权和企业管理、经营活动中具体事务的决定权等。一旦行政机关作出的行政行为对国有企业上述权利的自主行使带来干扰、形成障碍，应当认定为侵犯国有企业经营自主权的行为。

二是对行政机关履行出资人职责行为的界定。行政机关对国有企业履行出资人职责的行为，可从三个方面的构成要件上进行认定。第一，主体的特定性。根据《企业国有资产法》《企业国有资产监督管理暂行条例》等相关规定，履行出资人职责的主体只能是国务院、地方人民政府、国务院国有资产监督管理机构以及地方人民政府按规定设立的国有资产监督管理机构，以及国务院和地方人民政府根据需要授权的其他部门、机构。第二，范围的特定性。有关行政机关对国家出资企业作出行为的事项必须符合法律、行政法规等规定的履行出资人职责范围内的事项，如制定公司章程，享有资产收益、承担相应责任，参与重大决策和选择管理者等。否则，该行为不能认定为履行出资人职责的行为。第三，国有资产主管的特定性。具有履行出资人职责的行政机关必须对有关企业国有资产享有主管权限，其行为方可认定为履行出资人职责的行为。

三、行政复议的机关

对县级以上地方各级人民政府工作部门的行政行为不服的，由申请人选择，可以向该部门的本级人民政府申请行政复议，也可以向上一级主管部门申请行政复议。对海关、金融、国税、外汇管理等实行垂直领导的行政机关和国家安全机关的行政行为不服的，向上一级主管部门申请行政复议。

对地方各级人民政府的行政行为不服的，向上一级地方人民政府申请行政复议。对省、自治区人民政府依法设立的派出机关所属的县级地方人民政府的行政行为不服的，向该派出机关申请行政复议。

对国务院部门或者省、自治区、直辖市人民政府的行政行为不服的，向作出该行政行为的国务院部门或者省、自治区、直辖市人民政府申请行政复议。对行政复议决定不服的，可以向人民法院提起行政诉讼；也可以向国务院申请裁决，国务院依照本法的规定作出最终裁决。

四、行政复议的程序

（一）申请

1. 申请时效

申请人申请行政复议，应当在知道被申请人行政行为作出之日起六十日内提出，法律另有规定的除外。

2. 申请条件

申请条件包括：申请人是认为行政行为侵犯其合法权益的相对人；有明确的被申请人；有具体的复议请求和事实根据；属于依法可申请行政复议的范围；相应行政复议申请属于受理行政复议机关管辖；符合法律法规规定的其他条件。

（二）受理

行政复议机关收到行政复议申请后，应当在五日内进行审查，对不符合行政复议法规定的行政复议申请，决定不予受理，并书面告知申请人；对符合行政复议法规定，但是不属于本机关受理的行政复议申请，应当告知申请人向有关行政复议机关提出。除上述规定外，行政复议申请自行政复议负责法制工作的机构收到之日起即为受理。

（三）审理

1. 审理方式

行政复议实行书面审查的办法，但申请人提出要求或复议机关认为有必要时，可以向有关组织和人员调查情况，听取申请人、被申请人和第三人的意见。实行书面审查为原则，口头审查为例外，主要是为了保障行政效率，是行政复议区别于行政诉讼的一个重要方面。

2. 举证责任

行政复议案件的审理中，实行被申请人对行政行为负担举证责任的举证规则。

3. 查阅材料

行政复议法规定了查阅被申请人提供资料的制度，享有资料查阅权的主体是申请人和第三人；资料查阅的内容，是被申请人提出的书面答复和其他有关材料；查阅资料的例外，是涉及国家秘密、商业秘密或者个人隐私的材料。

4. 证据的收集

在复议过程中，被申请人不得自行向申请人和其他有关组织或个人收集证据，即行政复议中的证据限于行政行为作出以前收集到的证据。

5. 复议申请的撤回

在复议申请受理之后、行政复议决定作出之前，申请人基于某种考虑主动要求撤回复议申请的，经向行政复议机关说明理由，可以撤回。撤回行政复议申请的，行政复议终止。

（四）决定

1. 复议决定作出时限

行政复议机关应当自受理行政复议申请之日起六十日内作出行政复议决定；但是法律另有规定的除外。

2. 复议决定的种类

复议决定的种类包括：决定维持行政行为；决定撤销、变更或者确认原行政行为违法；决定被申请人在一定期限内履行法定职责；决定被申请人在一定期限内重新作出行政行为；决定赔偿；决定返还财产或者解除对财产的强制措施。

第八节 行政赔偿

一、行政赔偿的概念

行政赔偿是指行政机关及其工作人员在行使行政职权时，违法侵犯公民、法人和其他组织的合法权益造成损害的，国家依法向受害人赔偿的制度。

国家赔偿法规定，国家机关和国家机关工作人员行使职权侵犯公民、法人和其他组织的合法权益造成损害的，受害人有权依法取得国家赔偿的权利。

二、行政赔偿的范围

受害人对国家行政机关及其工作人员侵犯人身权及财产权的行为，有权要求赔偿。

（一）侵犯人身权的行为

行政机关及其工作人员在行使行政职权时有下列侵犯人身权情形之一的，受害人有取得赔偿的权利：违法拘留或者违法采取限制公民人身自由的行政强制措施的；非法拘禁或者以其他方法非法剥夺公民人身自由的；以殴打、虐待等行为或者唆使、放纵他人以殴打、虐待等行为造成公民身体伤害或者死亡的；违法使用武器、警械造成公民身体伤害或者死亡的；造成公民身体伤害或者死亡的其他违法行为。

（二）侵犯财产权的行为

行政机关及其工作人员在行使行政职权时有下列侵犯财产权情形之一的，受害人有取得赔偿的权利：违法实施罚款、吊销许可证和执照、责令停产停业、没收财物等行政处罚的；违法对财产采取查封、扣押、冻结等行政强制措施的；违法征收、征用财产的；造成财产损害的其他违法行为。

（三）不承担赔偿责任的情形

属于下列情形之一的，国家不承担赔偿责任：行政机关工作人员与行使职权无关的个人行为；因公民、法人和其他组织自己的行为致使损害发生的；法律规定的其他情形。

以案释法 31

公务行为造成伤害，行政机关承担赔偿责任

【案情介绍】张某用自行车驮着两筐白菜到农贸市场出售。张某没有前往指定摊位，而是在存放自行车处叫卖。工商管理员王某以张某未在指定摊位出售为由，将张某的秤杆和秤砣拿走。张某赶往工商管理局市场办公室索要秤杆和秤砣，与王某发生争执，并与王某及其同事厮打。张某全身多处受伤，事后不得不住院治疗，共花去医药费千余元。张某出院后，要求工商管理局赔偿损失。县工商管理局审查后认为，王某和其他几位肇事者的伤害行为与工商管理局无关，属个人行为，对张某的赔偿请求不予受理。张某不服，遂向县人民法院提起诉讼，请求行政赔偿。县人民法院最后认定该案属于行政赔偿案件，判决工商管理局向张某赔偿医疗费、误工补贴费共计3500元。

【以案释法】本案中，王某属于市场管理人员，其对张某的处罚行为显然是行使职权的公务行为，而王某等人与张某的厮打，也是因为处罚行为而起。因而王某等人对张某造成伤害也应认定为公务行为，工商管理局应对此承担赔偿责任。

三、行政赔偿请求人和义务机关

（一）赔偿请求人

行政赔偿请求人包括受害的公民、法人或者其他组织。受害的公民死亡，其继承人和其他有扶养关系的亲属有权要求赔偿。受害的法人或者其他组织终止，承受其权利的法人或者其他组织有权要求赔偿。

（二）行政赔偿义务机关

其一，行政机关及其工作人员行使行政职权侵犯公民、法人和其他组织的合法权益造成损害的，该行政机关为赔偿义务机关。

其二，两个以上行政机关共同行使行政职权时侵犯公民、法人和其他组织的合法权益造成损害的，共同行使行政职权的行政机关为共同赔偿义务机关。

其三，法律、法规授权的组织在行使授予的行政权力时侵犯公民、法人和其他组织的合法权益造成损害的，被授权的组织为赔偿义务机关。

其四，受行政机关委托的组织或者个人在行使受委托的行政权力时侵犯公民、法人和其他组织的合法权益造成损害的，委托的行政机关为赔偿义务机关。

其五，赔偿义务机关被撤销的，继续行使其职权的行政机关为赔偿义务机关；没有继续行使其职权的行政机关的，撤销该赔偿义务机关的行政机关为赔偿义务机关。

四、行政赔偿的程序

赔偿请求人要求赔偿，应当先向赔偿义务机关提出，也可以在申请行政复议或者提起行政诉讼时一并提出。

（一）单独提出赔偿请求的程序

受害人单独提出赔偿请求的，应当首先向赔偿义务机关提出，赔偿义务机关应当自收到申请之日起两个月内，作出是否赔偿的决定。赔偿义务机关拒绝受理赔偿请求，或者在法定期限内不作出决定的，受害人可以提起行政诉讼。

（二）一并提出赔偿请求的程序

申请人在行政复议中一并提出赔偿请求的受理和审理适用行政复议程序。行政复议机关对符合国家赔偿法的有关规定应当给予赔偿的，在决定撤销、变更行政行为或者确认行政行为违法时，应当同时决定被申请人依法给予赔偿。

第九节　行政合同与政府采购

一、行政合同

（一）概念和种类

行政合同，是指行政主体为了实现行政管理目标，与相对人之间经过协商一致所达成的协议。

目前，我国的行政合同主要有以下几种：国有土地使用权出让合同、全民所有制工业企业承包合同、公用征收补偿合同、国家科研合同、农村土地承包合同、国家订购合同、公共工程承包合同、计划生育合同等。

（二）订立和效力

1. 行政合同的订立

行政合同原则上应当采用书面形式。行政合同的内容由当事人约定，但行政机关在合同内容中不得超越其权限，并符合法律授权的目的和其他要求。

行政合同的订立遵守要约、承诺规则，原则上应当依法采用招标或者其他竞争性方式。不采用竞争方式订立合同的，应当符合法律、法规、规章规定的条件。

2. 行政合同的效力

依法成立的行政合同自成立时生效。法律、行政法规规定应当办理批准、登记、备案等手续生效的，应当依照其规定。行政机关超越法定职权订立的行政合同应当无效；依据无效的具体行政决定订立的行政合同无效。

（三）履行

行政合同的履行需要遵循以下原则：

1. 实际履行原则

严格按照行政合同约定的标的履行，不能任意用其他标的来代替。

2. 本人亲自履行原则

合同签订后，相对人必须自己亲自履行合同，非经行政机关同意，不能随意更换他人或委托他人履行。

3. 全面、适当履行原则

当事人必须按照合同规定的内容全面适当履行合同，包括履行主体、标的、时间、地点、方式等，都必须按照合同的约定履行，不能任意变更。

4. 诚实信用原则

相对人不能只追求个人利益，损害公共利益；行政机关不能因其处于管理者的地位，随意变更和解除合同，损害相对人的利益，即使行政机关因公共利益的需要而变更或解除合同，也要尽量避免或减少可能对相对人所造成的损害。

二、政府采购

（一）概念和原则

政府采购是指各级国家机关、事业单位和团体组织，使用财政性资金采购依法制定的集中采购目录以内的或者采购限额标准以上的货物、工程和服务的行为。

政府采购的基本原则包括：公开透明原则、公平竞争原则、公正原则和诚实信用原则。

（二）当事人

1. 采购人

采购人是依法进行政府采购的国家机关、事业单位、团体组织。单位能否成为独立的采购人，不仅在于它们是国家机关、事业单位和团体组织，还取决于有关法律的规定，例如财政法上有关预算单位的规定。另外，企业不能成为独立采购人。

2. 采购代理机构

采购代理机构，是根据采购人委托办理采购事宜的代理机构。这样的机构主要有两类：一是人民政府设立的集中采购机构，性质上是非营利事业法人；二是政府部门认定资格的采购代理机构，性质上是社会中介组织或者企业。

3. 供应商

供应商是指向采购人提供货物、工程和服务的法人、其他组织或者自然人。政府采购法对供应商的基本资格条件提出了明确要求。

（三）采购方式

政府采购采用公开招标、邀请招标、竞争性谈判、单一来源采购、询价以及国务院政府采购监督管理部门认定的其他采购方式。公开招标应作为政府采购的主要采购方式。

（四）保护制度

政府采购法设置了两类保护制度：一个是保护供应商权利的质疑、投诉制度，一个是保护国家公共利益和第三人利益的监督检查制度。

1. 质疑、投诉

质疑，是供应商就权益遭受损害向采购人提出的法律质疑，采购人有义务作出答复。

投诉，是供应商因为不满质疑答复结果或者未能得到及时答复向政府采购监督管理部门提出的法律诉求。政府采购监督管理部门应当依法作出处理决定。供应商对有关投诉的行政决定不服或者逾期未作处理的，可以依法申请行政复议或者向人民法院提起行政诉讼。

2. 监督检查

监督检查，包括两部分：政府采购监督管理部门对采购人及其采购代理机构进行政府采购活动的行政监督检查；任何单位和个人对政府采购活动进行的监督，若发现违法行为可提出控告和检举。

以案释法 32

政府采购的优越性

【案情介绍】2004年3月18日，上海政府采购网采购论坛栏目刊登了一个成功的政府采购案例：上海市政府采购中心的采购人员在对一个“数据仓库系统”公开招标采购过程中，根据咨询专家的意见，邀请中标候选单位进行询标，并根据各单位的补充资料，与第一候选单位进行商谈和确认。该候选单位详细介绍了该方案核心技术的现状及发展趋势，提出了非常有价值的意见，认为原标书中的某开发平台可以不用购买，同样可以满足需求，实现系统预定功能，并提供了相关资料。使用单位在充分考虑技术先进性、可维护性、可扩展性及现有软件后，决定接受这个意见。由此，节约资金90万元，采购项目节约率达56%。

【以案释法】在这个案例中，采购人员的高度责任感、咨询专家的专业精神、供应商的诚实信用、预算单位的虚心纳谏，四者构成了一个整体，从而使政府采购的优越性得到了充分的体现。

以案释法 33

行政不作为被判败诉

【案情介绍】2014年10月16日，李某向河南省某市国土资源局（以下简称市国土局）书面提出申请，请求该局依法查处其所在村的耕地被有关工程项目违法强行占用的行为，并向该局寄送了申请书。市国土局收到申请后，没有受理、立案、处理，也未告知李某。李某遂以市国土局不履行法定职责为由诉至法院，请求确认被告不履行法定职责的行政行为违法，并要求被告对土地违法行为进行查处。

该市某区人民法院一审认为，土地管理部门对上级交办、其他部门移送和群众举报的土地违法案件，应当受理。土地管理部门受理土地违法案件后，应当进行审查，凡符合立案条件的，应当及时立案查处；不符合立案条件的，应当告知交办、移送案件的单位或者举报人。本案原告李某向被告市国土局提出查处违法占地申请后，被告应当受理。被告既没有受理，也没有告知原告是否立案，故原告要求确认被告不履行法定职责违法，并限期履行法定职责的请求，有事实根据和法律依据，法院予以支持。遂判决：一、确认被告对原告要求查处违法占地申请未予受理的行为违法。二、限被告于本判决生效之日起按《国土资源行政处罚办法》的规定履行法定职责。

市国土局不服，提出上诉。该市中级人民法院二审认为，根据《国土资源行政处罚办法》规定，县级以上国土资源主管部门“应当依法立案查处，无正当理由未依法立案查处的”，应当承担相应责任。上诉人市国土局未及时将审查结果告知申请人，上诉人的行为未完全履行工作职责，违反了《国土资源行政处罚办法》相关规定。二审判决驳回上诉，维持原判。

【以案释法】及时处理群众举报、切实履行查处违法占地相关法定职责，回应群众关切、保障土地资源的合法利用是有关土地管理部门的应尽职责。土地资源稀缺、人多地少的现状决定了我国必须实行最严格的土地管理制度，但长期以来土地资源浪费严重，违法违规用地现象普遍，这其中既有土地管理保护不力的原因，也有人民群众难以有效参与保护的因素。公众参与是及时发现和纠正土地违法行为的重要渠道，也是确保落实最严格的土地管理制度的有效手段。依法受理并及时查处人民群众对违法用地行为的举报，是土地管理部门的权力更是义务。对于在处理土地违法案件中，发现违法案件不属于本部门管辖的，也应及时做好相应的案件移送工作。《国土资源行政处罚办法》明确规定，国土资源主管部门发现违法案件不属于本部门管辖的，应当移送有管辖权的国土资源主管部门或者其他部门。

以案释法㉞

行政机关对不属于本机关办理职责的事项应依法移送有关机关

【案情介绍】2013年12月27日，北京市某工商分局，接到钟某的申诉（举报）信，称其在通州某超市购买的“北大荒富硒米”不符合《预包装食品营养标签通则》的规定，属不符合食品安全标准的违法产品，要求工商分局责令超市退还其货款，进行赔偿，并依法作出行政处罚。同年12月30日，工商分局作出答复，称依据该局调查，钟某反映的食品安全问题目前不属于其职能范围。钟某于2014年1月8日向上级工商管理局提出复议申请，该机关于同年4月2日作出复议决定书，维持答复。钟某不服，以工商分局为被告提起行政诉讼，请求确认工商局处理举报案件程序违法并责令其履行移送职责。

人民法院一审认为，依据国务院食品安全办、国家工商总局、国家质检总局、国家食品药品监管总局的食安办〔2013〕13号《关于进一步做好机构改革期间食品和化妆品监管工作的通知》《北京市人民政府办公厅关于印发〈北京市食品药品监督管理局主要职责内设机构和人员编制规定〉的通知》等文件规定，目前北京市流通环节的食品安全监管职责由北京市食品药品监督管理局承担，故被告工商分局已无职责对流通环节的食品安全进行监管，且其在接到原告钟某举报时应能够确定该案件的主管机关。依照《工商行政管理机关行政处罚程序规定》规定，工商行政管理机关发现所查处的案件属于其他行政机关管辖的，应当依法移送其他有关机关。本案中当被告认为原告所举报事项不属其管辖时，应当移送至有关主管机关，故判决被告在十五个工作日内就原告举报事项履行移送职责，驳回原告其他诉讼请求。工商分局不服，提出上诉。北京市中级人民法院二审以相同理由判决驳回上诉、维持原判。

【以案释法】在我国，各行政机关的职责既有分工也有交叉，法定职责主要来源于法律、法规、规章和规范性文件，也有的来源于行政管理需要和行政惯例。有关食品生产、流通环节的监督管理职责由工商机关改由食品药品监督管理部门承担，但职责调整的初始阶段，人民群众未必都很清楚，工商机关发现群众对于食品安全问题的举报事项属于其他行政机关管辖的，应当移送相关主管机关，不能一推了之。积极移送也是一种法定职责。本案通过裁判方式进一步明确，行政机关对不属于本机关办理职责事项，如果按照有关规范性文件规定应移送有权机关办理的，应当及时移送。

思考题

1. 政府信息公开有什么重要意义？
2. 行政许可应遵循哪些原则？遵循哪些程序？
3. 简述行政处罚的类型和程序。
4. 行政合同的种类有哪些？
5. 简述行政复议的范围和程序。
6. 行政赔偿的范围有哪些？
7. 行政监察机关包括哪些？其职责是什么？

第十章　公务员依法行政常见违法问题

本　章　要　点

党的十一届三中全会以来，法治建设取得了巨大的成就，依法行政的观念也日益深入人心，依法行政的状况不断改善。行政执法逐步走向规范化、制度化，行政执法体制改革取得了显著成效。但现阶段的依法行政活动中还存在着诸多不足，表现在不同领域的不同方面，下面我们从理论与实践两个方面来分析与探讨。

第一节　行政程序违法

一、行政程序违法的概念及特征

行政程序违法指行政主体及公务员违反行政程序规则的行政行为。具有以下两个特征：程序违法既可以是作为违法，也可以是不作为违法；程序违法违反的是行政程序法，不是行政实体法。

二、行政程序违法的表现

（一）方式违法

1. 没有采取法定的方式

例如，法律要求进行调查与作出处罚的机构相分离，而调查和处罚决定由一个机构作出；规定应登记备案的工作没有登记备案；法律规定要求某种行政行为采取书面形式，而行政主体采取了口头形式等。

2. 采取了法律禁止的方式

诸如采用非法手段调查取证；违反了不单方接触制度，即行政主体在处理两个相对方具有互相排斥利益事项时，不单方接触。在实践中有时可能两人申请一个许可证，不能在一方不在场的情况下，与另一个申请人单方接触，听其陈述并接受其证据。

3. 采用了法定方式，却与法定的具体要求相违背

比较常见的如书面形式作出了某种行政行为，但未经签署、不盖章、没有序号、不标注日期及其他应当注明的内容。

（二）步骤违法

步骤违法具体表现如下：

第一，步骤欠缺。如省略了某些事先说明原因、通知与送达、事先审批或申请等步骤。

第二，步骤颠倒。如先施行行政强制后发出决定通知，先作出处罚决定后举行听证，等等。

第三，步骤增加。如某婚姻登记机关要求申请结婚登记人申报财产。

（三）期限违法

期限违法指行政主体及其公务员未在法定期限内完成行政行为。我国行政复议法第三十一条规定，行政复议机关应当受理申请之日起60日内作出行政复议决定，否则即为期限违法。期限违法从实体角度表现为不作为违法，即不履行法定职责行为。

以案释法 35

民警现场罚款，出租车司机不服

【案情介绍】宋某是一名出租车司机。2008年6月，宋某在本市长途汽车站内拉客时，被派出所民警发现，以扰乱公共场所秩序为由，当场处以200元罚款，而且该民警当场收缴了罚款。

【以案释法】治安管理处罚法规定，扰乱车站、港口、展览馆或者其他公共场所秩序的，处警告或者200元以下罚款；情节较重的，处5日以上10日以下拘留，可以并处500元以下罚款。但是，行政处罚法第三十三条规定，违法事实确凿并有法定依据，对公民处以50元以下、对法人或者其他组织处以1000元以下罚款或者警告的行政处罚的，可以当场作出行政处罚决定。故派出所民警对宋某当场作出的200元罚款决定违反法定程序。民警不应该当场收缴罚款。

以案释法 36

交警违规查询，司机丧命

【案情介绍】2003年5月10日夜，某交巡警大队的几名警员在中心大道执勤时，示意一辆货车停靠在行驶道上接受检查。货车司机孙某交完罚款走向自己的货车时，

发现一个摩托车驾驶员撞上自己货车，头部流血躺倒在地。调查后知悉，死者江某，31岁，当晚骑二轮摩托车行驶时，与临时停放的孙某的货车相撞。交巡警大队判定：鉴于孙某所驾车灯光装置不全、违章装载且未按规定停车，负本次交通事故的次要责任；江某未戴安全头盔、酒后无证驾车，负本次交通事故的主要责任。江某亲属不服，认为该次交通事故的发生是由交巡警大队违反国务院、公安部禁止在公路上乱设卡、乱罚款、乱收费的禁令，违规查车引起的。遂以原告身份起诉被告交巡警大队至法院，诉请确认被告行政行为违法，并要求国家赔偿。

【以案释法】本案中，交巡警大队的执勤民警在定点检查违章车辆时，没有指令违章车辆停靠在不影响交通安全的地段，亦未将巡逻车停在违章车辆后方予以警示，即对违章车辆予以处罚，该执法行为违反了公安部《交通民警道路执勤执法规则》第四条的规定，造成了江某在行车道上正常行驶撞在被查扣的违章车辆上死亡的后果。交警部门的行政行为程序不当，行为违法，造成后果严重，应作出相应赔偿。

第二节　适用法律错误和意思形成错误

一、适用法律错误

所谓适用法律错误，是指原审判决、裁定所依据的法律条文不正确。具体情形包括：

第一，应适用甲法却适用了乙法，如应适用药品管理法，却适用了商标法。

第二，应适用效力层级高的法律范围却适用了效力层级低的法律规范。

第三，应适用此条款，却适用了其他条款。

第四，应同时适用几部法律或法规的规定或者应同时适用几项法律条款，却只适用其中一部法律或法规规定或者某一项条款；或者应适用一项条款，却适用了几项不应适用的条款。

第五，适用了尚未生效的法律规范。

第六，适用了无权适用的法律规范。

第七，适用了已经被废止、撤销的法律法规及其条文。

第八，应适用特别法，却适用了一般法。

第九，规避应适用的法律条文。

第十，错误解释或理解法律规定。

第十一，法律的依据与事实不相符合，如对不具备法定条件的行为人准许其从事一定的活动。

以案释法37

法律适用错误导致执法主体错位

【案情介绍】某建材有限公司，是一家生产销售建筑装饰材料、五金交电和工艺美术品的股份制企业。该公司围墙失修需要推倒重建，后将围墙施工任务承包给自然人郭某。郭某曾经干过建筑施工，接手该工程后，从劳动力市场找来三名农民工开始施工。2008年9月15日，该建材有限公司拆除围墙时，围墙突然发生坍塌，两名农民工不幸被埋，后经抢救无效死亡。事故发生后，当地政府组织有关部门进行了事故调查。2008年10月21日，市局监察支队对建材有限公司下达了行政处罚决定书，认定违法事实是：未履行安全生产职责；将工程承包给无注册登记、无资质、不具备从事建筑工程条件的施工单位；未与施工方签订专门的安全生产协议，造成两人死亡的安全生产责任事故。依据《生产安全事故报告和调查处理条例》第三十七条第一项的规定，决定给予罚款人民币10万元的行政处罚。处罚决定作出后，建材有限公司提起诉讼，诉讼结果是行政处罚无效。

【以案释法】本案的关键是违法事实的法律依据。安全生产法第四十六条第一款规定："生产经营单位不得将生产经营项目、场所、设备发包或者出租给不具备安全生产条件或者相应资质的单位或者个人。"本案中围墙的拆除，既不属于生产经营项目，也不属于生产经营场所和设备。而建筑法第二十二条规定："建筑工程实行直接发包的，发包单位应当将建筑工程发包给具有相应资质条件的承包单位。"可见，将工程承包给无注册登记、无资质、不具备从事建筑工程条件的施工单位是违法行为，属于建筑法的调整范围，建设行政主管部门是实施行政处罚的主体。该行政处罚案件，依据建筑法中的相关规定给予了行政处罚，属于主体错位。该案是由于法律适用错误导致执法主体错位的典型案例。

二、意思形成错误

意思形成错误，是指行政主体及其公务员在主观意思及其能力方面不符合法律的规定或者存在欠缺而影响其真实意思，从而致使行政行为违法。具体分为两类：

（一）行政机关的意思形成错误

行政机关的意思形成不符合法定的要求，如应回避的人员仍参与作出行政决定，应由合议决定的行为却只由领导一人决定。如根据行政处罚法第三十八条规定，对情节复杂或者重大违法行为给予较重的行政处罚，行政机关的负责人应当集体讨论决定。

如果对情节复杂或者重大违法行为给予较重的行政处罚，不经过行政机关负责人集体讨论决定的，则属于意思形成不符合法定条件而违法，这种处罚决定应无效或者撤销。

（二）行政公务人员意思形成错误

行政公务人员意思形成错误，即指公务人员作出行政行为时欠缺正常的意思能力，或者因受到欺诈、胁迫或收受贿赂而影响行政行为的作出，或者行政行为的作出是基于错误的意思（如重大疏忽）判断。

以案释法 38

意思表示错误未主张撤销，意思表示有效

【案情介绍】2001年秋，甲承建某招待所一项工程期间，因资金不足，向乙借款10万元，由招待所作保证人。当时，甲与招待所之间的工程账目尚未结算，招待所原任所长在借据上注明“招待所以甲在招待所的工程款担保”，并盖了公章。借期届满，甲未还款，招待所新任所长以“后经多方结账发现，招待所担保时已不欠甲工程款”为由，拒绝向乙承担担保责任。乙遂起诉，要求招待所按连带责任保证承担还款义务。

【以案释法】本案从四点分析：

第一，招待所原任所长在签署担保意见时，误认为甲仍有较多工程款在招待所，并无欺诈乙的故意，故应认定为意思表示有部分错误，而不应认定为欺诈。

第二，招待所的担保意思表示，在其未以重大误解为由行使撤销权的情况下应属有效。

第三，招待所的意思表示可以解释为：自己为甲向乙借款作保证，但双方未约定保证方式，依照担保法第十九条的规定，当事人对保证方式没有约定或者约定不明确的，连带承担保证责任，即招待所应向乙偿还全部借款。当然，招待所承担保证责任后，有权向甲追偿。

第四，招待所由于未查清甲工程款余额情况而作出有瑕疵的担保意思表示，相

对人乙未核实并且按常理也不必核实甲工程款余额的详细情况，善意接受招待所的担保，对其产生了合理信赖，故乙的正当利益应受法律保护，招待所应为其过失造成正常担保的事实承担责任。

第三节　认定事实错误

一、法律事实的含义

法律事实是指能够引起法律关系产生、变更或消灭的各种事实的总称。法律事实与一般意义上的事实有重要区别，具体表现为：

第一，法律事实是一种规范性事实。它是法律规范社会的产物，没有法律就不会有法律事实。

第二，法律事实是一种能用证据证明的事实。这意味着法律事实不仅是客观事实，而且它还应是能用证据证明的客观事实。

第三，法律事实是一种具有法律意义的事实。如果事实没有对法律产生任何影响就不能称为法律事实。

二、法律事实的认定

审判案件必须以事实为依据，必须查清案件事实，并应当以“查明的客观事实”作为适用法律和作出裁判的根据。事实认定是整个案件处理的基础。

（一）事实认定的论证过程

法庭调查阶段是案件事实认定的主要论证场所。庭审中当事人之间的举证质证就是叙说事实真相、为法庭重构案件事实的过程，它帮助法官确定哪些证据应当予以采信，推进法官对案件事实的认定。

在不涉及证据规则的情况下，事实认定的论证过程虽更少书面化、格式化，却是不能被轻视或忽略的。

事实认定的论证过程与法律适用的论证过程的区别在于：事实认定的论证是在庭审中由双方当事人及其代理人与法官一起推进完成的，且并不要求在判决书中加以全面表述；而法律的适用虽然有当事人尤其是其代理人的建议，但其论证过程却主要是由法官在判决书中独立完成的，而且被要求以规范的形式予以准确表达。

（二）事实认定的方法

1. 证据采信

证据采信成为法官进行事实认定的主要方法和途径。

2. 交叉询问

交叉询问是最为有效的方式之一，因为它即时对证双方的陈述，当事人无法就不特定问题预先作好完全有利于自己的准备，从而使得某些没有证据证实或者从既有证据上无法体现出来的事实真相得以暴露。

3. 日常生活法则

相比于众所周知的事实及自然规律定理而言，日常生活法则推定更具方法意义，在缺乏相关证据、且因当事人保持缄默、以交叉询问无法查证某些案件事实的时候，日常生活法则的推定是颇为有效的。因为所有的法律规范都不应当违背生活常理。常识判断和推理具有相当的合理性。社会经验和审判经验是践行这种方法的基础。

（三）事实认定错误

事实认定错误包括下面三种情形：无中生有的事实或只是一种假想后果；未经调查取证或未获取充足证据的；认定事实的常见错误有对象认定错误、实施性质认定错误、事实真伪判断错误、事实情节认定错误等。

以案释法 39

被诉工伤认定遗漏“工”字，是认定事实不清还是瑕疵

【案情介绍】彭某是某鞋业有限公司车间主任，负责公司进出货及机修工作，在工作中对公司的任务有一定支配权限。2008年5月13日，彭某骑着公司的二轮摩托车到黄某处为其维修机器，而后又到加工点办事，吃完午饭后在前往黄某处为公司取货时发生车祸死亡。上述事实有黄某、吴某、陈某的证言证实。但是原告某鞋业有限公司诉称：“彭某因外出发生交通事故致死亡”，与《工伤保险条例》第十四条第（五）项规定的“因工外出期间”存在矛盾，适用法律错误。被告所作工伤认定事实不清，证据不足，请求撤销该工伤认定。

【以案释法】本案涉及以下两个争议焦点：

第一，被诉工伤认定遗漏“工”字，是认定事实不清，还是瑕疵？本案中，被告在行政执法程序中围绕彭某是否受原告指派外出到黄某加工点维修机械等事实展开调查，其亦是适用《工伤保险条例》第十四条第五项关于“因工外出期间，由于工作原因受到伤害”的规定作出被诉工伤认定。据上述事实，被告主张被诉工伤认定遗漏“工”字属于笔误的抗辩意见成立。本案被诉工伤认定不应因遗漏“工”字而被撤销。

第二，原告主张彭某因私外出，是否应当承担举证责任？劳动和社会保障部通过的《工伤认定办法》第十七条规定：“职工或者其直系亲属认为是工伤，用人单位不认为是工伤的，由该用人单位承担举证责任。用人单位拒不举证的，劳动保障行政部门可以根据受伤害职工提供的证据依法作出工伤认定结论。”本案中，原告主张彭某系私自外出而发生意外，与工作原因无关，但其在被告发出举证告知后乃至诉

讼过程中均未提供能证明彭某非工伤的相关证据材料。故原告否认彭某因工外出因工伤原因死亡的辩解，因无相关证据予以证实，均不被法院采纳。

第四节　行政滥用职权

一、行政滥用职权的概念及特征

行政滥用职权，是指行政主体及其公务员在法定的职权范围内出于不合法的动机而作出的违背法定目的的行政行为。它具有以下特征：

第一，行政滥用职权并没有超越法定权限，它发生在自由裁量权范围内。

第二，行政主体主观上出于不合法的动机，表现为不正当地行使权力。不合法动机包括不正当的动机和非法定的动机。

第三，行政主体的行为客观上背离了法定的目的、原则和要求。如果某一行为虽然出自不合法的动机，但客观上并未造成背离法定目的的结果，不构成滥用职权。

二、行政滥用职权的表现形态

（一）因受不正当动机和目的的支配，致使行为背离法定目的和利益

这种行为有两个构成要件：

第一，主观上存有不正当的动机和目的。如出于个人报复、偏见或为个人谋私利等。

第二，客观上其行为造成了背离法定目的的结果。如果行为人只存在不正当的动机和目的，但行为的结果恰好符合法定目的，便不构成行政滥用职权。

（二）因不合法考虑致使行为结果失去准确性

这种表现需具备两项条件：行为人有不合法考虑；行为的结果失去准确性，如处罚结果偏重或偏轻。

（三）独断专行和任意无常

如行政主体及其公务员在作出决定时，主观武断、蛮横无理、耍特权等。在事实和其他情况没有变化的情况下，朝令夕改、反复无常，同等情况不同对待，不同情况又相同对待等。造成行政相对人无法捉摸、无从预见。

（四）强人所难，违背客观规律

如行政主体要求行政相对人履行事实上根本无法履行的义务。

（五）故意迟延或者不作为

这是指行政主体及其公务员对于行政相对人的申请或法定的义务，未达到某种不正当目的，故意搪塞、拖延，或干脆置之不理，甚至使得行政相对人要求办理的事项超过时效不能再办理，或时过境迁，再办失去意义。

（六）不正当的步骤和方式

这是指在行政行为的步骤和方式属于可选择的条件下，行政主体及其公务员出于某种不正当的动机，采用了不适当的步骤和方式，致使行政相对人的合法权益遭受不应有的损害。

以案释法 40

国家机关工作人员滥用职权受惩

【案情介绍】2004年4月，被告原任A市市委书记、市长许某，违反国家有关文件规定作出错误指示，致使原某银行A市分行越权批准设立的A市发展信托投资公司未按规定撤销，却挂靠于A市国际信托投资公司，以该公司营业部名义继续从事金融活动，在被告人许某的支持和纵容下长期违规经营。截至2015年11月，资产损失及经营亏损达人民币11.97亿元。

公诉机关认为被告人许某身为国家机关工作人员，徇私舞弊，滥用职权，致使公共财产遭受重大损失，并造成恶劣社会影响，其行为已构成滥用职权罪，依法提起公诉。

【以案释法】本案中，被告人许某身为国家机关工作人员，在担任A市市委书记、市长期间，为徇私情而不正确履行职责，致使公共财产、国家和人民利益遭受特别重大损失，其行为已构成滥用职权罪，且犯罪情节特别严重。公诉机关指控的罪名成立，应依法惩处。

以案释法 41

国有公司人员滥用职权被控伏法

【案情介绍】某县人民检察院于2009年6月16日起诉指控，高某在任该县盐业局局长期间，超越职权，违反规定，让出纳员王某以个人名义将单位公款存入工商银行县支行。高某共挪用公款715707.02元用于赌博，致使公款625172元无法追回，给国家造成重大经济损失。依法对高某提起公诉，要求以滥用职权罪追究其刑事责任。

【以案释法】县盐业公司属全民所有制，是国有公司。被告人高某作为该公司的经理，属国有公司人员。被告人高某任公司经理期间，违反财务管理规定，将公司的公款让身为出纳员的王某以个人名义存入工商银行，脱离了指定的单位基本账户的监管。高某利用职务便利，先后挪用巨额公款，致使国家利益遭受重大损失，事实清楚，证据确实充分，其行为构成国有公司人员滥用职权罪。

第五节　超越法定权限

一、行政越权的概念及特征

行政越权是指行政机关及其公务人员超越法定的权力及其限度而作出了不属于自己行政职权范围的行政行为，或者非行政机关的组织及其人员在无法定授权或委托（或者超越授权或委托的范围）的情况下而越权行使行政（职）权的行为。它具有以下特征：

第一，行政越权以行政主体的行政权限为衡量标准。行政越权是指超越行政权限的行政行为。特定行政主体的行政权限的大小，直接关系到其行政行为是否构成越权。

第二，对行政越权的认定标准主要是客观标准，而不是以主观标准认定。即不论行为人的行政行为动机、目的是否正当合法，只要行为客观上超越了权限都构成行政越权。

二、行政越权的表现形式

（一）层级越权

层级越权，是指上下级行政机关之间的越权。

层级越权的形态分为两种：下级行政机关行使了上级行政机关的职权；上级行政机关行使了下级行政机关的职权。

（二）事务越权

事务越权，是指无行政隶属关系、管理职责范围不同的行政机关之间的越权。如吊销食品卫生许可证属于卫生部门的职权范围，而由工商行政机关做出此种行为，即属于越权。

（三）地域越权

地域越权，行政主体行使行政职权往往有一定的地域限制，如果超越了地域管辖范围，就构成了地域越权。

（四）时间越权

时间越权，指行政主体在一段时间内享有某项行政职权，而其在这段时间以外行使某项行政职权即构成越权。如有的机关在戒严期间享有特别处置权，在戒严期间结束后继续行使的行为。

（五）内容越权

内容越权，指行政主体行使职权超越了法定的期限、范围、程度。如随意延长法定的扣留期限、提高法定的处罚幅度、扩大收费对象等，也包括被授权或受委托的组织，超出授权或委托范围行使职权的行为。

以案释法42

工商越权查医院，被诉无效

【案情介绍】1996年5月9日，某市骨伤医院向卫生行政管理部门申请自配制剂，省卫生厅1996年12月26日批准向该医院核发制剂许可证，该许可证规定的制剂范围为大输液，许可证有效期限至1999年12月。2000年7月7日至2001年4月26日，国家药品监督管理局先后发出三个通知，将换发医疗机构制剂许可证时间延长至2001年12月31日。2001年7月23日，市工商局接到关于该骨伤医院大输液制剂有严重质量问题的电话举报后，随后在7月30日的“打假保健康红盾行动”中，对原告制剂室进行突击检查，当场扣押了制剂室的制剂许可证、自配制剂和其他设备，同时又在市区一些医疗机构查扣了该骨伤医院供应的制剂。市工商局所采取的查扣封存措施一直未办理没收、扣押或者解除手续。2001年8月16日，骨伤医院以市工商局行政行为超越职权，违反法定程序为由，向市法院提起行政诉讼，要求撤销扣押制剂许可证、制剂室药品和其他财物的行政行为。

【以案释法】依据药品管理法及其实施办法的规定，对于医疗单位制剂许可证和制剂的管理，属于药品监督管理部门的职责。被告到骨伤医院制剂室查扣制剂许可证、制剂药品和其他财物，属超越职权行为。被告扣押原告物品以后，一直未作任何处理，违反法定程序。被告的行政行为侵犯了原告的合法权益，应予撤销。

思考题

1. 什么是程序违法？有哪些表现？
2. 适用法律错误有哪些具体表现形式？
3. 简述滥用职权的表现形态。
4. 行政越权的表现形式有哪些？

第十一章　公务员廉政建设和常见职务犯罪预防

本 章 要 点

预防腐败是国家廉政体系的有机组成部分，广大公务员要以良知、忠诚、勤廉、奉献、公正、责任、信用等为基础要素，增强自身抗腐蚀、拒贿赂的力量，为预防腐败创造良好的文化环境。

职务犯罪是国家工作人员滥用权力、亵渎权力的表现，是严重的腐败形式。公务员应自觉提高个人修养，主动预防职务犯罪的发生。

第一节　公务员廉政建设

一、廉政建设概述

廉政，简单来讲就是廉洁从政、廉洁施政。反腐败和廉政建设关系国家发展全局、关系最广大人民根本利益、关系社会公平正义与和谐稳定。坚决惩治腐败和有效预防腐败，大力加强廉政建设，是中国共产党和中国政府的一贯主张。2010年12月29日，国务院新闻办发布《中国的反腐败和廉政建设》白皮书，这是中国首次发表关于反腐的白皮书。

二、新时期廉政建设的方针、任务及工作部署

新时期廉政建设的方针是标本兼治、综合治理、惩防并举、注重预防。主要任务是制定、建立、健全惩治和预防腐败体系这一反腐败国家战略，整体推进反腐败和廉政建设。

在工作部署上，强调要严肃查处违法违纪案件，认真解决涉及领导干部廉洁自律的突出问题，坚决纠正损害群众利益的不正之风，制定完善反腐败和廉政建设法规制度，扎实推进重点领域和关键环节的改革。

三、反腐败和廉政建设领导体制与工作机制

中国的反腐败和廉政建设领导体制与工作机制，是由中国的国体和政体决定的。在反腐败和廉政建设实践中，探索形成了党委统一领导、党政齐抓共管、纪委组织协调、部门各负其责、依靠群众支持和参与的具有中国特色的反腐败领导体制和工作机制。

四、反腐败和廉政建设的职能机构

中国反腐败和廉政建设的职能机构，主要有中国共产党纪律检查机关、国家司法机关、政府监察机关和审计机关以及国家预防腐败局。公安、金融等其他有关部门和机构，也在自身职责范围内依法承担反腐败和廉政建设的相关工作。

五、反腐败和廉政建设的途径和方法

（一）建立和完善反腐败和廉政建设法律法规制度体系

中国坚持依法治国基本方略，重视发挥法律法规制度的规范和保障作用，不断推进反腐败和廉政建设法治化、规范化。以宪法为依据，制定了一系列反腐倡廉法律法规；以《中国共产党章程》为依据，制定了一系列中国共产党党内制度规定，逐步形成内容科学、程序严密、配套完备、有效管用的反腐败和廉政建设法律法规制度体系。

（二）建立健全权力制约和监督体系

中国按照结构合理、配置科学、程序严密、制约有效的原则，逐步建立健全决策权、执行权、监督权既相互制约又相互协调的权力结构和运行机制，推进权力运行程序化和公开透明，加强对权力的制约和监督。目前，已形成了由中国共产党党内监督、人大监督、政府内部监督、政协民主监督、司法监督、公民监督和舆论监督组成的具有中国特色的监督体系。

（三）通过体制改革和制度创新防治腐败

针对容易滋生腐败的重点领域和关键环节，大力推进体制改革和制度创新，建立适合时代发展要求的新体制、新机制，努力从源头上防治腐败。

（四）依法依纪查处腐败案件

依法依纪查处腐败案件，是惩治腐败最直接、最有效的手段。中国共产党和中国政府坚持在法律和纪律面前人人平等，严肃查处党员干部和国家工作人员中的腐败行为，保持惩治腐败的强劲势头。

（五）加快推进廉政教育和廉政文化建设

教育是反腐败和廉政建设的一项基础性工作。在国家工作人员中开展廉洁从政教育，在全社会加强廉政文化建设，促使国家工作人员增强廉洁自律意识，推动全社会形成崇尚廉洁的良好风尚。

（六）加强反腐败国际交流与合作

中国重视反腐败领域的国际交流与合作，主张在尊重主权、平等互利、尊重差

异、注重实效的原则下，与世界各国、各地区和有关国际组织加强合作，互相借鉴，共同打击腐败行为。

以案释法43

微博成最新反腐方式

【案情介绍】2010年10月，某县人民检察院开通了全国首个官方“防腐微博”，半年时间吸引了11.3万多名“粉丝”关注。该检察院通过“粉丝”在微博上跟帖评论中的信息获取一条线索，成功挖出当地一家医院包括一名副院长在内的两名贪腐人员。2010年12月，某区人民检察院也开通了官方微博。2011年初，举报人通过该微博上公布的电话，反映某村干部腐败问题。该检察院根据这条线索，很快查明了某村三名干部在修建通村公路过程中收受工程承包商贿赂7万元的事实。

【以案释法】廉政专家表示，微博反腐对党委政府而言，多了一个制约监督权力的平台；对反腐败职能部门而言，多了一条获取腐败信息和线索的渠道；对腐败分子而言，多了一种威慑力量；对公众来说，多了一种快速便捷监督官员、举报腐败的途径；对党员干部而言，多了一项警示约束自己的机制。

六、公务员法与廉政建设

我国的公务员法在指导思想和原则的规定、公务员义务的规定、录用公务员办法的规定、公务员考核的规定、奖惩的规定、交流与回避的规定等六方面都有利于规范公务员的廉政行为，促进廉政建设。

第一，有关指导思想和原则的规定有利于形成廉政公务员队伍的政治思想基础。公务员法强调，我国的公务员制度坚持以马克思列宁主义、毛泽东思想、邓小平理论和“三个代表”重要思想为指导，以坚持任人唯贤、德才兼备为原则任用公务员。这些都可以成为廉政的政治思想基础，都有利于建立一支全心全意为人民服务的公务员队伍，保证公正廉洁，抑制腐败。

第二，有关公务员义务的规定有利于规范公务员的廉政行为。公务员法规定，我国的公务员要履行九大义务，其中包括模范遵守宪法和法律、努力提高工作效率、接受人民监督、恪守职业道德、清正廉洁、模范遵守社会公德、保守国家和工作秘密等一些内容。这些内容既是公务员的义务，也是对他们的廉政要求，直接促使他们廉洁从政。

第三，有关录用公务员办法的规定有利于选拔具有较高素质的人员进入公务员队伍，打下廉政的素质基础。根据公务员法的规定，要采取公开考试、严格考察、平等竞争、择优录取的方法选任主任科员以下的非领导职务的公务员。这一规定的实施，可以从严格的录用程序上保证公务员队伍的总体素质，使其成为一支高素质的廉政队伍。

第四，有关公务员考核的规定有利于加强对公务员的廉政管理。公务员法要求按德、能、勤、绩、廉五个方面全面考核公务员，而且还要把定期考核的结果作为调整公务员职务、级别、工资以及公务员奖励、培训、辞退的依据。这五个方面都不同程度地与廉政有关，十分有助于加强对公务员的管理，促使他们廉洁自律，远离腐败。

第五，有关奖惩的规定有利于激励公务员廉洁从政。公务员法规定了十项给予奖励的情形和十六项给予惩戒的行为。其中有的直接与反腐倡廉相关。比如，给予奖励情形中的遵守纪律、廉洁奉公、作风正派、办事公道等和给予惩戒行为中的贪污、行贿、受贿和利用职务之便为自己或者他人谋取私利等，都是如此。这些规定从正反两个方面来激励公务员要廉洁奉公。

第六，有关交流与回避的规定有利于形成公务员廉政的环境。公务员法规定公务员可以在公务员队伍内部交流，也可以与国有企事业单位、人民团体和群众团体中从事公务的人员交流。他们在执行公务时遇有与本人有利害关系或有夫妻关系、直系血亲关系、三代以内旁系血亲关系以及近姻亲关系的，都要回避。这有利于形成一个廉政的外部条件，使他们避开易于腐败的环境。

以上这些方面从不同视角规范了公务员的廉政行为，有助于推进廉政建设。

第二节　公务员常见职务犯罪

一、职务犯罪相关知识

（一）职务犯罪的概念

职务犯罪主要是指掌握一定管理、支配公共财产、人事关系等实权的国家工作人员，违反法律规定，利用职权谋取私利，侵犯公共利益的犯罪。要理解这一概念就要把握以下几点：

第一，职务犯罪的犯罪主体是国家工作人员，包括国家机关、国有公司、企业事业单位、人民团体中从事公务的人员。

第二，职务犯罪是一种利用职权的犯罪，其本质特征就是以权谋私、权钱交易。国家工作人员如果没有利用职权，就不是职务犯罪。

第三，职务犯罪是一种应受刑罚惩罚的行为，如果该行为只是应受行政处分，则不构成职务犯罪。

（二）职务犯罪的种类

国家工作人员职务犯罪划分为三大类：贪污贿赂犯罪，渎职犯罪，侵犯公民人身权利、民主权利的犯罪。

贪污贿赂犯罪，在我国刑法中第八章规定了十二个罪名，包括：贪污罪、挪用公款罪、受贿罪、单位受贿罪、行贿罪、对单位行贿罪、介绍贿赂罪、单位行贿罪、巨额财产来源不明罪、隐瞒境外存款罪、私分国有资产罪、私分罚没财物罪。

渎职犯罪在我国刑法第九章规定了三十四个罪名，包括滥用职权、玩忽职守、徇私枉法罪、私放在押人员罪等。

国家机关工作人员利用职权实施的侵犯公民人身权利、民主权利犯罪有七个：国家机关工作人员利用职权实施的非法拘禁罪、国家机关工作人员利用职权实施的非法搜查罪、刑讯逼供罪、暴力取证罪、虐待被监管人罪、报复陷害罪、国家机关工作人员利用职权实施的破坏选举罪。

（三）职务犯罪的危害

职务犯罪作为一种特殊类型的犯罪，是国家工作人员滥用权力、亵渎权力的表现，是严重的腐败形式。职务犯罪严重侵害国家机关的管理职能，影响正常的管理秩序和工作秩序，破坏由此产生的种种社会关系，败坏政府的威信，损害公众利益，具有严重的危害性：第一，严重破坏了社会主义民主政治；第二，严重践踏了社会主义法治；第三，造成国有资产的严重损失和流失，破坏公平竞争的经济秩序，造成市场的失控或混乱，危害改革开放，破坏社会主义市场经济建设；第四，败坏党风和社会风气，严重破坏了社会主义精神文明建设。

（四）职务犯罪的预防

为了防止职务犯罪的蔓延，从根本上遏制和减少职务犯罪，必须在不断加大惩处职务犯罪工作力度的同时，进一步加强预防职务犯罪工作。

首先，国家工作人员自己应该不断提高个人素质。

其次，进一步加强社会主义法律建设。

再次，是要建立和健全监督体系。包括党内监督、行政体系内部监督、司法机关监督、媒体监督以及人民群众的监督等。

二、贪污罪

（一）贪污罪的概念

贪污罪是指国家工作人员利用职务上的便利，侵吞、窃取、骗取或者以其他手段非法占有公共财物的行为。

（二）贪污罪的构成要件

1. 客体要件

本罪侵犯的客体是复杂客体，即同时侵犯了国家工作人员公务的廉洁性和公共财产所有权。本罪侵犯的对象是公共财物。

2. 客观要件

本罪在客观方面表现为行为人利用职务上的便利，侵吞、窃取、骗取或者以其他手段非法占有公共财物的行为。

3. 主体要件

本罪的主体是特殊主体，即必须是国家工作人员。包括在国家机关中从事公务的国家工作人员；在国有公司、企事业单位和人民团体中从事公务的人员；受国有单位委派到非国有单位中从事公务的人员；其他依照法律从事公务的人员。

4. 主观要件

本罪的主观方面必须是出于故意，并且具有非法占有公共财物的犯罪目的。

（三）贪污罪的处罚

刑法第三百八十三条规定，对犯贪污罪的，根据情节轻重，分别依照下列规定处罚：

第一，贪污数额较大或者有其他较重情节的，处三年以下有期徒刑或者拘役，并处罚金。

第二，贪污数额巨大或者有其他严重情节的，处三年以上十年以下有期徒刑，并处罚金或者没收财产。

第三，贪污数额特别巨大或者有其他特别严重情节的，处十年以上有期徒刑或者无期徒刑，并处罚金或者没收财产；数额特别巨大，并使国家和人民利益遭受特别重大损失的，处无期徒刑或者死刑，并处没收财产。对多次贪污未经处理的，按照累计贪污数额处罚。

国家工作人员利用职务上的便利，以非法手段占有公共财物的，在提起公诉前如实供述自己罪行、真诚悔罪、积极退赃，避免、减少损害结果的发生，有上述第一项规定情形的，可以从轻、减轻或者免除处罚；有上述第二项、第三项规定情形的，可以从轻处罚。有上述第三项规定情形被判处死刑缓期执行的，人民法院根据犯罪情节等情况可以同时决定在其死刑缓期执行二年期满依法减为无期徒刑后，终身监禁，不得减刑、假释。

三、受贿罪

（一）受贿罪的认定

1. 受贿罪的概念

受贿罪是指国家工作人员利用职务上的便利，索取他人财物的，或者非法收受他人财物，为他人谋取利益的行为。

2. 受贿罪的构成要件

（1）客体要件。本罪侵犯的客体是复杂客体，即同时侵犯了国家工作人员公务的廉洁性和国家机关、国有公司、企事业单位、人民团体的正常管理活动。本罪侵犯的对象是财物，包括货币、有价证券、商品等。

（2）客观要件。本罪在客观方面表现为行为人具有利用职务上的便利，向他人索取财物，或者收受他人财物并为他人谋取利益的行为。

（3）主体要件。本罪的主体是特殊主体，即必须是国家工作人员。

（4）主观要件。受贿罪的主观方面表现为直接故意，即行为人明知利用职务上的便利索取财物，或者收受他人财物为他人谋取利益的行为是一种具有社会危害性的不法行为，而仍然决意为之。

（二）受贿罪的处罚

对犯受贿罪的，根据情节轻重，分别依照下列规定处罚：

第一，受贿数额较大或者有其他较重情节的，处三年以下有期徒刑或者拘役，并处罚金。

第二，受贿数额巨大或者有其他严重情节的，处三年以上十年以下有期徒刑，并处罚金或者没收财产。

第三，受贿数额特别巨大或者有其他特别严重情节的，处十年以上有期徒刑或者无期徒刑，并处罚金或者没收财产；数额特别巨大，并使国家和人民利益遭受特别重大损失的，处无期徒刑或者死刑，并处没收财产。对多次受贿未经处理的，按照累计受贿数额处罚。索贿的从重处罚。

以案释法 44

某法院原副院长黄某受贿、贪污案

【案情介绍】某法院原副院长黄某，在2005年至2008年间，利用其职权、地位形成的便利条件，在案件的审判、执行等方面为广东某律师事务所律师陈某等五人谋取利益，先后收受上述人员钱款共计折合人民币390万余元。黄某还于1997年利用担任某市中级人民法院院长的职务便利，伙同他人骗取本单位公款人民币308万元，其个人从中分得120万元。2010年1月，中级人民法院对黄某作出一审判决，认定黄某犯受贿罪，判处无期徒刑，剥夺政治权利终身，没收个人全部财产；犯贪污罪，判处有期徒刑十五年，没收个人财产人民币50万元，两罪并罚，决定执行无期徒刑，剥夺政治权利终身，没收个人全部财产。2010年3月，高级人民法院对黄某案作出终审判决：驳回上诉，维持原判。

【以案释法】黄某身为国家工作人员，利用职务便利为他人谋取利益，收受他人贿赂，构成受贿罪；利用职务便利伙同他人共同骗取本单位公款，构成贪污罪。黄某身为法官，知法犯法，进行权钱交易，收受巨额贿赂，社会影响恶劣，应依法从严惩处。

（三）相关罪名

1. 单位受贿罪

国家机关、国有公司、企业、事业单位、人民团体，索取、非法收受他人财物，为他人谋取利益，情节严重的，对单位判处罚金，并对其直接负责的主管人员和其他直接责任人员，处五年以下有期徒刑或者拘役。

2. 利用影响力受贿罪

国家工作人员的近亲属或者其他与该国家工作人员关系密切的人，通过该国家工作人员职务上的行为，或者利用该国家工作人员职权或者地位形成的便利条件，通过其他国家工作人员职务上的行为，为请托人谋取不正当利益，索取请托人财物或者收受请托人财物，数额较大或者有其他较重情节的，处三年以下有期徒刑或者拘役，并处罚金；数额巨大或者有其他严重情节的，处三年以上七年以下有期徒刑，并处罚金；数额特别巨大或者有其他特别严重情节的，处七年以上有期徒刑，并处罚金或者没收财产。

离职的国家工作人员或者其近亲属以及其他与其关系密切的人，利用该离职的国家工作人员原职权或者地位形成的便利条件实施前款行为的，依照前款的规定定罪处罚。

3. 非国家工作人员受贿罪

公司、企业或者其他单位的工作人员利用职务上的便利，索取他人财物或者非法收受他人财物，为他人谋取利益，数额较大的，处五年以下有期徒刑或者拘役；数额巨大的，处五年以上有期徒刑，可以并处没收财产。

公司、企业或者其他单位的工作人员在经济往来中，利用职务上的便利，违反国家规定，收受各种名义的回扣、手续费，归个人所有的，依照前款的规定处罚。

四、挪用公款罪

（一）挪用公款罪的认定

1. 挪用公款罪的概念

挪用公款罪是指国家工作人员利用职务上的便利，挪用公款归个人使用进行非法活动，或者挪用公款数额较大、进行营利活动，或者挪用公款数额较大、超过3个月未还的行为。

2. 挪用公款罪的构成要件

（1）客体要件。本罪侵犯的客体，主要是公共财产的所有权，同时也侵犯了国家的财经管理制度。侵犯的对象主要是公款，还包括用于救灾、抢险、防汛、优抚、扶贫、移民、救济的公物。

（2）客观要件。本罪的客观方面表现为行为人实施了利用职务上的便利，挪用公款归个人使用，进行非法活动，或者挪用数额较大的公款进行营利活动，或者挪用数额较大的公款超过三个月未还的行为。

（3）主体要件。本罪的主体是特殊主体，即必须是国家工作人员。

（4）主观要件。本罪在主观方面是直接故意，行为人明知是公款而故意挪作他用。行为人的犯罪的目的是想暂时非法取得公款的使用权，而不是将公款据为己有。至于行为人挪用公款的动机如何，则不影响本罪的成立。

（二）挪用公款罪的处罚

犯挪用公款罪，处五年以下有期徒刑或者拘役；情节严重的，处五年以上有期徒刑。挪用公款数额巨大不退还的，处十年以上有期徒刑或者无期徒刑。挪用用于救灾、抢险、防汛、优抚、扶贫、移民、救济款物归个人使用的，从重处罚。

以案释法㊺

国家某科学基金委财务局经费管理处原会计卞某贪污、挪用公款案

【案情介绍】卞某，男，1962年12月16日出生，被捕前系国家某科学基金委财务局经费管理处会计。1999年8月至2002年12月间，卞某利用职务便利，将共计人民币1262.37万元的公款侵吞。2002年3月至2003年1月间，卞某多次采取伪造银行对账单、进账单等手段，先后八次将公款共计人民币19993.3万元挪出，转入某建筑装饰工程有限责任公司及其女友柴某家人开办的公司账户内，用于上述两家公司营利活动。为此，卞某收取建筑公司支付的利息款人民币8万元。此外，1995年8月，卞某伙同当时担任国家基金委某局财务处会计的吴某，私自将公款人民币1000万元存入中国农村发展信托投资公司，并以委托贷款方式借给广州某国际贸易有限公司进行营利活动。为此，卞某、吴某收取贸易公司利息人民币294.5万元。案发后，卞某贪污、挪用的公款已经绝大部分被追回。2004年11月9日，北京市第一中级人民法院一审判处卞某死刑，缓期二年执行，剥夺政治权利终身，并处没收个人全部财产。

【以案释法】卞某身为国家机关工作人员，利用职务便利贪污、挪用公款，且贪污数额特别巨大，罪行极其严重，故法院对其判处死刑，因其认罪态度较好，且大部分赃款已追缴回来，对其判处死刑缓期二年执行。

五、玩忽职守罪

（一）玩忽职守罪的认定

1. 玩忽职守罪的概念

玩忽职守罪是指国家机关工作人员严重不负责任，不履行或者不认真履行职责，致使公共财产、国家和人民利益遭受重大损失的行为。

2. 玩忽职守罪的构成要件

（1）客体要件。本罪侵犯的客体是国家机关的正常管理活动；此外，该罪造成公共财产、国家和人民利益遭受重大损失，也侵犯了公民的人身、财产权利以及公共财产安全和社会主义市场经济秩序等。

（2）客观要件。本罪客观方面表现为行为人严重不负责任，不履行或者不认真履行职责，并使公共财产、国家和人民利益遭受了重大的损失。

（3）主体要件。本罪的主体是特殊主体，即必须是国家工作人员。

（4）主观要件。本罪在主观方面一般表现为过失，即行为人应当预见自己玩忽职守的行为会致使公共财产、国家和人民的利益遭受重大损失，因为疏忽大意而没有预见，或者已经预见而轻信能够避免。但本罪在主观方面有时也表现为间接故意，即行为人明知自己玩忽职守的行为会造成重大损失，却任由该损失发生。

（二）玩忽职守罪的处罚

犯玩忽职守罪的，处三年以下有期徒刑或者拘役；情节特别严重的，处三年以上七年以下有期徒刑。国家机关工作人员徇私舞弊，犯玩忽职守罪的，处五年以下有期徒刑或者拘役；情节特别严重的，处五年以上十年以下有期徒刑。

以案释法 46

国家食品药品监督管理局原局长郑某受贿、玩忽职守案

【案情介绍】国家食品药品监管局原局长郑某，在1997年中至2006年任职期间，利用手中的审批权收受他人贿赂，为8家制药企业在药品、医疗器械的审批等方面谋取利益，擅自降低药品审批标准，纵容部分药厂虚报药品资料，其中6种是假药。2006年，齐齐哈尔某制药有限公司亮菌甲素注射液事件，以及安徽某药业有限公司“欣弗”注射液事件，导致10人死亡，多名病人出现肾功能衰竭。2007年5月29日，北京市第一中级人民法院对郑某受贿、玩忽职守案作出一审判决，以受贿罪判处郑某死刑，剥夺政治权利终身，没收个人全部财产；以玩忽职守罪判处其有期徒刑7年，两罪并罚，决定执行死刑，剥夺政治权利终身，没收个人全部财产。同年6月22日北京市高院作出二审裁定，驳回上诉，维持原判。经最高人民法院核准，7月10日上午郑某被执行死刑。

【以案释法】郑某在任国家药监局局长期间，利用职务便利，为一些医药企业谋取非法利益，在药品监管工作中严重失职、渎职，威胁人民群众身体健康，造成严重后果，构成玩忽职守罪，被依法判刑。

六、滥用职权罪

（一）滥用职权罪的认定

1. 滥用职权罪的概念

滥用职权罪是指国家机关工作人员违反法律规定的权限和程序，滥用职权，致使公共财产、国家和人民利益遭受重大损失的行为。

2. 滥用职权罪的构成要件

（1）客体要件。本罪侵犯的客体是国家机关的正常活动。本罪侵犯的对象可以是公共财产或者公民的人身及其财产。

（2）客观要件。本罪客观方面表现为行为人不法行使职务上的权限，致使公共财产、国家和人民利益遭受重大损失。不法行使职务上的权限，即以不当目的或者以不法方法，实施违反职务宗旨的行为。

（3）主体要件。本罪的主体是特殊主体，即必须是国家工作人员。

（4）主观要件。本罪在主观方面为故意，即行为人明知自己滥用职权的行为会发生致使公共财产、国家和人民利益遭受重大损失的结果，并且希望或者放任这种结果发生。

（二）滥用职权罪的处罚

犯滥用职权罪的，处三年以下有期徒刑或者拘役；情节特别严重的，处三年以上七年以下有期徒刑。国家机关工作人员徇私舞弊，犯滥用职权罪的，处五年以下有期徒刑或者拘役；情节特别严重的，处五年以上十年以下有期徒刑。

以案释法 47

上海市劳动和社会保障局原局长祝某滥用职权案

【案情介绍】2008年3月，“上海社保案”的核心人物——上海市劳动和社会保障局原局长祝某，再度被公诉机关以滥用职权罪提起公诉。此前，祝某已被长春市中级人民法院一审宣判，以受贿、挪用公款、滥用职权三项罪名，判处有期徒刑18年。此次滥用职权罪的罪名指控事实与前次的诉讼不同，主要涉及的是上海城镇保险基金。公诉机关指控，祝某于2004年5月1日至2006年7月17日间，擅自决定将小城镇基本保险基金98.07亿元、小城镇补充保险基金60.49亿元，以委托贷款、信托等方式投入运营，违规运营金额达158.56亿元，截至社保案发前尚有124.21亿元没有收回。3月20日，吉林省长春市中级人民法院以滥用职权罪判处祝某有期徒刑6年，结合前次判决数罪并罚后，仍决定执行有期徒刑18年。

【以案释法】根据上海市政府颁布的《小城镇社会保险暂行办法》，有明确规定，小城镇保险基金应该专款专用，不得擅自动用，而祝某明知此系小城镇保险基金，却滥用职权，擅自动用，给国家人民造成了巨大的损失，构成了滥用职权罪，依法应被追究刑事责任。

七、徇私枉法罪

（一）徇私枉法罪的认定

1. 徇私枉法罪的概念

徇私枉法罪是指司法工作人员徇私枉法、徇情枉法，对明知是无罪的人而使他受追诉、对明知是有罪的人而故意包庇不使他受追诉，或者在刑事审判活动中故意违背事实和法律作枉法裁判的行为。

2. 徇私枉法罪的构成要件

（1）客体要件。本罪侵犯的客体是国家司法机关的正常活动与国家的司法公正。

（2）客观要件。本罪客观方面表现为利用司法职务上的便利，违背事实和法律，在追诉或刑事审判活动中实施了枉法行为，致使无罪的人受到法律的追诉，有罪的人逃脱法律的制裁。

（3）主体要件。本罪的主体是特殊主体，即国家工作人员中的司法工作人员，包括负有侦查、检察、审判、监管职责的工作人员。

（4）主观要件。本罪在主观方面表现为直接故意，即出于私情、私利而有意枉法追诉、包庇、裁判，过失不构成本罪。犯罪的目的是放纵罪犯，或者冤枉好人。动机是徇私、徇情。

（二）徇私枉法罪的处罚

犯徇私枉法罪的，处五年以下有期徒刑或者拘役；情节严重的，处五年以上十年以下有期徒刑；情节特别严重的，处十年以上有期徒刑。司法工作人员贪赃枉法，同时又构成受贿罪的，依照处罚较重的规定定罪处罚。

以案释法 48

北京市公安局网监处原处长于某贪污、受贿、徇私枉法案

【案情介绍】某市公安局网监处原处长于某，在任职期间，利用主管市网络行业协会的职务便利，侵吞网络行业协会及下属单位共计452.26万元，索取、收受四

家公司的贿赂共计人民币1238.06万元。贪污、受贿总额高达1690万余元。2005年初，于某接受其中一家A公司要求解决该公司与股东刘某之间股权转让纠纷的请托，在2005年7月至2006年，借口刘某所在的B公司存在在互联网上测试病毒的行为，对该公司进行行政检查。于某以追究刑事责任为目的，亲自组织、指挥市局网监处民警，采取伪造证据等手段，对B公司原副总田某实施抓捕、侦查，致使田某蒙冤入狱长达11个月。2010年8月20日，北京市一中院以贪污罪、受贿罪和徇私枉法罪一审判处于某死刑，缓期二年执行。一审判决后，于某没有上诉。经北京市高级法院核准，于某的死缓判决正式生效。

【以案释法】于某接受A公司的请托，利用职务上的便利对B公司原副总田某进行迫害，使其无辜入狱，已构成徇私枉法罪，损害了司法公正，因此被依法追究刑事责任。

八、巨额财产来源不明罪

（一）巨额财产来源不明罪的认定

1. 巨额财产来源不明罪的概念

巨额财产来源不明罪，是指国家工作人员的财产或者支出明显超过合法收入，差额巨大，本人不能说明其来源是合法的行为。

2. 巨额财产来源不明罪的构成要件

（1）客体要件。本罪侵犯的客体是复杂客体，即同时侵犯了国家工作人员公务的廉洁性和和公私财物的所有权。本罪侵犯的对象是财物。

（2）客观要件。本罪客观方面表现为国家工作人员的财产或支出明显超过合法收入，且差额巨大，本人不能说明其合法来源。

（3）主体要件。本罪的主体是特殊主体，即必须是国家工作人员。

（4）主观要件。本罪在主观方面表现为直接故意，即行为人明知财产不合法而故意占有，案发后又故意拒不说明财产的真正来源，或者有意编造财产来源的合法途径。

（二）巨额财产来源不明罪的处罚

犯巨额财产来源不明罪的，处五年以下有期徒刑或者拘役；数额特别巨大的，处五年以上十年以下有期徒刑。来源不明的财产予以追缴。

以案释法㊾

原浙江省委常委、省纪委书记王某受贿、巨额财产来源不明案

【案情介绍】原浙江省委常委、省纪委书记王某，在1998年春节至2009年3月间，利用担任中共广东省委常委、省纪委书记、省委副书记兼省纪委书记，中共浙江省委常委、省纪委书记的职务便利，为他人谋取利益，收受他人给予的财物共计折合

人民币771万余元；此外，王某还对共计折合人民币895万余元的财产不能说明来源。2010年9月9日，山东省枣庄市中级人民法院对王某受贿、巨额财产来源不明一案作出一审判决，认定王某犯受贿罪，判处死刑，缓期两年执行，剥夺政治权利终身，没收个人全部财产；犯巨额财产来源不明罪，判处有期徒刑八年；决定执行死刑，缓期两年执行，剥夺政治权利终身，没收个人全部财产。判决书送达后，王某没有提起上诉，经核准后死缓判决生效。

【以案释法】王某对明显超出其合法收入的，折合人民币895万余元的财产不能说明来源，已构成巨额财产来源不明罪，数额特别巨大，因此被依法判处八年有期徒刑。

九、私分国有资产罪

（一）私分国有资产罪的认定

1. 私分国有资产罪的概念

私分国有资产罪是指国家机关、国有公司、企业、事业单位、人民团体，违反国家规定，以单位名义将国有资产集体私分给个人，数额较大的行为。

2. 私分国有资产罪的构成要件

（1）客体要件。本罪侵犯的客体是国有资产的管理制度及其所有权。侵犯的对象是国有资产，包括依法由国家机关、国有公司、企事业单位、人民团体管理、使用或者运输的国有资产。

（2）客观要件。本罪客观方面表现为行为人违反国家对此类单位的国有资产分配管理规定，以单位名义将数额较大的国有资产集体私分给个人。以单位名义，是指由单位领导班子集体决策或者由单位负责人决定并由直接责任人员经手实施，公开或半公开地以单位分红、单位发奖金、单位下发的节日慰问费等名义所进行的活动。数额较大是指累计数额在10万元以上。

（3）主体要件。本罪的主体是单位主体，即国家机关、国有公司、企事业单位、人民团体。但根据法律规定，受处罚的是私分国有资产的直接负责的主管人员和其他直接责任人员。

（4）主观要件。本罪在主观方面表现为直接故意，行为人明知是国有资产而故意违反国家规定，将其集体私分给个人。如疏忽大意，误将国有资产当作企业资金加以集体私分者，不能成立本罪；情节严重者，可按渎职犯罪处理。

（二）私分国有资产罪的处罚

单位犯私分国有资产罪的，对其直接负责的主管人员和其他直接责任人员，处三年以下有期徒刑或者拘役，并处或者单处罚金；数额巨大的，处三年以上七年以下有期徒刑，并处罚金。

以案释法 50

某铁路公司私分国有资产案

【案情介绍】2001年3月，深圳特派办审计组对某铁路公司进行了第14次审计。审计组查明，至2000年底，该铁路公司下辖的7个实体中的6个从公司自管基建项目中，套取建设资金形成毛利收入。到2000年底，公司在7个实体计提工资基金及附加为2059.75万元，成为公司发给个人奖金以及福利支出的来源。公司的职工，自从公司兴办各种实体后，个人收入直线上升，人均月收入翻了两倍都不止。

2003年11月20日，广州铁路检察院以涉嫌私分国有资产和受贿罪两项罪名对公司原五名高层领导提起公诉。2003年12月26日，广州铁路运输中级人民法院以私分国有资产和受贿两项罪名对五人进行一审判决。该公司原总经理唐某被判有期徒刑九年；原副总经理杜某和朴某分别被判六年和七年有期徒刑；原党委书记张某被判有期徒刑一年缓期执行一年；原副总经理李某判有期徒刑二年缓期执行二年。

【以案释法】该公司通过下辖实体套取巨额国家建设资金，为职工发放工资福利，已经构成了私分国有资产罪，法院依法对其直接负责的主管人员判处刑罚。私分国有资产罪严重危害国家和人民的利益，应当坚决予以打击。

十、食品监管渎职罪

（一）食品监管渎职罪的认定

1. 食品监管渎职罪的概念

食品监管渎职罪是指负有食品安全监督管理职责的国家机关工作人员，滥用职权或者玩忽职守，导致发生重大食品安全事故或者造成其他严重后果的行为。

2. 食品监管渎职罪的构成要件

（1）客体要件。本罪侵犯的客体是复杂客体，即同时侵犯了国家机关的正常管理活动和社会主义市场经济的正常秩序，以及人民群众的生命健康权。

（2）客观要件。本罪客观方面表现为行为人滥用职权或者玩忽职守，包庇、纵容不法商贩制售不符合国家规定的食品，并且造成了重大食品安全事故或者造成其他严重后果。

（3）主体要件。本罪的主体是特殊主体，即必须是负有食品安全监督管理职责的国家工作人员。

（4）主观要件。本罪在主观方面表现为直接故意或间接故意，即行为人滥用职权，对不法行为进行包庇，或者疏于履行职责，放任不法行为。

（二）食品监管渎职罪的处罚

犯食品监管渎职罪的，处五年以下有期徒刑或者拘役；造成特别严重后果的，处五年以上十年以下有期徒刑。徇私舞弊犯本罪的，从重处罚。

十一、包庇、纵容黑社会性质组织罪

（一）包庇、纵容黑社会性质组织罪的认定

1.包庇、纵容黑社会性质组织罪的概念

包庇、纵容黑社会性质组织罪是指国家机关工作人员包庇黑社会性质的组织或者纵容黑社会性质的组织进行犯罪活动的行为。

2.包庇、纵容黑社会性质组织罪的构成要件

（1）客体要件。本罪侵犯的客体是复杂客体，其中主要客体是正常的社会秩序，次要客体是国家机关的正常管理活动。

（2）客观要件。本罪客观方面表现为为包庇黑社会性质的组织，或者纵容黑社会性质的组织进行违法犯罪活动的行为。

（3）主体要件。本罪的主体是特殊主体，即必须是国家工作人员。

（4）主观要件。本罪在主观方面表现为直接故意，过失不构成本罪。

（二）包庇、纵容黑社会性质组织罪的处罚

犯包庇、纵容黑社会性质组织罪的，处五年以下有期徒刑；情节严重的，处五年以上有期徒刑。

以案释法 51

某市司法局原局长文某涉黑案

【案情介绍】某市司法局原局长文某及其手下的所谓“三大金刚”黄某、赵某、陈某长期在市公安司法部门担任重要职务，与王某、谢某、岳某、马某、王某、龚某等人长期交往，明知这些人长期从事有组织的组织卖淫、开设赌场、容留吸毒、强迫交易、故意伤害等违法犯罪活动，仍然大肆收受财物，放弃法定查禁职责，甚至实施包庇。2010年4月14日，市中级人民法院对文某及其手下的涉黑案进行一审宣判，以受贿罪，包庇、纵容黑社会性质组织罪，巨额财产来源不明罪，强奸罪，数罪并罚判处文某死刑，剥夺政治权利终身，并处没收个人全部财产。文某不服判决

上诉至省高院，省高院维持原判。死刑判决经最高法院核准，于同年7月7日执行。

【以案释法】文某等人在公安司法部门任职，负有查处违法犯罪活动的职责，但他们收受贿赂，放弃法定职责，对黑恶势力包庇、纵容，构成包庇、纵容黑社会性质组织罪，最终受到了应有的制裁。

思考题

1. 公务员如何反腐倡廉？
2. 结合实际，谈一谈如何预防职务犯罪？
3. 受贿罪的处罚标准是怎样的？

第十二章　党内法规的学习宣传

本　章　要　点

党内法规是管党治党的重要依据，也是建设社会主义法治国家的有力保障。我们党历来高度重视党内法规建设。党的十八届四中全会提出，要加强党内法规制度建设，形成完善的党内法规体系。习近平总书记强调，各级党委（党组）都要把党内法规建设作为事关党长期执政和国家长治久安的重大战略任务，摆到更加突出位置，切实抓紧抓好。《中央宣传部、司法部关于在公民中开展法治宣传教育的第七个五年规划（2016-2020年）》明确要求，将深入学习宣传党内法规作为“七五”普法宣传的一项重要任务，“注重党内法规宣传与国家法律宣传的衔接和协调，坚持纪在法前、纪严于法，把纪律和规矩挺在前面，教育引导广大党员做党章党规党纪和国家法律的自觉尊崇者、模范遵守者、坚定捍卫者。”

第一节　党内法规界说

一、党内法规的概念

党内法规又称“党规党法”“党的法规”，2013年5月中共中央颁布的《中国共产党党内法规制定条例》明确规定，党内法规是党的中央组织以及中央纪委、中央各部门和省区市党委制定的规范党组织的工作、活动和党员行为的党内规章制度的总称。

二、基本特征

归结起来，党内法规有三个基本特征：

第一，特定性。党内法规不是党的所有组织都有权制定，只能由特定机关，即党的中央组织以及中央纪委、中央各部门和省、自治区、直辖市党委制定，党的省级以下组织无权制定。党的中央组织制定的党内法规，称为中央党内法规。按照党章规定，党的中央组织是指党的全国代表大会、全国代表会议、中央委员会、中央政治局及其常委会、中央军委。实践中，中央政治局、中央政治局常委会制定的中央党内法规较多。中央纪委制定的党内法规称为纪检条规，是维护党风党纪、开展反腐败工作的重要依据。中央各部门制定的党内法规，称为部门党内法规。中央各部门主要包括中央办公厅、中央组织部、中央宣传部、中央统战部、中央对外联络部、中央政法委、中央政研室、中央编办等，其中中央办公厅、中央组织部制定的部门党内法规较多。省区市党委制定的党内法规，称为地方党内法规。

第二，普遍性。所谓普遍性，是指党内法规在党内具有普遍适用性和反复适用性。这意味着，党内人事任免、表彰决定、内部机构设置、机关内部工作制度和工作方案等个别适用的文件，工作要点、会议活动通知等较短时间段适用的文件，因不具有普遍适用性和反复适用性，不能称作党内法规。

第三，规范性。所谓规范性，是指党内法规以党的纪律作保障，对党组织的工作、活动和党员行为具有强制性和约束力，引领、规范、保障党的建设。请示、报告、情况通报、工作总结等不具有规范性，不属于党内法规。

扩展阅读

党内法规与国家法律的区别

党内法规是一个容易与国家法律混同的概念。它和国家法律的共同点比较多：两者都带有“法”字，都是通过严格程序制定、具有强制性和约束力的行为规范；一些党内法规和国家法律联系密切、相互渗透；条件成熟时党内法规中的某些内容可以通过法定程序上升为国家法律。从根本上说，党内法规和国家法律是一致的，都是党的意志和人民意志的高度统一，都是党的基本理论、基本路线、基本纲领、基本经验、基本要求的具体体现，都是中国特色社会主义法治体系的重要组成部分。但两者的不同之处也比较明显：一是制定主体不同，党内法规由省级以上党组织制定，法律由国家立法机关制定；二是适用范围不同，党内法规适用于各级党组织和广大党员，法律适用于国家机关、社会组织和全体公民，适用范围更广；三是效力不同，党内法规制定必须遵守宪法和法律，其效力低于法律的效力；四是表现方式不同，党内法规的名称分为章程、准则、条例、规则、规定、办法、细则七类，法律主要包括宪法、法律、行政法规、地方性法规等；五是实施方式不同，党内法规依靠党的纪律约束实施，法律以国家强制力作保障；六是行为规范的要求不同，党内法规对党员的要求，通常比法律对普通公民和国家工作人员的要求更为严格。

三、党内法规的由来与发展

党内法规源自于马克思主义基本原理及其实践，是具有中国特色的概念，是中国共产党的一个创造。

我们党是根据马克思主义建党学说的基本原理和列宁的建党原则建立的无产阶级政党。马克思主义认为，对于无产阶级政党来说，为了完成解放全人类、实现共产主义这一艰巨历史使命，需要有正确的路线、纲领、政策，需要把自己组织成为有统一意志、统一行动、统一纪律的高度集中的战斗集体，这就必须制定一个章程。列宁在领导俄共过程中，不仅重视党章的修改完善，而且根据形势任务需要领导制定了一系列党内法规和法规性决议。党的一大召开前，我国早期共产主义者就普遍认识到，建立党组织首先要有一个章程。1921年8月5日，中国共产党第一次全国代表大会通过《中国共产党第一个纲领》，共15条、700多字，这是党的历史上第一个具有党章性质的党内法规，宣告了中国共产党的诞生。1922年7月，党的二大通过的《中国共产党章程》，是中国共产党的第一个党章。

"党内法规"这个概念，是毛泽东同志首次提出的。1938年9月，毛泽东同志在党的六届六中全会上指出，鉴于张国焘严重破坏党内纪律的行为，为使党内关系走上正轨，除了重申个人服从组织、少数服从多数、下级服从上级、全党服从中央四项最重要的纪律外，"还须制定一种较为详细的党内法规，以统一各级领导机关的行动"。在这次会议上，刘少奇同志就起草关于中央委员会工作规则与纪律、各级党部工作与纪律、各级党委暂行组织机构三个决定，并作了《党规党法的报告》，这是党的领导人第一次使用"党规党法"的名称。

扩展阅读

党内法规的提出背景

抗战前后，党内出现两起严重破坏党的民主集中制原则的事件。一是1935年红军长征途中，张国焘不顾中央北上决定，擅自率部南下，宣布另立中央，公开分裂党、分裂红军，最后发展到叛党投降国民党。二是1937年王明受共产国际委派回国，在政治上推行右倾投降主义，组织上闹独立，擅自以中央名义发表宣言、声明，不尊重、不服从以毛泽东为核心的中央领导，造成党内思想上、组织上的混乱。为吸取这两起严重破坏党的民主集中制原则事件的教训，毛泽东在党的六届六中全会上首次提出"党内法规"这一概念。

新中国成立后，我们党根据加强自身建设的需要，比较重视党内法规制度建设。但从总体上说，新中国成立初期制定的党内法规数量较少，比较零散，没有形成相对完整的党内法规制度体系。1957年反右斗争严重扩大化后，党的指导思想出现"左"的偏差，党内法规建设基本上处于停滞状态。"文化大革命"期间，党内法规建设遭到严重破坏，进入了低潮期。

党的十一届三中全会是党内法规建设的重要转折点。在党的十一届三中全会上，邓小平同志第一次把党内法规与国家法律放在同等重要的地位，他强调："国要有国法，党要有党规党法。党章是最根本的党规党法。没有党规党法，国法就很难保障。"为医治"文化大革命"给党的建设造成的巨大创伤，使党内政治生活逐步正常化、规范化，1980年2月，党的十一届五中全会通过了《关于党内政治生活的若干准则》。

1987年10月，党的十三大召开，明确提出在新的历史条件下，要切实加强党的制度建设，走出一条"靠改革和制度建设"的新路子。1990年7月31日，中共中央颁布有党内"立法法"之称的《中国共产党党内法规制定程序暂行条例》，首次界定了"党内法规"概念，党内法规建设从此步入规范化轨道。

为反映党的制度建设的最新成果，1992年党的十四大修改《中国共产党章程》，首次确认了"党内法规"这一概念，这标志着"党内法规"概念得到了党的根本大法党章的正式确认。

2006年1月6日，胡锦涛同志在中央纪委六次全会上指出，要"加强以党章为核心的党内法规制度体系建设"，首次提出建设党内法规制度体系这一重大任务。此后，一系列具有里程碑意义的党内法规相继出台，配套法规建设取得显著进展，全方位、多层次、科学合理、系统配套的党内法规制度体系初步形成。2013年，中央先后发布《中国共产党党内法规制定条例》《中国共产党党内法规和规范性文件备案规定》《中共中央关于废止和宣布失效一批党内法规和规范性文件的决定》三个重要法规文件，全面加强党内法规工作，党内法规建设进入了新阶段。

党的十八大以来，以习近平同志为总书记的党中央高度重视党内法规制度建设。他多次强调，要立体式、全方位推进制度体系建设，把权力关进制度的笼子里。2013年11月，中共中央颁布《中央党内法规制定工作五年规划纲要(2013—2017年)》，这是党的历史上第一个党内法规制定工作五年规划，提出建党100周年时全面建成内容科学、程序严密、配套完备、运行有效的党内法规制度体系，标志着党内法规建设进入体系化阶段。

党内法规从最初的党纲党章发展为比较完备的党内法规制度体系，从最初党的领导人的零散提法发展为党的历任领导人普遍采用、社会各界广泛认同的概念，反映了党艰难曲折、依法执政的历史进程，反映了党的领导方式和执政方式的重大转变，标志着我们党逐步走向成熟。

四、党内法规的分类

根据党内法规的调整对象，党内法规可分为以下八类：

（一）党章及相关法规

用以规范党的性质和宗旨、路线和纲领、指导思想和奋斗目标、组织原则和组织机构、党员基本义务和基本权利、党的纪律，以及衍生于党章、与党章相配套、直接保障党章实施，确定党的理论和路线方针政策、确立党内生活基本准则、规定党员基本行为规范、规范党内法规制定活动、规定党的标志象征等的法规，如《中国共产党章程》《关于党内政治生活的若干准则》《中国共产党党内法规制定条例》等。

（二）党的领导和党的工作方面法规

用以调整党在发挥总揽全局、协调各方的领导核心作用时，与人大、政府、政协、司法机关、人民团体、企业事业单位、军队等形成的领导与被领导关系，主要规定党的领导体制机制、领导方式，规范党组工作、纪律检查工作、组织工作、宣传工作、政法工作、统一战线工作、军队工作、群众工作等，为党更好地实施领导、执政治国提供重要制度保证，如《中国共产党党组工作条例（试行）》《中国共产党统一战线工作条例（试行）》等。

（三）思想建设方面法规

用以规范党的思想建设方面的工作和活动，主要包括规范思想建设、理论武装、党性教育、道德建设等的法规，如《中国共产党党校工作条例》《中共中央纪律检查委员会关于共产党员违反社会主义道德党纪处分的若干规定（试行）》等。

（四）组织建设方面法规。

用以规范党的组织建设方面的工作和活动，主要包括规范党的组织制度、组织机构、干部队伍、党员队伍、人才工作等的法规，如《中国共产党地方组织选举工作条例》《党政领导干部选拔任用工作条例》《干部教育培训工作条例》等。

（五）作风建设方面法规

用以规范党的作风建设方面的工作和活动，主要包括规范思想作风、工作作风、领导作风、学风、干部生活作风等的法规，如《十八届中央政治局关于改进工作作风、密切联系群众的八项规定》《党政机关厉行节约反对浪费条例》等。

（六）反腐倡廉建设方面法规

用以规范党的反腐倡廉建设方面的工作和活动，主要包括规范反腐败领导体制机制、反腐倡廉教育、党内监督、预防腐败、惩治腐败等的法规，如《中国共产党廉洁自律准则》《中国共产党纪律处分条例》《中国共产党党内监督条例（试行）》等。

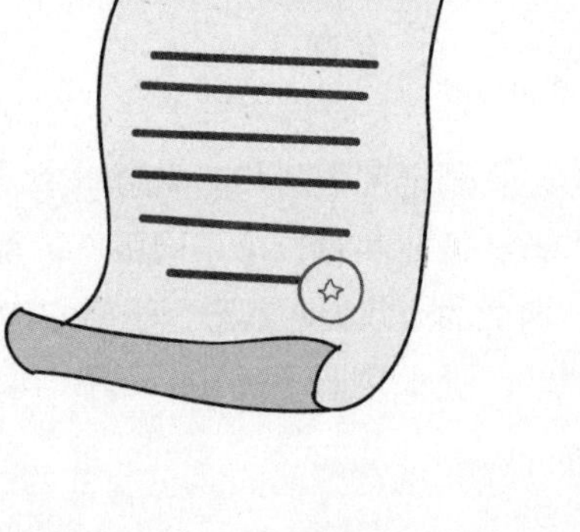

（七）民主集中制建设方面法规

用以规范党的民主集中制建设方面的工作和活动，推动民主集中制具体化、程序化，主要包括规范党员民主权利保障、党的代表大会制度、党的委员会制度等的法规，如《中国共产党党员权利保障条例》《中国共产党地方委员会工作条例》等。

（八）机关工作方面法规

用以规范党的机关运行和服务保障体制机制，主要包括规范党的各级机关公文办理、会议活动服务、综合协调、信息报送、督促检查、法规服务、安全保密、通信保障、档案服务、机关事务管理等的法规，如《党政机关公文处理工作条例》《中国共产党党内法规和规范性文件备案规定》等。

以上八个方面的法规，共同构成党内法规体系。

扩展阅读

党内法规体系已初步形成

新中国成立以来特别是改革开放以来，适应不同历史时期党的建设需要，中央科学谋划、统筹布局，制定颁布了一系列党内法规，初步形成了以党章为核心的党内法规体系，党内生活主要方面基本实现了有规可依。截至目前，我们党制定了1个党章，2个准则，26个条例，约1800个规则、规定、办法、细则；其中，党的中央组织制定的党内法规140多个，中央纪委和中央各部门制定的党内法规约150个，地方制定的党内法规1500多个。

第二节　党章及相关法规

党章是我们党最重要的文献，是最根本的党内法规，是制定其他党内法规的基础和依据。党章相关法规根据党章的有关规定，确立党内政治生活的基本准则，明确党组织的组成和职权，是党内法规制度体系的“四梁八柱”。这里重点介绍党章和《关于党内政治生活的若干准则》。

一、党章

党章是党内根本大法，在党内法规制度体系中具有最高地位和最高效力。党的二大制定了中国共产党第一个党章，之后每一次党的全国代表大会都对党章进行修改，目前共有17个不同版本。现行党章是1982年9月党的十二大通过的，2012年11月党的十八大对其进行了第六次修改。

党章共十一章五十三条，集中阐述了党的性质和宗旨、路线和纲领、指导思想和奋斗目标、中国特色社会主义事业总体布局和党的建设总体要求，规定了入党条件、党员义务和权利、党员发展和管理，规定了党的中央组织及其职权、地方组织及其职权，以及基层组织的范围、作用和基本任务，规定了党的各级领导干部的基本条件，并对党的纪律处分的种类、程序、原则，以及党的纪律检查机关的产生和领导体制等作了明确规定，是立党、管党、治党的总章程和总规矩。

党章规定党的性质和宗旨、路线和纲领、指导思想和奋斗目标，是一面公开树立的旗帜，是一扇对外展示形象的窗口；党章宣示党的理论基础和政治主张，规范党的领导和执政行为，保证了全党在思想上、政治上、组织上、作风上、行动上的一致，为全党统一思想、统一行动提供了根本准绳，为实现党的政治路线、现实目标和最终目标提供了基本保证；党章规定党内生活准则和各项纪律，是全面从严治党的根本依据；党章阐述党的基本知识，规定党员条件及其义务和权利，规定党的各级领导干部的基本条件，是对党员进行教育的最好教材。在90多年的奋斗历程中，我们党认真总结革命建设改革的成功经验，及时把党的实践创新、理论创新、制度创新的重要成果体现到党章中，使党章在推进党的事业、加强党的建设中发挥了重要指导作用。

扩展阅读

党章史上的第一次

1922年7月，党在二大通过的《中国共产党章程》，第一次提出反帝反封建的民主革命纲领。党的三大党章适应同国民党建立革命统一战线、要求提高党员素质的需要，第一次对党员的候补期作了规定。党的四大党章第一次称党的领导人为总书记。党的五大党章第一次规定民主集中制为指导原则，第一次规定中央政治局和中央政治局常委会的设置，第一次对入党年龄作了规定，第一次规定党的纪检监察机构监察委员会，第一次规定党组。党的六大党章第一次确立了退党制度。党的七大党章第一次增写了总纲，第一次把毛泽东思想确立为党的指导思想，第一次设立中央书记处。党的十二大党章第一次对改革开放作出阐述，第一次确立社会主义初级阶段理论，第一次提出中国

特色社会主义理论体系，第一次规定“党必须在宪法和法律的范围内活动”。党的十四大党章第一次将我国经济体制改革的目标确定为建立社会主义市场经济体制。党的十五大党章第一次把邓小平理论确立为全党指导思想。党的十六大党章第一次把“三个代表”重要思想写入党章，第一次规定其他社会阶层的先进分子可以入党，第一次写入依法治国，建设社会主义法治国家。党的十七大第一次写入中国特色社会主义事业总体布局。党的十八大第一次把科学发展观确立为党的指导思想。党章史上的第一次，反映了我们党革故鼎新、与时俱进的实践品格。

党章是党的总章程，集中体现了党的性质和宗旨、党的理论和路线方针政策、党的重要主张，规定了党的重要制度和体制机制，是全党必须共同遵守的根本行为规范。认真学习党章、严格遵守党章，是加强党的建设的一项基础性经常性工作，也是全党同志的应尽义务和庄严责任。全党同志都要全面了解和掌握党章的基本内容。要把党章学习教育作为经常性工作来抓，通过日常学习、专题培训等形式，组织党员学习党章。要把学习党章作为各级党校、干校培训党员领导干部的必备课程。要把检查学习和遵守党章情况作为组织生活会、民主生活会的重要内容。要严格遵守党章各项规定。全党要牢固树立党章意识，真正把党章作为加强党性修养的根本标准，作为指导党的工作、党内活动、党的建设的根本依据，把党章各项规定落实到行动上、落实到各项事业中。要加强对遵守党章、执行党章情况的督促检查，对党章意识不强、不按党章规定办事的要及时提醒，对严重违反党章规定的行为要坚决纠正。党员领导干部要做学习党章、遵守党章的模范。各级领导干部要把学习党章作为必修课，走上新的领导岗位的同志要把学习党章作为第一课，带头遵守党章各项规定。

二、关于党内政治生活的若干准则

我们党在长期的革命斗争中，十分重视思想、作风建设，保证了党在组织上的先进性纯洁性，逐步形成了以实事求是、理论联系实际、密切联系群众、批评和自我批评、民主集中制等为主要内容的政治生活准则。这些政治生活准则，保证了我们党具有强大的战斗力凝聚力，使我们党领导全国人民取得了新民主主义革命的胜利，始终成为中国特色社会主义事业的坚强领导核心。但是，由于党和国家的民主集中制不够健全，党内脱离实际、脱离群众、主观主义、官僚主义、独断专行、特权思想等不良倾向有所发展，党内正常的政治生活在一定程度上受到损害。特别是在“文化大革命”期间，林彪、“四人帮”肆意践踏党规党法，取消党的领导，使党的组织、党员的党性观念、党的优良传统和作风遭到了严重破坏。为全面恢复和进一步发扬党的优良传统和作风，健全党的民主生活，维护党的团结统一，提高党的战斗力凝聚力，1980年2月29日，党的十一届五中全会通过了《关于党内政治生活的若干准则》。

扩展阅读

准则的制定背景

“文化大革命”结束后，经过一段时间的拨乱反正，全党全国基本上呈现出安定团结、生动活泼的政治局面。怎样才能维护安定团结的政治局面，是邓小平、陈云等中央领导同志十分关注的问题。为使全党全国人民深刻汲取民主集中制原则和国家民主法制受到破坏的惨痛教训，使类似事件永远不再重演，中央决定重申党内政治生活的一些基本准则。由于此时党的十一届三中全会召开不久，修改党章来不及，根据邓小平、陈云等中央领导同志意见，先搞一个准则指导当时工作，作为党章的具体补充，实际上起党纲作用。这就是党的十一届五中全会通过的《关于党内政治生活的若干准则》。

准则分为引言、正文、结束语三部分。引言主要阐述了准则制定的背景和意义。正文共十二条：一是坚持党的政治路线和思想路线；二是坚持集体领导，反对个人专断；三是维护党的集中统一，严格遵守党的纪律；四是坚持党性，根绝派性；五是要讲真话，言行一致；六是发扬党内民主，正确对待不同意见；七是保障党员的权利不受侵犯；八是选举要充分体现选举人的意志；九是同错误倾向和坏人坏事作斗争；十是正确对待犯错误的同志；十一是接受党和群众的监督，不准搞特权；十二是努力学习，做到又红又专。结束语主要对各级党员干部学习贯彻准则提出要求。

《关于党内政治生活的若干准则》是我们党经过十年动乱、遭受惨重损失后，根据马克思列宁主义、毛泽东思想的建党原则，按照党的十一届三中全会精神，汲取建党以来的经验教训制定出来的。准则作为党章的补充和细化，是一部比较全面系统的党规党法，既概括了历史上处理党内关系和整顿党风的经验，又提出了体现时代特征的党的建设任务和要求，对提升党员特别是党员领导干部的思想政治水平、加强党的建设具有重要意义。

严格的党内生活，是党的优良传统和政治优势，是解决党内矛盾、加强党员干部党性的有效途径，也是保持党的团结统一、增强党的生机活力的重要措施。虽然准则发布已经30多年，党员队伍结构和状况发生了显著变化，中国特色社会主义事业和党的建设取得了巨大成就，但准则确定的党内政治生活原则仍然是广大党员干部的行为准绳。在十八届中央纪委二次全会上，习近平总书记强调，党员干部特别是领导干部要认真重温学习准则，坚决贯彻执行准则。全体党员要认真学习准则，完整领会和正确掌握准则的精神实质，对照准则的各项规定，认真检查自己的工作、思想和作风，把准则运用到民主生活会和民主评议中，体现在日常政治生活中。党的各级领导机关和领导干部要做学习准则、遵守准则的模范，自觉按照党的组织原则和党内政治生活准则办事。每个党员干部都要增强言党忧党为党意识，落实爱党兴党护党行为，敢于同形形色色违反党内政治生活原则和制度的现象作斗争。

第三节 党的组织建设法规

建党90多年来，党的组织工作适应不同历史时期的形势任务，不断总结经验教训，并以制度形式固定下来，形成了以党章为根本，以干部工作、组织建设、人才工作和组织部门自身建设法规制度为主要内容的组织工作法规制度体系，为组织工作创新发展提供了重要制度保障。据统计，改革开放以来制定发布的组织工作法规文件有1200多件，其中党内法规有40多件。这里重点介绍《党政领导干部选拔任用工作条例》。

治国之要，首在用人。我们党历来高度重视选贤任能，始终把选人用人作为关系党和人民事业的关键性、根本性问题来抓。习近平总书记多次强调，好干部要做到信念坚定、为民服务、勤政务实、敢于担当、清正廉洁（简称好干部“20字”标准）。

把好干部选好用好，需要科学有效的用人机制。2002年7月中共中央颁布《党政领导干部选拔任用工作条例》，在规范干部选任工作、建立健全科学的选拔任用机制、防止和纠正选人用人上不正之风等方面，发挥了重要作用。但随着干部工作形势任务和干部队伍状况的变化，条例已不能完全适应新的要求。主要表现在以下三方面：一是中央对干部工作提出了新要求。党的十八大以来，以习近平同志为总书记的党中央对干部工作的指导思想、目标任务、基本原则等提出了一系列新思想新要求，标志着党对干部工作规律的认识达到了新的高度。这些新思想新要求需要通过条例的修订转化为具体制度规定。二是干部选拔任用工作中出现了一些新情况新问题，如民主质量不高、评价使用干部唯GDP、唯票、唯分、唯年龄等问题突出，公开选拔和竞争上岗、破格提拔等亟需从制度层面加以改进。三是干部人事制度改革积累了新经验，干部政策有新变化新调整，这些也需要对条例进行修订。2014年1月，中共中央印发了修订后的条例。

扩展阅读

“最年轻代县长”风波

2011年8月，河北省某市公布了一份所属19个区县（市）的人事调整名单。时年29岁的闫某拟提拔为某县委副书记、代县长。“80后代县长”迅速成为舆论焦点，各种爆料层出不穷，传播最多的版本称闫某出自官员世家，近亲中有两个厅级高官、三个县级领导、不少科级干部。此后有网友发现，在县政府网站上找不到闫某的相关信息。"县长的简历是机密，不便对外公开。"该县政府一名工作人员在回应外界质疑时的这句话引起轩然大波，更多媒体加入到对闫某的"围观"队伍。直到9月21日下午，该县政府网站才挂出闫某的简历。简历显示，从1999年9月闫某参加工作开始算起，12年间其职位共变迁9次。网友们对闫某21岁提为副科级干部并在三四年间频繁转岗乃至受到重用的原因感到不解，对其家庭背景更加好奇。12月26日，闫某在巨大的舆论压力下提出辞职。闫某的辞呈很快得到批复。

《共产党领导干部选拔任用工作条例》共十三章、七十一条，对党政领导干部选拔任用工作作了全方位规定。一是确立了干部选拔任用工作的指导思想、基本原则、基本要求、适用范围，鲜明地将好干部"20字"标准写入总则，将其作为干部选拔任用工作的重要遵循；坚持党管干部原则，在原则标准和程序方法等多方面强调党组织的领导和把关作用。二是明确了党政领导干部应当具备的基本条件和任职资格，规定了提出启动干部选拔任用工作的权限。三是规定了民主推荐的方式、程序和范围，考察的条件、内容和程序，以及讨论决定和任职程序。在合理定位和改进方法的基础上，强调根据知情度、关联度和代表性原则合理确定参加民主推荐的人员范围，着力提高民意表达的真实性，减少民主推荐的失真失实；强调加强对政治品质和道德品行、科学发展实绩、作风表现、廉政情况的考察，防止简单以GDP评价政绩。四是规范公开选拔和竞争上岗。合理确定范围、严格资格条件的设置、加强组织把关，坚持实践标准，突出实绩竞争，防止简单以分数取人。五是从严规范破格提拔。规定特别优秀或者工作特殊需要的干部才可以破格提拔，强调破格不能降低干部标准，不能破基本条件，不能破有关法律、章程规定的资格，并规定破格提拔干部在讨论决定前，必须报经上级组织人事部门同意。六是严明选拔纪律，严肃责任追究，对党组织、领导干部和选拔对象都提出了严格要求。

新修订条例体现了中央有关干部工作的新精神新要求，吸收了干部人事制度改革的新经验新成果，改进了干部选拔任用制度，是新时期做好领导干部选拔任用工作的基本遵循，也是从源头上预防和治理选人用人不正之风的有力武器。条例的颁布实施，对于把新时期好干部标准落实到干部选拔任用工作中去，建立健全科学的干部选拔任用机制和监督管理机制，解决干部工作中的突出问题，建设高素质的党政领导干部队伍，保证党的路线方针政策全面贯彻执行和中国特色社会主义事业顺利进行，具有十分重要的意义。

各级党委（党组）及其组织（人事）部门一定要认真学习、大力宣传、严格执行新修订的条例。党政主要领导同志要增强政治纪律、组织人事纪律观念，带头遵守条例，规范行使选人用人权。组织（人事）部门要坚持公道正派、依规办事，把好选人用人关。要坚持党管干部原则，完善干部选拔任用方法，发挥党组织在干部选拔任用工作中的领导和把关作用。要坚持干部工作的群众路线，坚持群众公认，充分发扬民主，改进民主推荐和民主测评，提高干部工作民主质量，防止简单以票取人、以分取人。要全面准确贯彻民主、公开、竞争、择优方针，完善公开选拔、竞争上岗等竞争性选拔方式，进一步推进干部人事制度改革，努力做到选贤任能、用当其时，知人善任、人尽其才，把好干部及时发现出来、合理使用起来。

第四节　党的作风建设法规

党的作风关系党的生死存亡。健全的制度是党风建设的基本保证。我们党历来高度重视作风制度建设。改革开放以来，中央出台了20多件作风建设方面的党内法规，中央纪委、中央各部门印发了一批配套党内法规。这里重点介绍中央八项规定。

一个政党，一个政权，其前途和命运最终取决于人心向背。党群关系的密切程度，始终都是党的执政能力强弱的根本指标。历史经验表明，如果一个政党脱离它所代表的民众，就会失去执政根基，就会在历史的拐点上为人民所抛弃。所以说脱离群众是我们党执政后的最大危险。在新形势下，党所处历史方位和执政条件、党员队伍组成结构都发生了重大变化，党面临的执政考验、改革开放考验、市场经济考验、外部环境考验和精神懈怠风险、能力不足风险、脱离群众风险、消极腐败风险是长期的、复杂的、严峻的。处理好党同人民群众的关系、始终保持密切联系群众的作风，是我们党长期执政面临的重大课题。

2012年12月4日，习近平总书记主持召开中央政治局会议，审议通过了《十八届中央政治局关于改进工作作风、密切联系群众的八项规定》。规定要求：

一要改进调查研究，到基层调研要深入了解真实情况，总结经验、研究问题、解决困难、指导工作，向群众学习、向实践学习，多同群众座谈，多同干部谈心，多商量讨论，多解剖典型，多到困难和矛盾集中、群众意见多的地方去，切忌走过场、搞形式主义；要轻车简从、减少陪同、简化接待，不张贴悬挂标语横幅，不安排群众迎送，不铺设迎宾地毯，不摆放花草，不安排宴请。

二要精简会议活动，切实改进会风，严格控制以中央名义召开的各类全国性会议和举行的重大活动，不开泛泛部署工作和提要求的会，未经中央批准一律不出席各类剪彩、奠基活动和庆祝会、纪念会、表彰会、博览会、研讨会及各类论坛；提高会议实效，开短会、讲短话，力戒空话、套话。

三要精简文件简报，切实改进文风，没有实质内容、可发可不发的文件、简报一律不发。

四要规范出访活动，从外交工作大局需要出发合理安排出访活动，严格控制出访随行人员，严格按照规定乘坐交通工具，一般不安排中资机构、华侨华人、留学生代表等到机场迎送。

五要改进警卫工作，坚持有利于联系群众的原则，减少交通管制，一般情况下不得封路、不清场闭馆。

六要改进新闻报道，中央政治局同志出席会议和活动应根据工作需要、新闻价值、社会效果决定是否报道，进一步压缩报道的数量、字数、时长。

七要严格文稿发表，除中央统一安排外，个人不公开出版著作、讲话单行本，不发贺信、贺电，不题词、题字。

八要厉行勤俭节约，严格遵守廉洁从政有关规定，严格执行住房、车辆配备等有关工作和生活待遇的规定。

好作风是我们党长期探索形成的根本工作方法，是我们党最大的政治优势和执政资源。八项规定充分体现了党中央带头改进作风的坚定决心，体现了从严治党的要求，体现了对人民期待的尊重和回应，是党中央应对执政风险的战略思考，是新一届中央领导集体的庄严政治承诺，是聚党心得民心的重大举措，是对党的各级领导干部提出的政治要求。

扩展阅读

八项规定改变中国

八项规定是党的十八大后全面从严治党的第一个举措。三年来，中央率先垂范、以上率下，各地区各部门积极响应、全面跟进，党风政风民风发生了根本改变。

——政府官员出门自己开车、晚上回家吃饭，已经逐渐成为常态。人们切身感受到了“三公消费”大减，“舌尖浪费”被遏制，“会所歪风”停刮。

——从2013年起，每逢春节、中秋节、教师节等节假日，中央都专门出台文件，严刹送礼之风。浙江省义乌市某地是挂历集散地。2013年前，每年都有全国各地的党政机关、企事业单位人员到此采购挂历，少则几千份，多则几万份。2013年中央纪委发出《关于严禁公款购买印制寄送贺年卡等物品的通知》后，所有公家人都“爽约”了，经营挂历的企业多多少少都赔了钱。

——中央纪委网站每月更新一次月报，从未间断。截至2015年10月31日，全国累计查处违反八项规定问题104934起，处理人数138867人，其中55289人受到党纪政纪处分。在被处理的干部中，省部级7人，地厅级678人，县处级7389人，乡科级130793人。黑龙江省副省级干部付某因私公款消费，大量饮酒并造成陪酒人员一死一伤的严重后果，被处以留党察看一年处分，由副省级降为正局级。

——社会风气有了很大改观。久治不下的高价烟酒、高价月饼、高价花卉、高价宴请、高价娱乐，突然间销声匿迹。

贯彻八项规定这三年，是党风廉政建设取得显著成效的三年，是取信于民、赢得民心的三年，是重树党的威信、重塑党的形象的三年，是深刻改变中国面貌的三年。

八项规定的颁布实施，向全党发出了转变工作作风改进党风政风的号召。各级党政机关和领导干部要认真学习领会八项规定的深刻内涵和重大意义，增强宗旨意识、忧患意识和使命意识，坚持以人为本、执政为民，带头改进工作作风，带头深入基层调查研究，带头密切联系群众，带头解决实际问题，始终把人民放在心中最高位置，始终保持共产党人清正廉洁的政治本色。

第五节　党的反腐倡廉建设法规

腐败是侵蚀党的肌体的毒瘤。保持党的先进性纯洁性，必须坚决惩治和有效预防腐败。制度建设是反腐倡廉建设的治本之策。我们党历来高度重视反腐倡廉制度建设，制定发布了一大批反腐倡廉建设法规，教育、监督、改革、纠风、惩治等反腐倡廉建设各个方面基本实现了有规可依，反腐倡廉法规制度体系已基本形成。据统计，改革开放以来，中央制定发布了20多件反腐倡廉建设方面的党内法规，同时中央纪委印发了130多件配套法规制度。这里重点介绍《中国共产党廉洁自律准则》和《中国共产党纪律处分条例》。

一、中国共产党廉洁自律准则

办好中国的事情，关键在党。我们党是靠革命理想和铁的纪律组织起来的马克思主义政党，组织严密、纪律严明是党的优良传统和政治优势，是我们党的力量所在。全面从严治党，必然要求全体党员特别是党员领导干部坚定理想信念，坚持根本宗旨，发扬优良作风，始终走在时代前列，始终成为中国特色社会主义事业的坚强领导核心。

2001年中共中央印发的《中国共产党党员领导干部廉洁从政若干准则》，对于促进党员领导干部廉洁从政，保持党的先进性纯洁性发挥了重要作用。党的十八大以来，随着全面从严治党实践的不断深化，准则已不能完全适应新的实践需要。主要表现在：一是适用对象过窄，仅对党员领导干部提出要求，未能涵盖8700多万党员；二是缺少正面倡导，许多条款与修订前的党纪处分条例和国家法律重复；三是廉洁主题不够突出，一些内容与廉洁主题无直接关联。

鉴于以上原因，有必要对准则予以修订。2015年10月18日，中共中央印发了新修订的《中国共产党廉洁自律准则》。准则共八条，包括导语、党员廉洁自律规范和党员领导干部廉洁自律规范3部分。主要内容源自于党章和党的几代领导人特别是习近平总书记的重要论述，可以概括为“四个必须”“八条规范”。准则在导语部分提出“四个必须”，体现了准则的制定目的和目标要求，即全体党员和各级党员领导干部必须坚定共产主义理想和中国特色社会主义信念，必须坚持全心全意为人民服务根本宗旨，必须继承发扬党的优良传统和作风，必须自觉培养高尚道德情操，努力弘扬中华民族传统美德，廉洁自律，接受监督，永葆党的先进性和纯洁性。在党员廉洁自律规范部分，准则围绕如何正确对待和处理“公与私”“廉与腐”“俭与奢”“苦与乐”的关系提出“四条规范”，即坚持公私分明，先公后私，克己奉公；坚持崇廉拒腐，清白做人，干净做事；坚持尚俭戒奢，艰苦朴素，勤俭节约；坚持吃苦在前，享受在后，甘于奉献。在党员领导干部廉洁自律规范部分，针对党员领导干部这个“关键少数”，围绕廉洁从政，准则从公仆本色、行使权力、品行操守、良好家风等方面，对党员领导干部提出要求更高的“四条规范”，即廉洁从政，自觉保持人民公仆本色；廉洁用权，自觉维护人民根本利益；廉洁修身，自觉提升思想道德境界；廉洁齐家，自觉带头树立良好家风。

任何一个社会、任何一个公民不能都踩到法律的底线上，党员更不能站在纪律的边缘。准则以党章作为根本遵循，坚持依规治党与以德治党相结合，针对现阶段党员和党员领导干部在廉洁自律方面存在的主要问题，为党员和党员领导干部树立了一个看得见、够得着的高标准，展现了共产党人高尚道德追求，体现了古今中外道德规范从高不从低的共性要求。

修订后的廉洁自律准则，是党执政以来第一个坚持正面倡导、面向全体党员的廉洁自律规范，是向全体党员发出的道德宣示和对全国人民的庄严承诺。各级党组织要切实担当和落实好全面从严治党的主体责任，抓好准则的学习宣传和贯彻落实，把各项要求刻印在全体党员特别是党员领导干部的心上。各级党员领导干部要发挥表率作用，以更高更严的要求，带头践行廉洁自律规范。广大党员要加强党性修养，保持和发扬党的优良传统作风，使廉洁自律规范内化于心、外化于行，坚持理想信念宗旨“高线”，永葆共产党人清正廉洁的政治本色。

二、中国共产党纪律处分条例

坚持党要管党、从严治党，是实现“两个一百年”奋斗目标和中华民族伟大复兴中国梦的根本保证。全面从严治党，必须围绕坚持党的领导这个根本，注重依规依纪治党，切实加强党的纪律建设。

原党纪处分条例是在1997年《中国共产党纪律处分条例（试行）》基础上修

订而成的，2003年12月颁布实施，对维护党章和其他党内法规，严肃党的纪律等发挥了重要作用。随着党的建设深入推进，条例也呈现一些不相适应的地方：一是对违反党章、损害党章权威的违纪行为缺乏必要和严肃的责任追究；二是纪法不分，近半数条款与刑法等国家法律规定重复，将适用于全体公民的法律规范作为党组织和党员的纪律标准，降低了对党组织和党员的要求；三是有必要将党的十八大以来从严治党的实践成果制度化，将严明政治纪律和政治规矩、组织纪律，落实中央八项规定精神，反对“四风”等内容吸收进条例。为把党规党纪的权威性在全党树起来、立起来，切实唤醒广大党员干部的党章党规党纪意识，有必要对党纪处分条例进行修订。2015年10月18日，中共中央颁布了新修订的《中国共产党纪律处分条例》。

修订后的条例共三编、十一章、一百三十三条，分总则、分则、附则三部分。主要内容有以下五方面：一是对条例的指导思想、基本原则和适用范围作出规定，增加了党组织和党员必须自觉遵守党章，模范遵守国家法律法规的规定；二是对违纪概念、纪律处分种类及其影响等作出规定，将严重警告的影响期由原来的一年修改为一年半；三是对纪律处分运用规则作出规定，将在纪律集中整饬过程中不收敛、不收手列为从重或者加重处分的情形；四是对涉嫌违法犯罪党员的纪律处分作出规定，实现党纪与国法的有效衔接；五是将原条例规定的十类违纪行为整合修订为六类，分别为：对违反政治纪律行为的处分、对违反组织纪律行为的处分、对违反廉洁纪律行为的处分、对违反群众纪律行为的处分、对违反工作纪律行为的处分、对违反生活纪律行为的处分。在这6种违纪行为的规定中，增加了拉帮结派、对抗组织审查、组织或者参加迷信活动、搞无原则一团和气以及违反党的优良传统和工作惯例等党的规矩的违纪条款；不按照有关规定或者工作要求向组织请示报告重大问题，不如实报告个人有关事项，篡改、伪造个人档案资料，隐瞒入党前严重错误等违纪条款；搞权权交易，对亲属和身边工作人员管教不力，赠送明显超出正常礼尚往来的礼品、礼金、消费卡，违规出入私人会所，搞权色交易和钱色交易等违纪条款；超标准、超范围向群众筹资筹劳，在办理涉及群众事务时故意刁难、吃拿卡要等侵害群众利益的违纪条款；党组织不履行全面从严治党主体责任，违规干预和插手市场经济活动，违规干预和插手司法活动、执纪执法活动等违纪条款；生活奢靡，违背社会公序良俗等违纪条款。

条例贯彻党的十八大和十八届三中、四中全会精神，坚持依规治党与以德治党相结合，围绕党纪戒尺要求，开列负面清单，重在立规，是对党章规定的具体化，划出了党组织和党员不可触碰的底线，对于贯彻全面从严治党要求，把纪律和规矩挺在前面，切实维护党章和其他党内法规的权威性严肃性，保证党的路线方针政策和国家法律法规的贯彻执行，深入推进党风廉政建设和反腐败斗争，具有十分重要的意义。

各级党委（党组）要按照中央要求，切实担当和落实好全面从严治党的主体责任，认真贯彻执行党纪处分条例，严明党纪戒尺，把党的纪律刻印在全体党员特别是党员领导干部的心上。要坚持问题导向，把严守政治纪律和政治规矩放在首位，通过严肃政治纪律和政治规矩带动其他纪律严起来。要坚持把纪律和规矩挺在前面，落实抓早抓小，绝不允许突破纪律底线。党员领导干部要以身作则，敢于担当、敢于较真、敢于斗争，确保把党章党规党纪落实到位。广大党员要牢固树立党章党规党纪意识，做到讲规矩、守纪律，知敬畏、存戒惧，自觉在廉洁自律上追求高标准，在严守党纪上远离违纪红线，在全党逐渐形成尊崇制度、遵守制度、捍卫制度的良好风尚。

思考题

1. 什么是党内法规？
2. 《关于党内政治生活的若干准则》是哪一年颁布的？
3. 八项规定是什么时间提出的？
4. 《中国共产党纪律处分条例》主要包括几方面内容？

附录

中共中央 国务院转发《中央宣传部、司法部关于在公民中开展法治宣传教育的第七个五年规划（2016—2020年）》的通知

各省、自治区、直辖市党委和人民政府，中央和国家机关各部委，解放军各大单位、中央军委机关各部门，各人民团体：

《中央宣传部、司法部关于在公民中开展法治宣传教育的第七个五年规划（2016—2020年）》（以下简称“七五”普法规划）已经中央同意，现转发给你们，请结合实际认真贯彻执行。

全民普法和守法是依法治国的长期基础性工作。深入开展法治宣传教育，是贯彻落实党的十八大和十八届三中、四中、五中全会精神的重要任务，是实施“十三五”规划、全面建成小康社会的重要保障。各级党委和政府要把法治宣传教育纳入当地经济社会发展规划，进一步健全完善党委领导、人大监督、政府实施的法治宣传教育工作领导体制，确保“七五”普法规划各项目标任务落到实处。要坚持把领导干部带头学法、模范守法作为树立法治意识的关键，完善国家工作人员学法用法制度，把法治观念强不强、法治素养好不好作为衡量干部德才的重要标准，把能不能遵守法律、依法办事作为考察干部的重要内容，切实提高领导干部运用法治思维和法治方式深化改革、推动发展、化解矛盾、维护稳定的能力。坚持从青少年抓起，把法治教育纳入国民教育体系，引导青少年从小掌握法律知识、树立法治意识、养成守法习惯。要坚持法治宣传教育与法治实践相结合，深化基层组织和部门、行业依法治理，深化法治城市、法治县（市、区）等法治创建活动，全面提高全社会法治化治理水平。要推进法治教育与道德教育相结合，促进实现法律和道德相辅相成、法治和德治相得益彰。要健全普法宣传教育机制，实行国家机关“谁执法谁普法”的普法责任制，健全媒体公益普法制度，推进法治宣传教育工作创新，不断增强法治宣传教育的实效。要通过深入开展法治宣传教育，传播法律知识，弘扬法治精神，建设法治文化，充分发挥法治宣传教育在全面依法治国中的基础作用，推动全社会树立法治意识，为顺利实施“十三五”规划、全面建成小康社会营造良好的法治环境。

中共中央　国务院

2016年3月25日

中央宣传部、司法部关于在公民中开展法治宣传教育的第七个五年规划（2016—2020年）

在党中央、国务院正确领导下，全国第六个五年法制宣传教育规划（2011—2015年）顺利实施完成，法治宣传育工作取得显著成效。以宪法为核心的中国特色社会主义法律体系得到深入宣传，法治宣传教育主题活动广泛开展，多层次多领域依法治理不断深化，法治创建活动全面推进，全社会法治观念明显增强，社会治理法治化水平明显提高，法治宣传教育在建设社会主义法治国家中发挥了重要作用。

党的十八大以来，以习近平同志为总书记的党中央对全面依法治国作出了重要部署，对法治宣传教育提出了新的更高要求，明确了法治宣传教育的基本定位、重大任务和重要措施。十八届三中全会要求"健全社会普法教育机制"；十八届四中全会要求"坚持把全民普法和守法作为依法治国的长期基础性工作，深入开展法治宣传教育"；十八届五中全会要求"弘扬社会主义法治精神，增强全社会特别是公职人员尊法学法守法用法观念，在全社会形成良好法治氛围和法治习惯"。习近平总书记多次强调"领导干部要做尊法学法守法用法的模范"，要求法治宣传教育"要创新宣传形式，注重宣传实效"，为法治宣传教育工作指明了方向，提供了基本遵循。与新形势新任务的要求相比，有的地方和部门对法治宣传教育重要性的认识还不到位，普法宣传教育机制还不够健全，实效性有待进一步增强。深入开展法治宣传教育，增强全民法治观念，对于服务协调推进"四个全面"战略布局和"十三五"时期经济社会发展，具有十分重要的意义。为做好第七个五年法治宣传教育工作，制定本规划。

一、指导思想、主要目标和工作原则

第七个五年法治宣传教育工作的指导思想是：高举中国特色社会主义伟大旗帜，全面贯彻党的十八大和十八届三中、四中、五中全会精神，以马克思列宁主义、毛泽东思想、邓小平理论、"三个代表"重要思想、科学发展观为指导，深入贯彻习近平总书记系列重要讲话精神，坚持"四个全面"战略布局，坚持创新、协调、绿色、开放、共享的发展理念，按照全面依法治国新要求，深入开展法治宣传教育，扎实推进依法治理和法治创建，弘扬社会主义法治精神，建设社会主义法治文化，推进法治宣传教育与法治实践相结合，健全普法宣传教育机制，推动工作创新，充分发挥法治宣传教育在全面依法治国中的基础作用，推动全社会树立法治意识，为"十三五"时期经济社会发展营造良好法治环境，为实现"两个一百年"奋斗目标和中华民族伟大复兴的中国梦作出新的贡献。

第七个五年法治宣传教育工作的主要目标是：普法宣传教育机制进一步健全，法治宣传教育实效性进一步增强，依法治理进一步深化，全民法治观念和全体党员党章党规意识明显增强，全社会厉行法治的积极性和主动性明显提高，形成守法光荣、违法可耻的社会氛围。

第七个五年法治宣传教育工作应遵循以下原则：

——坚持围绕中心，服务大局。围绕党和国家中心工作开展法治宣传教育，更好地服务协调推进“四个全面”战略布局，为全面实施国民经济和社会发展“十三五”规划营造良好法治环境。

——坚持依靠群众，服务群众。以满足群众不断增长的法治需求为出发点和落脚点，以群众喜闻乐见、易于接受的方式开展法治宣传教育，增强全社会尊法学法守法用法意识，使国家法律和党内法规为党员群众所掌握、所遵守、所运用。

——坚持学用结合，普治并举。坚持法治宣传教育与依法治理有机结合，把法治宣传教育融入立法、执法、司法、法律服务和党内法规建设活动中，引导党员群众在法治实践中自觉学习、运用国家法律和党内法规，提升法治素养。

——坚持分类指导，突出重点。根据不同地区、部门、行业及不同对象的实际和特点，分类实施法治宣传教育。突出抓好重点对象，带动和促进全民普法。

——坚持创新发展，注重实效。总结经验，把握规律，推动法治宣传教育工作理念、机制、载体和方式方法创新，不断提高法治宣传教育的针对性和时效性，力戒形式主义。

二、主要任务

（一）深入学习宣传习近平总书记关于全面依法治国的重要论述。党的十八大以来，习近平总书记站在坚持和发展中国特色社会主义全局的高度，对全面依法治国作了重要论述，提出了一系列新思想、新观点、新论断、新要求，深刻回答了建设社会主义法治国家的重大理论和实践问题，为全面依法治国提供了科学理论指导和行动指南。要深入学习宣传习近平总书记关于全面依法治国的重要论述，增强走中国特色社会主义道路的自觉性和坚定性，增强全社会厉行法治的积极性和主动性。深入学习宣传以习近平同志为总书记的党中央关于全面依法治国的重要部署，宣传科学立法、严格执法、公正司法、全民守法和党内法规建设的生动实践，使全社会了解和掌握全面依法治国的重大意义和总体要求，更好地发挥法治的引领和规范作用。

（二）突出学习宣传宪法。坚持把学习宣传宪法摆在首要位置，在全社会普遍开展宪法教育，弘扬宪法精神，树立宪法权威。深入宣传依宪治国、依宪执政等理念，宣传党的领导是宪法实施的最根本保证，宣传宪法确立的国家根本制度、根本任务和我国的国体、政体，宣传公民的基本权利和义务等宪法基本内容，宣传宪法的实施，实行宪法宣誓制度，认真组织好“12·4”国家宪法日集中宣传活动，推动宪法家喻户晓、深入人心，提高全体公民特别是各级领导干部和国家机关工作人员的宪法意识，教育引导一切组织和个人都必须以宪法为根本活动准则，增强宪法观念，坚决维护宪法尊严。

（三）**深入宣传中国特色社会主义法律体系**。坚持把宣传以宪法为核心的中国特色社会主义法律体系作为法治宣传教育的基本任务，大力宣传宪法相关法、民法商法、行政法、经济法、社会法、刑法、诉讼与非诉讼程序法等多个法律部门的法律法规。大力宣传社会主义民主政治建设的法律法规，提高人民有序参与民主政治的意识和水平。大力宣传保障公民基本权利的法律法规，推动全社会树立尊重和保障人权意识，促进公民权利保障法治化。大力宣传依法行政领域的法律法规，推动各级行政机关树立“法定职责必须为、法无授权不可为”的意识，促进法治政府建设。大力宣传市场经济领域的法律法规，推动全社会树立保护产权、平等交换、公平竞争、诚实信用等意识，促进大众创业、万众创新，促进经济在新常态下平稳健康运行。大力宣传有利于激发文化创造活力、保障人民基本文化权益的相关法律法规，促进社会主义精神文明建设。大力宣传教育、就业、收入分配、社会保障、医疗卫生、食品安全、扶贫、慈善、社会救助和妇女儿童、老年人、残疾人合法权益保护等方面法律法规，促进保障和改善民生。大力宣传国家安全和公共安全领域的法律法规，提高全民安全意识、风险意识和预防能力。大力宣传国防法律法规，提高全民国防观念，促进国防建设。大力宣传党的民族、宗教政策和相关法律法规，维护民族地区繁荣稳定，促进民族关系、宗教关系和谐。大力宣传环境保护、资源能源节约利用等方面的法律法规，推动美丽中国建设。大力宣传互联网领域的法律法规，教育引导网民依法规范网络行为，促进形成网络空间良好秩序。大力宣传诉讼、行政复议、仲裁、调解、信访等方面的法律法规，引导群众依法表达诉求、维护权利，促进社会和谐稳定。在传播法律知识的同时，更加注重弘扬法治精神、培育法治理念、树立法治意识，大力宣传宪法法律至上、法律面前人人平等、权由法定、权依法使等基本法治理念，破除“法不责众”、“人情大于国法”等错误认识，引导全民自觉守法、遇事找法、解决问题靠法。

（四）**深入学习宣传党内法规**。适应全面从严治党、依规治党新形势新要求，切实加大党内法规宣传力度。突出宣传党章，教育引导广大党员尊崇党章，以党章为根本遵循，坚决维护党章权威。大力宣传《中国共产党廉洁自律准则》、《中国共产党纪律处分条例》等各项党内法规，注重党内法规宣传与国家法律宣传的衔接和协调，坚持纪在法前、纪严于法，把纪律和规矩挺在前面，教育引导广大党员做党章党规党纪和国家法律的自觉尊崇者、模范遵守者、坚定捍卫者。

（五）推进社会主义法治文化建设。以宣传法律知识、弘扬法治精神、推动法治实践为主旨，积极推进社会主义法治文化建设，充分发挥法治文化的引领、熏陶作用，使人民内心拥护和真诚信仰法律。把法治文化建设纳入现代公共文化服务体系，推动法治文化与地方文化、行业文化、企业文化融合发展。繁荣法治文化作品创作推广，把法治文化作品纳入各级文化作品评奖内容，纳入艺术、出版扶持和奖励基金内容，培育法治文化精品。利用重大纪念日、民族传统节日等契机开展法治文化活动，组织开展法治文艺展演展播、法治文艺演出下基层等活动，满足人民群众日益增长的法治文化需求。把法治元素纳入城乡建设规划设计，加强基层法治文化公共设施建设。

（六）推进多层次多领域依法治理。坚持法治宣传教育与法治实践相结合，把法律条文变成引导、保障经济社会发展的基本规则，深化基层组织和部门、行业依法治理，深化法治城市、法治县（市、区）等法治创建活动，提高社会治理法治化水平。深入开展民主法治示范村（社区）创建，进一步探索乡村（社区）法律顾问制度，教育引导基层群众自我约束、自我管理。发挥市民公约、乡规民约、行业规章、团体章程等社会规范在社会治理中的积极作用，支持行业协会商会类社会组织发挥行业自律和专业服务功能，发挥社会组织对其成员的行为导引、规则约束、权益维护作用。

（七）推进法治教育与道德教育相结合。坚持依法治国和以德治国相结合的基本原则，以法治体现道德理念，以道德滋养法治精神，促进实现法律和道德相辅相成、法治和德治相得益彰。大力弘扬社会主义核心价值观，弘扬中华传统美德，培育社会公德、职业道德、家庭美德、个人品德，提高全民族思想道德水平，为全面依法治国创造良好人文环境。强化规则意识，倡导契约精神，弘扬公序良俗，引导人们自觉履行法定义务、社会责任、家庭责任。发挥法治在解决道德领域突出问题中的作用，健全公民和组织守法信用记录，完善守法诚信褒奖机制和违法失信行为惩戒机制。

三、对象和要求

法治宣传教育的对象是一切有接受教育能力的公民，重点是领导干部和青少年。

坚持把领导干部带头学法、模范守法作为树立法治意识的关键。完善国家工作人员学法用法制度，把宪法法律和党内法规列入党委（党组）中心组学习内容，列为党校、行政学院、干部学院、社会主义学院必修课；把法治教育纳入干部教育培训总体规划，纳入国家工作人员初任培训、任职培训的必训内容，在其他各类培训课程中融入法治教育内容，保证法治培训课时数量和培训质量，切实提高领导干部运用法治思维和法治方式深化改革、推动发展、化解矛盾、维护稳定的能力。加强党章和党内法规学习教育，引导党员领导干部增强党章党规党纪意识，严守政治纪律和政治规矩，在廉洁自律上追求高标准，自觉远离违纪红线。健全日常学法制度，创新学法形式，拓宽学法渠道。健全完善重大决策合法性审查机制，积极推行法律顾问制度，各级党政机关和人民团体普遍设立公职律师，企业可设立公司律师。把尊法学法守法用法情况作为考核领导班子和领导干部的重要内容。把法治观念强不强、法治素养好不好作为衡量干部德才的重要标准，把能不能遵守法律、依法办事作为考察干部的重要内容。

坚持从青少年抓起。切实把法治教育纳入国民教育体系，制定和实施青少年法治教育大纲，在中小学设立法治知识课程，确保在校学生都能得到基本法治知识教育。完善中小学法治课教材体系，编写法治教育教材、读本，地方可将其纳入地方课程义务教育免费教科书范围，在小学普及宪法基本常识，在中、高考中增加法治知识内容，使青少年从小树立宪法意识和国家意识。将法治教育纳入“中小学幼儿园教师国家级培训计划”，加强法治课教师、分管法治教育副校长、法治辅导员培训。充分利用第二课堂和社会实践活动开展青少年法治教育，在开学第一课、毕业仪式中有机融入法治教育内容。加强对高等院校学生的法治教育，增强其法治观念和参与法治实践的能力。强化学校、家庭、社会“三位一体”的青少年法治教育格局，加强青少年法治教育实践基地建设和网络建设。

各地区各部门要根据实际需要，从不同群体的特点出发，因地制宜开展有特色的法治宣传教育。突出加强对企业经营管理人员的法治宣传教育，引导他们树立诚信守法、爱国敬业意识，提高依法经营、依法管理能力。加强对农民工等群体的法治宣传教育，帮助、引导他们依法维权，自觉运用法律手段解决矛盾纠纷。

四、工作措施

第七个法治宣传教育五年规划从2016年开始实施，至2020年结束。各地区各部门要根据本规划，认真制定本地区本部门规划，深入宣传发动，全面组织实施，确保第七个五年法治宣传教育规划各项目标任务落到实处。

（一）健全普法宣传教育机制。各级党委和政府要加强对普法工作的领导，宣传、文化、教育部门和人民团体要在普法教育中发挥职能作用。把法治教育纳入精神文明创建内容，开展群众性法治文化活动。人民团体、社会组织要在法治宣传教育中发挥积极作用，健全完善普法协调协作机制，根据各自特点和实际需要，有针对性地组织开展法治宣传教育活动。积极动员社会力量开展法治宣传教育，加强各级普法讲师团建设，选聘优秀法律和党内法规人才充实普法讲师团队伍，组织开展专题法治宣讲活动，充分发挥讲师团在普法工作中的重要作用。鼓励引导司法和行政执法人员、法律服务人员、大专院校法律专业师生加入普法志愿者队伍，畅通志愿者服务渠道，健全完善管理制度，培育一批普法志愿者优秀团队和品牌活动，提高志愿者普法宣传水平。加强工作考核评估，建立健全法治宣传教育工作考评指导标准和指标体系，完善考核办法和机制，注重考核结果的运用。健全激励机制，认真开展“七五”普法中期检查和总结验收，加强法治宣传教育先进集体、先进个人表彰工作。围绕贯彻中央关于法治宣传教育的总体部署，健全法治宣传教育工作基础制度，加强地方法治宣传教育条例制定和修订工作，制定国家法治宣传教育法。

（二）**健全普法责任制**。实行国家机关“谁执法谁普法”的普法责任制，建立普法责任清单制度。建立法官、检察官、行政执法人员、律师等以案释法制度，在执法司法实践中广泛开展以案释法和警示教育，使案件审判、行政执法、纠纷调解和法律服务的过程成为向群众弘扬法治精神的过程。加强司法、行政执法案例整理编辑工作，推动相关部门面向社会公众建立司法、行政执法典型案例发布制度。落实“谁主管谁负责”的普法责任，各行业、各单位要在管理、服务过程中，结合行业特点和特定群体的法律需求，开展法治宣传教育。健全媒体公益普法制度，广播电视、报纸期刊、互联网和手机媒体等大众传媒要自觉履行普法责任，在重要版面、重要时段制作刊播普法公益广告，开设法治讲堂，针对社会热点和典型案（事）例开展及时权威的法律解读，积极引导社会法治风尚。各级党组织要坚持全面从严治党、依规治党，切实履行学习宣传党内法规的职责，把党内法规作为学习型党组织建设的重要内容，充分发挥正面典型倡导和反面案例警示作用，为党内法规的贯彻实施营造良好氛围。

（三）**推进法治宣传教育工作创新**。创新工作理念，坚持服务党和国家工作大局、服务人民群众生产生活，努力培育全社会法治信仰，增强法治宣传教育工作实效。针对受众心理，创新方式方法，坚持集中法治宣传教育与经常性法治宣传教育相结合，深化法律进机关、进乡村、进社区、进学校、进企业、进单位的“法律六进”主题活动，完善工作标准，建立长效机制。创新载体阵地，充分利用广场、公园等公共场所开展法治宣传教育，有条件的地方建设宪法法律教育中心。在政府机关、社会服务机构的服务大厅和服务窗口增加法治宣传教育功能。积极运用公共活动场所电子显示屏、服务窗口触摸屏、公交移动电视屏、手机屏等，推送法治宣传教育内容。充分运用互联网传播平台，加强新媒体新技术在普法中的运用，推进“互联网＋法治宣传”行动。开展新媒体普法益民服务，组织新闻网络开展普法宣传，更好地运用微信、微博、微电影、客户端开展普法活动。加强普法网站和普法网络集群建设，建设法治宣传教育云平台，实现法治宣传教育公共数据资源开放和共享。适应我国对外开放新格局，加强对外法治宣传工作。

五、组织领导

（一）**切实加强领导**。各级党委和政府要把法治宣传教育纳入当地经济社会发展规划，定期听取法治宣传教育工作情况汇报，及时研究解决工作中的重大问题，把法治宣传教育纳入综合绩效考核、综治考核和文明创建考核内容。各级人大要加强对法治宣传教育工作的日常监督和专项检查。健全完善党委领导、人大监督、政府实施的法治宣传教育工作领导体制，加强各级法治宣传教育工作组织机构建设。高度重视基层法治宣传教育队伍建设，切实解决人员配备、基本待遇、工作条件等方面的实际问题。

（二）**加强工作指导**。各级法治宣传教育领导小组每年要将法治宣传教育工作情况向党委（党组）报告，并报上级法治宣传教育工作领导小组。加强沟通协调，充分调动各相关部门的积极性，发挥各自优势，形成推进法治宣传教育工作创新发展的合力。结合各地区各部门工作实际，分析不同地区、不同对象的法律需求，区别对待、分类指导，不断增强法治宣传教育的针对性。坚持问题导向，深入基层、深入群众调查研究，积极解决问题，努力推进工作。认真总结推广各地区各部门开展法治宣传教育的好经验、好做法，充分发挥先进典型的示范和带动作用，推进法治宣传教育不断深入。

（三）**加强经费保障**。各地区要把法治宣传教育相关工作经费纳入本级财政预算，切实予以保障，并建立动态调整机制。把法治宣传教育列入政府购买服务指导性目录。积极利用社会资金开展法治宣传教育。

中国人民解放军和中国人民武装警察部队的第七个五年法治宣传教育工作，参照本规划进行安排部署。

全国人民代表大会常务委员会
关于开展第七个五年法治宣传教育的决议

（2016年4月28日第十二届全国人民代表大会常务委员会第二十次会议通过）

2011年至2015年，我国法制宣传教育第六个五年规划顺利实施，法治宣传教育在服务经济社会发展、维护社会和谐稳定、建设社会主义法治国家中发挥了重要作用。为深入学习宣传习近平总书记关于全面依法治国的重要论述，全面推进依法治国，顺利实施“十三五”规划，全面建成小康社会，推动全体公民自觉尊法学法守法用法，推进国家治理体系和治理能力现代化建设，从2016年至2020年在全体公民中开展第七个五年法治宣传教育，十分必要。通过开展第七个五年法治宣传教育，使全社会法治观念明显增强，法治思维和依法办事能力明显提高，形成崇尚法治的社会氛围。特作决议如下：

一、突出学习宣传宪法。坚持把学习宣传宪法摆在首要位置，在全社会普遍开展宪法宣传教育，重点学习宣传宪法确立的我国的国体、政体、基本政治制度、基本经济制度、公民的基本权利和义务等内容，弘扬宪法精神，树立宪法权威。实行宪法宣誓制度，组织国家工作人员在宪法宣誓前专题学习宪法。组织开展“12·4”国家宪法日集中宣传活动，教育引导一切组织和个人以宪法为根本活动准则。

二、深入学习宣传国家基本法律。坚持把学习宣传宪法相关法、民法商法、行政法、经济法、社会法、刑法、诉讼与非诉讼程序法等法律法规的基本知识，作为法治宣传教育的基本任务，结合学习贯彻创新、协调、绿色、开放、共享发展理念，加强对相关法律法规的宣传教育。在全社会树立宪法法律至上、法律面前人人平等、权由法定、权依法使等基本法治理念。

三、推动全民学法守法用法。一切有接受教育能力的公民都要接受法治宣传教育。坚持把全民普法和守法作为依法治国的长期基础性工作，加强农村和少数民族地区法治宣传教育，以群众喜闻乐见、易于接受的方式开展法治宣传教育，引导公民努力学法、自觉守法、遇事找法、解决问题靠法，增强全社会厉行法治的积极性、主动性和自觉性。大力弘扬法治精神，培育法治理念，树立法治意识，共同维护法律的权威和尊严。

四、坚持国家工作人员带头学法守法用法。坚持把各级领导干部带头学法、模范守法、严格执法作为全社会树立法治意识的关键。健全国家工作人员学法用法制度，将法治教育纳入干部教育培训总体规划。坚持把依法办事作为检验国家工作人员学法用法的重要标准，健全重大决策合法性审查机制，推行政府法律顾问制度，推动行政机关依法行政，促进司法机关公正司法。坚持把尊法学法守法用法情况作为考核领导班子和领导干部的重要内容。

五、切实把法治教育纳入国民教育体系。坚持从青少年抓起，制定青少年法治教育大纲，设立法治知识课程，完善法治教材体系，强化学校、家庭、社会“三位一体”的青少年法治教育格局，加强青少年法治教育实践基地建设，增强青少年的法治观念。

六、推进社会主义法治文化建设。把法治文化建设纳入现代公共文化服务体系，繁荣法治文化作品创作推广，广泛开展群众性法治文化活动。大力弘扬社会主义核心价值观，推动法治教育与道德教育相结合，促进法律的规范作用和道德的教化作用相辅相成。健全公民和组织守法信用记录，建立和完善学法用法先进集体、先进个人宣传表彰制度。

七、推进多层次多领域依法治理。坚持法治宣传教育与法治实践相结合，把法律规定变成引领保障经济社会发展的基本规范。深化基层组织和部门、行业依法治理，深入开展法治城市、法治县（市、区）、民主法治示范村（社区）等法治创建活动，提高社会治理法治化水平。

八、推进法治宣传教育创新。遵循现代传播规律，推进法治宣传教育工作理念、方式方法、载体阵地和体制机制等创新。结合不同地区、不同时期、不同群体的特点和需求，分类实施法治宣传教育，提高法治宣传教育的针对性和实效性，力戒形式主义。充分发挥报刊、广播、电视和新媒体新技术等在普法中的作用，推进互联网＋法治宣传教育行动。建立法官、检察官、行政执法人员、律师等以案释法制度，充分运用典型案例，结合社会热点，开展生动直观的法治宣传教育。加强法治宣传教育志愿者队伍建设。深化法律进机关、进乡村、进社区、进学校、进企业、进单位等活动。

九、健全普法责任制。一切国家机关和武装力量、各政党和各人民团体、企业事业组织和其他社会组织都要高度重视法治宣传教育工作，按照“谁主管谁负责”的原则，认真履行普法责任。实行国家机关“谁执法谁普法”的普法责任制，建立普法责任清单制度。健全媒体公益普法制度，落实各类媒体的普法责任，在重要频道、重要版面、重要时段开展公益普法。把法治宣传教育纳入当地经济社会发展规划，进一步健全完善党委领导、人大监督、政府实施、部门各负其责、全社会共同参与的法治宣传教育工作体制机制。

十、加强组织实施和监督检查。各级人民政府要积极开展第七个五年法治宣传教育工作，强化工作保障，做好中期检查和终期评估，并向本级人民代表大会常务委员会报告。各级人民代表大会及其常务委员会要充分运用执法检查、听取和审议工作报告以及代表视察、专题调研等形式，加强对法治宣传教育工作的监督检查，保证本决议得到贯彻落实。

最新全国“七五”普法系列读物

总顾问：张苏军　　总主编：李林　陈甦　陈泽宪　莫纪宏

名　　称	规格	定价
全国“七五”普法统编教材（以案释法版，共25册）		
宪法知识党员干部读本（以案释法版）	16开	28
宪法知识中小学生读本（以案释法版）	16开	18
宪法知识公民读本（以案释法版）	16开	18
全面推进依法治国党员干部读本（以案释法版）	16开	28
领导干部法治思维和法治方式读本（以案释法版）	16开	28
党委(党组)理论学习中心组法治学习读本（以案释法版）	16开	38
领导干部学法用法读本（以案释法版）	16开	38
公务员学法用法读本（以案释法版）	16开	38
事业单位人员学法用法读本（以案释法版）	16开	38
企业经营管理人员学法用法读本（以案释法版）	16开	38
非公有制企业和商会学法用法读本（以案释法版）	16开	38
职工学法用法读本（以案释法版）	16开	28
农民工学法用法读本（以案释法版）	16开	24
社区居委会干部学法用法读本（以案释法版）	16开	28
社区居民学法用法读本（以案释法版）	16开	24
农村“两委”干部学法用法读本（以案释法版）	16开	32
农民学法用法读本（以案释法版）	16开	24
公民学法用法读本（以案释法版）	16开	28
青少年法治教育（以案释法小学版）	16开	12
青少年法治教育（以案释法初中版）	16开	15
青少年法治教育（以案释法高中版）	16开	18
教职工法治教育读本（以案释法版）	16开	38
“大众创业万众创新”法律知识读本（以案释法版）	16开	28
“一带一路”法律知识读本（以案释法版）	16开	28
党内法规学习宣传读本（以案释法版）	16开	28
新时期法治宣传教育工作丛书（共30册）		
新时期法治宣传教育立法	16开	48
新时期县市区和乡镇法治宣传教育	16开	48
新时期网络和新媒体法治宣传教育	16开	48
新时期法治城市和法治县(市、区)创建	16开	48
新时期法治文化和法治阵地建设	16开	48
新时期“谁执法谁普法”和“以案释法”工作	16开	38

新时期媒体公益法治宣传教育	16开	48
新时期“法律六进”活动	16开	38
新时期行业(部门)法治宣传教育	16开	48
新时期机关（单位）法治宣传教育	16开	38
新时期农村法治宣传教育	16开	38
新时期社区法治宣传教育	16开	38
新时期青少年(学校)法治宣传教育	16开	48
新时期企业法治宣传教育	16开	38
新时期公民法治宣传教育	16开	28
新时期特殊场所法治宣传教育	16开	28
新时期“12·4”国家宪法日暨法制宣传日宣传教育	16开	38
新时期法治政府建设和政府法律顾问工作	16开	48
新时期领导干部公务员法治宣传教育	16开	38
新时期事业单位人员国企经营管理人员法治宣传教育	16开	38
新时期协会商会民营企业个体工商户法治宣传教育	16开	38
新时期流动人口农民工新市民法治宣传教育	16开	28
新时期特殊人群法治宣传教育	16开	28
新时期法治社会建设和全民守法工作	16开	38
新时期普法骨干培训教材	16开	48
新时期普法讲师团成员培训教材	16开	38
新时期法制副校长培训教材	16开	38
新时期村(居)委法制副主任一村(居)一法律顾问培训教材	16开	10
新时期普法志愿者培训教材	16开	10
新时期法律明白人培训教材	16开	10
“谁执法谁普法”系列丛书（以案释法版，共70册）		
审判法律知识读本（以案释法版）	16开	28
检察法律知识读本（以案释法版）	16开	28
监察法律知识读本（以案释法版）	16开	28
政府法制法律知识读本（以案释法版）	16开	28
保密法律知识读本（以案释法版）	16开	28
档案法律知识读本（以案释法版）	16开	28
信访法律知识读本（以案释法版）	16开	28
国防法律知识读本（以案释法版）	16开	28
发展改革法律知识读本（以案释法版）	16开	28
粮食法律知识读本（以案释法版）	16开	28
能源法律知识读本（以案释法版）	16开	28
教育法律知识读本（以案释法版）	16开	28
体育法律知识读本（以案释法版）	16开	28
科技法律知识读本（以案释法版）	16开	28
工业和信息化法律知识读本（以案释法版）	16开	28
烟草法律知识读本（以案释法版）	16开	28

国防科工法律知识读本（以案释法版）	16开	28
民族法律知识读本（以案释法版）	16开	28
宗教法律知识读本（以案释法版）	16开	28
公安法律知识读本（以案释法版）	16开	28
国家安全法律知识读本（以案释法版）	16开	28
民政法律知识读本（以案释法版）	16开	28
司法行政法律知识读本（以案释法版）	16开	28
财政法律知识读本（以案释法版）	16开	28
审计法律知识读本（以案释法版）	16开	28
人力资源和社会保障法律知识读本（以案释法版）	16开	28
编制法律知识读本（以案释法版）	16开	28
国土管理法律知识读本（以案释法版）	16开	28
海洋法律知识读本（以案释法版）	16开	28
环保法律知识读本（以案释法版）	16开	28
住房和城乡建设法律知识读本（以案释法版）	16开	28
交通法律知识读本（以案释法版）	16开	28
铁路法律知识读本（以案释法版）	16开	28
民航法律知识读本（以案释法版）	16开	28
邮政法律知识读本（以案释法版）	16开	28
商务法律知识读本（以案释法版）	16开	28
农业法律知识读本（以案释法版）	16开	28
林业法律知识读本（以案释法版）	16开	28
水利法律知识读本（以案释法版）	16开	28
文化法律知识读本（以案释法版）	16开	28
文物法律知识读本（以案释法版）	16开	28
新闻出版广电法律知识读本（以案释法版）	16开	28
卫生法律知识读本（以案释法版）	16开	28
计划生育法律知识读本（以案释法版）	16开	28
中医药法律知识读本（以案释法版）	16开	28
人民银行法律知识读本（以案释法版）	16开	28
外汇管理法律知识读本（以案释法版）	16开	28
海关法律知识读本（以案释法版）	16开	28
国资管理法律知识读本（以案释法版）	16开	28
税务法律知识读本（以案释法版）	16开	28
工商行政管理法律知识读本（以案释法版）	16开	28
质量检验检疫法律知识读本（以案释法版）	16开	28
安全生产监督法律知识读本（以案释法版）	16开	28
食品药品监督法律知识读本（以案释法版）	16开	28
统计法律知识读本（以案释法版）	16开	28
知识产权法律知识读本（以案释法版）	16开	28
旅游法律知识读本（以案释法版）	16开	28

港澳台侨权益保护法律知识读本（以案释法版）	16开	28
地震法律知识读本（以案释法版）	16开	28
气象法律知识读本（以案释法版）	16开	28
银行业监督管理法律知识读本（以案释法版）	16开	28
证券监督管理法律知识读本（以案释法版）	16开	28
保险监督管理法律知识读本（以案释法版）	16开	28
供销合作社法律知识读本（以案释法版）	16开	28
工会法律知识读本（以案释法版）	16开	28
共青团法律知识读本（以案释法版）	16开	28
妇联法律知识读本（以案释法版）	16开	28
文联作协法律知识读本（以案释法版）	16开	28
残联法律知识读本（以案释法版）	16开	28
红十字会法律知识读本（以案释法版）	16开	28
“谁执法谁普法”系列宣传册（漫画故事版，共70册）		
审判普法宣传册（漫画故事版）	大32	8
检察普法宣传册（漫画故事版）	大32	8
监察普法宣传册（漫画故事版）	大32	8
政府法制普法宣传册（漫画故事版）	大32	8
保密普法宣传册（漫画故事版）	大32	8
档案普法宣传册（漫画故事版）	大32	8
信访普法宣传册（漫画故事版）	大32	8
国防普法宣传册（漫画故事版）	大32	8
发展改革普法宣传册（漫画故事版）	大32	8
粮食普法宣传册（漫画故事版）	大32	8
能源普法宣传册（漫画故事版）	大32	8
教育普法宣传册（漫画故事版）	大32	8
体育普法宣传册（漫画故事版）	大32	8
科技普法宣传册（漫画故事版）	大32	8
工业和信息化普法宣传册（漫画故事版）	大32	8
烟草普法宣传册（漫画故事版）	大32	8
国防科工法律知识读本（以案释法版	大32	8
民族普法宣传册（漫画故事版）	大32	8
宗教普法宣传册（漫画故事版）	大32	8
公安普法宣传册（漫画故事版）	大32	8
国家安全普法宣传册（漫画故事版）	大32	8
民政普法宣传册（漫画故事版）	大32	8
司法行政普法宣传册（漫画故事版）	大32	8
财政普法宣传册（漫画故事版）	大32	8
审计普法宣传册（漫画故事版）	大32	8
人力资源和社会保障普法宣传册（漫画故事版）	大32	8
编制普法宣传册（漫画故事版）	大32	8

国土管理普法宣传册（漫画故事版）	大 32	8
海洋普法宣传册（漫画故事版）	大 32	8
环保普法宣传册（漫画故事版）	大 32	8
住房和城乡建设普法宣传册（漫画故事版）	大 32	8
交通普法宣传册（漫画故事版）	大 32	8
铁路普法宣传册（漫画故事版）	大 32	8
民航普法宣传册（漫画故事版）	大 32	8
邮政普法宣传册（漫画故事版）	大 32	8
商务普法宣传册（漫画故事版）	大 32	8
农业普法宣传册（漫画故事版）	大 32	8
林业普法宣传册（漫画故事版）	大 32	8
水利普法宣传册（漫画故事版）	大 32	8
文化普法宣传册（漫画故事版）	大 32	8
文物普法宣传册（漫画故事版）	大 32	8
新闻出版广电普法宣传册（漫画故事版）	大 32	8
卫生普法宣传册（漫画故事版）	大 32	8
计划生育普法宣传册（漫画故事版）	大 32	8
中医药普法宣传册（漫画故事版）	大 32	8
人民银行普法宣传册（漫画故事版）	大 32	8
外汇管理普法宣传册（漫画故事版）	大 32	8
海关普法宣传册（漫画故事版）	大 32	8
国资管理普法宣传册（漫画故事版）	大 32	8
税务普法宣传册（漫画故事版）	大 32	8
工商行政管理普法宣传册（漫画故事版）	大 32	8
质量检验检疫普法宣传册（漫画故事版）	大 32	8
安全生产监督普法宣传册（漫画故事版）	大 32	8
食品药品监督普法宣传册（漫画故事版）	大 32	8
统计普法宣传册（漫画故事版）	大 32	8
知识产权普法宣传册（漫画故事版）	大 32	8
旅游普法宣传册（漫画故事版）	大 32	8
港澳台侨权益保护普法宣传册（漫画故事版）	大 32	8
地震普法宣传册（漫画故事版）	大 32	8
气象普法宣传册（漫画故事版）	大 32	8
银行业监督管理普法宣传册（漫画故事版）	大 32	8
证券监督管理普法宣传册（漫画故事版）	大 32	8
保险监督管理普法宣传册（漫画故事版）	大 32	8
供销合作社普法宣传册（漫画故事版）	大 32	8
工会普法宣传册（漫画故事版）	大 32	8
共青团普法宣传册（漫画故事版）	大 32	8
妇联普法宣传册（漫画故事版）	大 32	8
文联作协普法宣传册（漫画故事版）	大 32	8

残联普法宣传册（漫画故事版）	大 32	8
红十字会普法宣传册（漫画故事版）	大 32	8
青少年《法治教育》系列教材（法治实践版，共 30 册）		
法治教育（法治实践版·小学一年级注音版上）	16 开	6.8
法治教育（法治实践版·小学一年级注音版下）	16 开	6.8
法治教育（法治实践版·小学二年级注音版上）	16 开	6.8
法治教育（法治实践版·小学二年级注音版下）	16 开	6.8
法治教育（法治实践版·小学三年级上）	16 开	8.8
法治教育（法治实践版·小学三年级下）	16 开	8.8
法治教育（法治实践版·小学四年级上）	16 开	8.8
法治教育（法治实践版·小学四年级下）	16 开	8.8
法治教育（法治实践版·小学五年级上）	16 开	8.8
法治教育（法治实践版·小学五年级下）	16 开	8.8
法治教育（法治实践版·小学六年级上）	16 开	8.8
法治教育（法治实践版·小学六年级下）	16 开	8.8
法治教育（法治实践版·初中一年级上）	16 开	10.8
法治教育（法治实践版·初中一年级下）	16 开	10.8
法治教育（法治实践版·初中二年级上）	16 开	10.8
法治教育（法治实践版·初中二年级下）	16 开	10.8
法治教育（法治实践版·初中三年级上）	16 开	10.8
法治教育（法治实践版·初中三年级下）	16 开	10.8
法治教育（法治实践版·高中一年级上）	16 开	12.8
法治教育（法治实践版·高中一年级下）	16 开	12.8
法治教育（法治实践版·高中二年级上）	16 开	12.8
法治教育（法治实践版·高中二年级下）	16 开	12.8
法治教育（法治实践版·高中三年级上）	16 开	12.8
法治教育（法治实践版·高中三年级下）	16 开	12.8
法治教育（法治实践版·中职中专一年级）	16 开	14.8
法治教育（法治实践版·中职中专二年级）	16 开	14.8
法治教育（法治实践版·中职中专三年级）	16 开	14.8
法治教育（法治实践版·大学一年级）	16 开	19.8
法治教育（法治实践版·大学二年级）	16 开	19.8
法治教育（法治实践版·大学三年级）	16 开	19.8
“七五”普法书架—“以案释法”丛书 （共 60 册）	16 开	2160
《公民权益保护法律指南》丛书（10 册/套）	16 开	360
公民权利义务法律指南（以案释法版）	16 开	（量大时外包装纸盒上可署名**编印或**捐赠，订 60
未成年人权益保护法律指南（以案释法版）	16 开	
妇女权益保护法律指南（以案释法版）	16 开	
老年人权益保护法律指南（以案释法版）	16 开	
务工人员权益保护法律指南（以案释法版）	16 开	
军人权益保护法律指南（以案释法版）	16 开	

消费者维权法律指南（以案释法版）	16开	
征地拆迁维权法律指南（以案释法版）	16开	
监狱罪犯维权法律指南（以案释法版）	16开	
国家赔偿法律指南（以案释法版）	16开	
《大众创业风险防范法律指导》丛书（10册/套）	16开	360（量大时外包装纸盒上可署名**编印或**捐赠，订60册全套增书架一幅）
合同纠纷防范法律指导（以案释法版）	16开	
民间借贷纠纷防范法律指导（以案释法版）	16开	
合伙纠纷防范法律指导（以案释法版）	16开	
公司设立与股权纠纷防范法律指导（以案释法版）	16开	
企业税收风险防范法律指导（以案释法版）	16开	
抵押担保纠纷防范法律指导（以案释法版）	16开	
商标、专利纠纷防范法律指导（以案释法版）	16开	
票据存单纠纷防范法律指导（以案释法版）	16开	
委托理财纠纷防范法律指导（以案释法版）	16开	
企业改制与破产清算纠纷防范法律指导（以案释法版）	16开	
《一生中要远离这些违法犯罪》丛书（10册/套）	16开	360（量大时外包装纸盒上可署名**编印或**捐赠，订60册全套增书架一幅）
什么是违法（以案释法版）	16开	
什么是犯罪（以案释法版）	16开	
哪些行为构成危害公共安全罪（以案释法版）	16开	
哪些行为构成破坏社会主义市场经济秩序罪（以案释法版）	16开	
哪些行为构成侵犯公民人身权利、民主权利罪（以案释法版）	16开	
哪些行为构成侵犯财产罪（以案释法版）	16开	
哪些行为构成妨害社会管理秩序罪（以案释法版）	16开	
哪些行为构成贪污贿赂罪（以案释法版）	16开	
哪些行为构成渎职罪（以案释法版）	16开	
违法犯罪后如何辩护代理（以案释法版）	16开	
《民事纠纷法律适用指南》丛书（10册/套）	16开	360（量大时外包装纸盒上可署名**编印或**捐赠，订60册全套增书架一幅）
人身伤害赔偿纠纷法律适用指南（以案释法版）	16开	
医疗事故赔偿纠纷法律适用指南（以案释法版）	16开	
环境污染赔偿纠纷法律适用指南（以案释法版）	16开	
工伤赔偿与劳动合同纠纷法律适用指南（以案释法版）	16开	
交通事故赔偿纠纷法律适用指南（以案释法版）	16开	
婚姻家庭纠纷法律适用指南（以案释法版）	16开	
收养、抚养、赡养与继承纠纷法律适用指南（以案释法版）	16开	
房屋纠纷法律适用指南（以案释法版）	16开	
宅基地与土地承包纠纷法律适用指南（以案释法版）	16开	
民事证据与民事诉讼法律适用指南（以案释法版）	16开	
《“法治创建”法律适用指导》丛书（10册/套）	16开	360（量大时外包装纸盒上可署
安全生产法律适用指导（以案释法版）	16开	
食品安全法律适用指导（以案释法版）	16开	
道路交通安全法律适用指导（以案释法版）	16开	

工程建设质量与安全法律适用指导（以案释法版）	16开	
环境污染赔偿法律适用指导（以案释法版）	16开	
治安管理法律适用指导（以案释法版）	16开	
村民自治法律适用指导（以案释法版）	16开	
农村治安法律适用指导（以案释法版）	16开	
社区矫正法律适用指导（以案释法版）	16开	
人民调解法律适用指导（以案释法版）	16开	
《阳光执法适用指导》丛书（10册/套）	16开	360（量大时外包装纸盒上可署名**编印或**捐赠，订60册全套增书架一幅）
公安执法监督适用指导（以案释法版）	16开	
环保执法监督适用指导（以案释法版）	16开	
食药品监督管理适用指导（以案释法版）	16开	
安全生产监督管理适用指导（以案释法版）	16开	
行政处罚适用指导（以案释法版）	16开	
行政复议适用指导（以案释法版）	16开	
行政证据收集、举证、审查适用指导（以案释法版）	16开	
行政诉讼适用指导（以案释法版）	16开	
冤错案件的防范与纠正适用指导（以案释法版）	16开	
国家赔偿适用指导（以案释法版）	16开	
普法连续出版物《普法漫画》（合订本）	48辑	1440
全国普法办审定《普法漫画》月刊（1-12辑）	12辑	360
全国普法办审定《普法漫画》月刊（13-24辑）	12辑	360
全国普法办审定《普法漫画》月刊（25-36辑）	12辑	360
全国普法办审定《普法漫画》月刊（37-48辑）	12辑	360
普法连续出版物《普法音像》（合订本）	48辑	19200
全国普法办监制《普法音像》月刊（1-12辑）	12辑	4800
全国普法办监制《普法音像》月刊（13-24辑）	12辑	4800
全国普法办监制《普法音像》月刊（25-36辑）	12辑	4800
全国普法办监制《普法音像》月刊（37-48辑）	12辑	4800
普法连续出版物《普法挂图》（合订本）	48辑	960
《普法挂图》月刊（1-12辑）	24张	240
《普法挂图》月刊（13-24辑）	24张	240
《普法挂图》月刊（25-36辑）	24张	240
《普法挂图》月刊（37-48辑）	24张	240
“七五”普法挂图系列（45种）		
《中华人民共和国国家安全法》挂图	2张	20
《中华人民共和国食品安全法(修订版)》挂图	2张	20
《中华人民共和国广告法》挂图	2张	20
《中华人民共和国立法法》挂图	2张	20
《中华人民共和国行政许可法》挂图	2张	20
《中华人民共和国行政复议法》挂图	2张	20
《中华人民共和国行政处罚法》挂图	2张	20

《中华人民共和国社会救助暂行办法》挂图	2 张	20
《中华人民共和国水污染防治法》挂图	2 张	20
《中华人民共和国药品管理法》挂图	2 张	20
《工伤保险条例》挂图	2 张	20
《不动产登记暂行条例》挂图	2 张	20
《中华人民共和国社会保险法》挂图	2 张	20
《中华人民共和国突发事件应对法》挂图	2 张	20
《中华人民共和国劳动合同法》挂图	2 张	20
《中华人民共和国土地管理法》挂图	2 张	20
《中华人民共和国禁毒法》挂图	2 张	20
《中华人民共和国刑事诉讼法》挂图	2 张	20
《校车安全管理条例》挂图	2 张	20
《中华人民共和国道路交通安全法》挂图	2 张	20
《中华人民共和国民事诉讼法》(修正案)挂图	2 张	20
《中华人民共和国老年人权益保障法》挂图	2 张	20
《中华人民共和国预防未成年人犯罪法》挂图	2 张	20
《国有土地上房屋征收与补偿条例》挂图	2 张	20
《中华人民共和国物权法》挂图	2 张	20
《中华人民共和国治安管理处罚法》挂图	2 张	20
《中华人民共和国教师法》挂图	2 张	20
《中华人民共和国劳动法》挂图	2 张	20
《中华人民共和国农业法》挂图	2 张	20
《中华人民共和国旅游法》挂图	2 张	20
《中华人民共和国消费者权益保障法》挂图	2 张	20
《中华人民共和国职业病防治法》挂图	2 张	20
《中华人民共和国村民委员会组织法》挂图	2 张	20
《社区矫正实施办法》挂图	2 张	20
《信访条例》挂图	2 张	20
《法律援助条例》挂图	2 张	20
《中华人民共和国环境保护法(修订版)》挂图	2 张	20
《中华人民共和国劳动争议调解仲裁法》挂图	2 张	20
《中华人民共和国侵权责任法》挂图	2 张	20
《中华人民共和国国家赔偿法》挂图	2 张	20
《中华人民共和国安全生产法(修订版)》挂图	2 张	20
《中华人民共和国教育法》挂图	2 张	20
《中华人民共和国著作权法》挂图	2 张	20
《中华人民共和国人民调解法》挂图	4 张	30
《中华人民共和国反家庭暴力法》挂图	2 张	20
“七五”普法·“法律六进”系列普法挂图	72 张	720
《法律进农村》系列普法挂图	12 张	120
《法律进社区》系列普法挂图	12 张	120

《法律进学校》系列普法挂图	12张	120
《法律进企业》系列普法挂图	12张	120
《法律进单位》系列普法挂图	12张	120
《法律进机关》系列普法挂图	12张	120
“七五”普法·新时期法治宣传教育微讲座		
《立法法修正解读与立法实务操作》高端讲座	12DVD	1800
《行政执法能力提升培训》高端讲座	12DVD	2900
《宪法知识微讲座100讲》	10DVD	980
《法治思维100例》(领导干部、公务员、事业、国企、村居)	10DVD	1980
《公职人员法律和廉政风险防范讲座·领导干部篇》	2DVD	396
《公职人员法律和廉政风险防范讲座·公务员篇》	2DVD	396
《公职人员法律和廉政风险防范讲座·事业单位人民团体篇》	2DVD	396
《公职人员法律和廉政风险防范讲座·国企经营管理人员篇》	2DVD	396
《公职人员法律和廉政风险防范讲座·基层村(居)干部篇》	2DVD	396
《开心普法——校园篇》电视情景短剧30集	10DVD	1800
“七五”普法·法学名家讲座系列(75讲)		
《全面推进依法治国基本方略》(中国社科院莫纪宏)	2DVD	200
《宪法的价值和我国宪法的实施》(中国社科院陈云生)	2DVD	200
《坚持依法行政建设法治政府》(国家行政学院杨伟东)	1DVD	100
《行政许可法讲座》(国家行政学院杨伟东)	1DVD	100
《行政处罚法讲座》(中国政法大学解志勇)	1DVD	100
《行政复议法讲座》(国家行政学院杨伟东)	1DVD	100
《行政强制法讲座》(全国人大法工委李援)	2DVD	200
《行政诉讼法(修订)讲座》(首都经贸大兰燕卓)	2DVD	200
《国家赔偿法讲座》(中国政法大学解志勇)	1DVD	100
《突发事件应对法讲座》(中国政法大学王敬波)	2DVD	200
《公共应急体制和应急预案体系》(中国政法大学林鸿潮)	1DVD	100
《义务教育法》讲座(中国劳动学院宋艳慧)	1DVD	100
《未成年人保护法》讲座(北京外国语大学姚金菊)	1DVD	100
《校车安全管理条例》讲座(中国政法大学王敬波)	1DVD	100
《预防未成年人犯罪法》讲座(中国政法大学皮艺军)	1DVD	100
《中小学幼儿园安全管理办法》讲座(中国政法大学王敬波)	1DVD	100
《未成年人保护法》讲座(中国政法大学皮艺军)	1DVD	100
《中小学公共安全教育指导纲要》讲座(中国政法大学王敬波)	1DVD	100
《教师法》讲座(北京外国语大学姚金菊)	1DVD	100
《学生伤害事故处理办法》讲座(中国政法大学王敬波)	1DVD	100
《消防法》讲座(中国劳动学院颜峻)	1DVD	100
《治安管处罚法》讲座(中国公安大学陈天本)	1DVD	100
《禁毒法》讲座(国家禁毒委领导专家)	4DVD	400
《侵权责任法》讲座(中国人民大学邢海宝)	2DVD	200
《精神卫生法》讲座(北京大学医学部刘瑞爽)	1DVD	100

《全国人民代表大会和地方各级人民代表大会代表法》（莫纪	2DVD	200
《村民委员会组织法》讲座(民政部基层司汤晋苏)	1DVD	100
《保守国家秘密法(修订)》讲座(全国人大法工委孙镇平)	1DVD	100
《出境入境管理法》讲座(北京理工大学刘国福)	2DVD	200
《物权法》讲座(中国社科院法学所渠涛)	2DVD	200
《公司法(修订)》讲座(中国人民大学贾林青)	2DVD	200
《合伙企业法》讲座(中国社科院法学所崔勤之)	2DVD	200
《消费者权益保护法》讲座(中国人民大学刘俊海)	2DVD	200
《商标法》讲座(中国政法大学冯晓青)	2DVD	200
《著作权法》讲座(中国政法大学杨利华)	2DVD	200
《专利法》讲座(中国政法大学陈丽苹)	1DVD	100
《信息网络传播权的保护》(中国政法大学冯晓青)	2DVD	200
《非物质文化遗产法》讲座(全国人大法工委李文阁)	1DVD	100
《税收征收管理法实施细则》讲座(北京大学翟继光)	2DVD	200
《征信业管理条例》讲座(中国人民大学刘俊海)	2DVD	200
《安全生产法》讲座(国务院发展研究中心常纪文)	2DVD	200
《药品管理法》讲座(南开大学宋华琳)	1DVD	100
《食品安全法与食品安全法制建设》讲座(全国人大李援)	1DVD	100
《环境保护法》讲座(国务院发展研究中心常纪文)	1DVD	100
《节约能源法》讲座(首都经贸大学高桂林)	1DVD	100
《清洁生产促进法》讲座(中国青年政治学院刘映春)	1DVD	100
《循环经济促进法》讲座(中国人民大学周珂)	1DVD	100
《水环境与水资源法律制度》讲座(中国人民大学周珂)	1DVD	100
《水土保持法》讲座(中国人民大学周珂)	1DVD	100
《渔业法》讲座(国务院发展研究中心常纪文)	1DVD	100
《土地管理法》讲座(北京立天律师事务所张捷)	1DVD	100
《国有土地上房屋征收与补偿条例》讲座(最高法院原法官王	3DVD	300
《城市房地产管理法》讲座(中国政法大学符启林)	2DVD	200
《物业管理条例》讲座(中国政法大学薛克刚)	1DVD	100
《农村土地承包法》讲座(中国社科院法学所刘海波)	1DVD	100
《农村土地承包经营纠纷调解仲裁法》讲座(社科院法学所刘	1DVD	100
《旅游法》讲座(对外经贸大学苏号朋)	2DVD	200
《保险法》讲座(对外经贸大学李青武)	1DVD	100
《交强险条例》讲座(中国人民大学贾林青)	2DVD	200
《劳动合同法》讲座(北京市劳动仲裁委吴立华)	2DVD	200
《劳动争议调解仲裁法》讲座(北京市劳动仲裁委梁桂琴)	1DVD	100
《职业病防治法》讲座(中国劳动学院孟燕华)	1DVD	100
《社会保险法》讲座(人社部政策研究司李月田)	1DVD	100
《军人保险法》讲座(中国人民大学邢海宝)	1DVD	100
《婚姻法司法解释(三)》讲座(中国社科院法学所薛宁兰)	2DVD	200
《老年人权益保障法》讲座(河北经贸大学田宝会)	1DVD	100

《妇女权益保障法》讲座(河北经贸大学梁洪杰)	1DVD	100
《残疾人权益保障法》讲座(河北经贸大学梁洪杰)	1DVD	100
《刑法修正案(八)》讲座(中国政法大学阮齐林)	2DVD	200
《刑事诉讼法(修订)》讲座(中国社科院冀祥德)	2DVD	200
《民事诉讼法(修订)》讲座(中国政法大学肖建华)	2DVD	200
《刑事法律援助制度的发展和实施》(中国政法大学顾永忠)	2DVD	200
《人民调解法》讲座(中国人民大学范愉)	1DVD	100
《调解制度在司法实践中的运用》(国家法官学院徐继军)	2DVD	200
《社区矫正的理论与实务》讲座(司法部预防犯罪所陈志海)	4DVD	400
行业普法讲座资源库(每张 DVD 单价 100)		
"法治政府"法学名家讲座库	16DVD	1600
"法治机关"法学名家讲座库	20DVD	2000
"法治校园"法学名家讲座库	19DVD	1900
"法治企业"法学名家讲座库	28DVD	2800
"法治农村"法学名家讲座库	38DVD	3800
"法治社区"法学名家讲座库	58DVD	5800
"法治公安"法学名家讲座库	30DVD	3000
"法治环保"法学名家讲座库	20DVD	2000
"法治社保"法学名家讲座库	29DVD	2900
"法治住建"法学名家讲座库	28DVD	2800
"法治国土"法学名家讲座库	27DVD	2700
"法治食药监"法学名家讲座库	21DVD	2100
行业法治动漫资源库(每个 40 秒，单价 4000，可编辑)		
"依法治国"法治动漫资源库	12 个	48000
"严格执法"法治动漫资源库	13 个	52000
"法治机关"法治动漫资源库	10 个	40000
"法治企业"法治动漫资源库	33 个	132000
"法治校园"法治动漫资源库	28 个	112000
"法治农村"法治动漫资源库	128 个	512000
"法治社区"法治动漫资源库	149 个	596000
"法治人社"法治动漫资源库	49 个	196000
"法治公安"法治动漫资源库	40 个	160000
"法治住建"法治动漫资源库	27 个	108000
"法治环保"法治动漫资源库	20 个	80000
"法治教育"法治动漫资源库	21 个	84000
"法治工商"法治动漫资源库	14 个	56000
"法治国土"法治动漫资源库	12 个	48000
"法治卫计"法治动漫资源库	9 个	36000
"法治安监"法治动漫资源库	9 个	36000
"法治质监"法治动漫资源库	6 个	24000
"法治金融"法治动漫资源库	5 个	20000

“交通安全”法治动漫资源库	16 个	64000
“公民权力”法治动漫资源库	9 个	36000
“婚姻家庭”法治动漫资源库	12 个	48000
“知识产权”法治动漫资源库	9 个	36000
“社区矫正”法治动漫资源库	9 个	36000
“农村土地保护”法治动漫资源库	8 个	32000
“突发事件应对”法治动漫资源库	8 个	32000
“法治民政”法治动漫资源库	4 个	16000
“法治国防”法治动漫资源库	4 个	16000
“法治林业”法治动漫资源库	3 个	12000
“法治税收”法治动漫资源库	3 个	12000
行业法治展板/橱窗（每块单价 1000，可自行署名印制）		
“依法行政”展板/橱窗	6 块	6000
“公正司法”展板/橱窗	8 块	8000
“法治机关”展板/橱窗	20 块	20000
“法治企业”展板/橱窗	27 块	27000
“法治校园”展板/橱窗	47 块	47000
“法治农村”展板/橱窗	57 块	57000
“法治社区”展板/橱窗	57 块	57000
“法治国防”展板/橱窗	42 块	42000
“法治公安”展板/橱窗	23 块	23000
“法治监察”展板/橱窗	6 块	6000
“法治司法行政”展板/橱窗	9 块	9000
“法治民政”展板/橱窗	22 块	22000
“法治教育”展板/橱窗	44 块	44000
“法治体育”展板/橱窗	3 块	3000
“法治人社”展板/橱窗	18 块	18000
“法治卫计”展板/橱窗	10 块	10000
“法治国土”展板/橱窗	13 块	13000
“法治住建”展板/橱窗	14 块	14000
“法治环保”展板/橱窗	8 块	8000
“法治工商”展板/橱窗	22 块	22000
“法治安监”展板/橱窗	8 块	8000
“法治质监”展板/橱窗	10 块	10000
“法治食药监”展板/橱窗	4 块	4000
“法治金融”展板/橱窗	9 块	9000
“法治税收”展板/橱窗	8 块	8000
“法治财政国资”展板/橱窗	5 块	5000
“法治商务”展板/橱窗	5 块	5000
“法治交通”展板/橱窗	6 块	6000
“法治农业”展板/橱窗	19 块	19000

“法治畜牧”展板/橱窗	8 块	8000
“法治林业”展板/橱窗	4 块	4000
“法治渔业”展板/橱窗	3 块	3000
“法治文广”展板/橱窗	9 块	9000
“法治知识产权”展板/橱窗	5 块	5000
“法治旅游”展板/橱窗	2 块	2000
“法治物价”展板/橱窗	2 块	2000
“法治气象”展板/橱窗	3 块	3000
“法治煤炭”展板/橱窗	3 块	3000
“法治保密”展板/橱窗	2 块	2000
“法治信访”展板/橱窗	2 块	2000
“法治残联”展板/橱窗	2 块	2000
“七五”普法《学法笔记本》(电子版，可自行署名印制)		
“七五”普法《学法笔记本》(综合，电子版)	32 开	10000
“七五”普法《学法笔记本》(领导干部，电子版)	32 开	10000
“七五”普法《学法笔记本》(公务员，电子版)	32 开	10000
“七五”普法《学法笔记本》(企事业管理人员，电子版)	32 开	10000
“七五”普法《学法笔记本》(街道社区干部，电子版)	32 开	10000
“七五”普法《学法笔记本》(乡镇农村两委干部，电子版)	32 开	10000
“七五”普法《学法笔记本》(教育教师，电子版)	32 开	10000
“七五”普法《学法笔记本》(医药卫生，电子版)	32 开	10000
“七五”普法《学法笔记本》(文化广电，电子版)	32 开	10000
“七五”普法《学法笔记本》(农林水，电子版)	32 开	10000
“七五”普法《学法笔记本》(工业和信息化，电子版)	32 开	10000
“七五”普法《学法笔记本》(民族宗教，电子版)	32 开	10000
“七五”普法《学法笔记本》(人力资源和社会保障，电子版)	32 开	10000
“七五”普法《学法笔记本》(金融，电子版)	32 开	10000
“七五”普法《学法笔记本》(财政审计，电子版)	32 开	10000
“七五”普法《学法笔记本》(税务，电子版)	32 开	10000
“七五”普法《学法笔记本》(住房和城乡建设，电子版)	32 开	10000
“七五”普法《学法笔记本》(交通运输，电子版)	32 开	10000
“七五”普法《学法笔记本》(铁道，电子版)	32 开	10000
“七五”普法《学法笔记本》(商业外贸，电子版)	32 开	10000
“七五”普法《学法笔记本》(人口计生，电子版)	32 开	10000
“七五”普法《学法笔记本》(纪检监察，电子版)	32 开	10000
“七五”普法《学法笔记本》(政法，电子版)	32 开	10000
“七五”普法《学法笔记本》(环境保护，电子版)	32 开	10000
“七五”普法《学法笔记本》(海关，电子版)	32 开	10000
“七五”普法《学法笔记本》(质量检验检疫，电子版)	32 开	10000
“七五”普法《学法笔记本》(安监，电子版)	32 开	10000
“七五”普法《学法笔记本》(国土管理，电子版)	32 开	10000

“七五”普法《学法笔记本》（工商行政管理，电子版）	32开	10000
“七五”普法扑克系列（更多行业普法扑克，可署名印制）		
《“七五”普法法律知识》普法扑克	54张	5
《劳动合同法》普法扑克	54张	5
《安全生产法》普法扑克	54张	5
《土地管理法》普法扑克	54张	5
《税收征管法》普法扑克	54张	5
《食品安全法》普法扑克	54张	5
《突发事件应对法》普法扑克	54张	5
《烟草专卖法》普法扑克	54张	5
“七五”普法《名家法治书法》		
“七五”普法《名家法治书法》（有关宪法宣传，含装裱）	1幅	20000
“七五”普法《名家法治书法》（有关廉政教育，含装裱）	1幅	20000
“七五”普法《名家法治书法》（有关法治县市区，含装裱）	1幅	20000
“七五”普法《名家法治书法》（有关法治政府，含装裱）	1幅	20000
“七五”普法《名家法治书法》（有关执法示范单位，含装裱）	1幅	20000
“七五”普法《名家法治书法》（有关和谐社区，含装裱）	1幅	20000
“七五”普法《名家法治书法》（有关法治平安校园，含装裱）	1幅	20000
“七五”普法《名家法治书法》（有关诚信守法企业，含装裱）	1幅	20000
“七五”普法《名家法治书法》（有关民主法治乡村，含装裱）	1幅	20000
“七五”普法·“宪法”宣传图书		
《宪法》宣誓·手持本（精装）	32开	28
《宪法》宣誓·手按本（精装）	32开	40
《宪法与我》宣传册（漫画案例版）	32开	5
《宪法》单行本（平装）	32开	4
《宪法》单行本（精装）	32开	16
《宪法》单行本（口袋书，简装，2000册起订）	64开	2
《中小学生“宪法晨读”本》（口袋书）	64开	5
《国家工作人员“我读宪法”本》（口袋书）	64开	5
“七五”普法·“宪法”广播电视和新媒体系列		
《宪法》宣传条幅(室外，每包10条，红底白字内容不同)	10条	2000
《宪法》宣传标语(社区、农村，每包10条，红底白字内容不同)	10条	30
《宪法》摘要广播(流动车大喇叭，著名播音员录制，23分钟)	23分钟	1000
《宪法》宣传电视专题片(电视台，多画面，播音员录制，26分钟)	26分钟	5000
《宪法讲座—著名宪法学家陈云生》（上下集120分钟，2DVD光盘）	2DVD	200
《宪法》宣传动漫公益广告（源文件，6分钟，9个可自主编辑）	9个	4000
《宪法与我》手机短信（生活中的宪法，50条）	50条	1000
《宪法与我》手机报(彩信版，漫画生活中的宪法，10条)	10条	1000
《宪法与我》手机微信（漫画生活中的宪法，10条）	10条	1000
“七五”普法·“宪法”单页挂图展板台日历系列		
《宪法》宣传单页（16开，铜版纸，双面彩印，5000起订）	16开	0.6

《宪法》宣传单页(电子版，16 开，正背彩印，漫画故事)	16 开	2000
《“宪法与我”宣传折页》(漫画故事 5 折 12 面彩印，5000 册起订)	5 折页	5000
《“宪法与我”宣传折页》(电子版，可自主印制署名，含若干漫画)	5 折页	5000
《宪法宣传挂图》(一套 6 张，铜版纸彩色印刷，100 套起订)	6 张	60
《宪法宣传挂图》(电子版，一套 6 张，可自主印刷署名)	6 张	6000
《宪法宣传展板》(易拉宝，含架，一套 6 块)	6 块	1200
《宪法宣传展板》(电子版，一套 6 张，可自主喷绘署名)	6 块	6000
宪法宣传年度桌历(大 32，13 张高档铜板彩印，500 册起订)	大 32	8
宪法宣传年度桌历(电子版，可自主印制署名，含若干漫画)	大 32	10000
宪法宣传年度周历(大 32，53 张高档铜板彩印，500 册起订)	大 32	20
宪法宣传年度周历(电子版，可自主印制署名，含若干漫画)	大 32	20000
宪法宣传年度年历(4 开 1 张，彩色高档印制，1000 册起订)	4 开	3
宪法宣传年度年历(电子版，可自主印刷署名)	4 开	5000
宪法宣传年度日历(365 页，手撕，72 开，5000 起订)	72 开	10
“七五”普法·“宪法”宣传办公和生活用品系列		
宪法宣传笔记本(皮革，精装，16 开，500 册起订)	16 开	20
宪法宣传笔记本(简装，2000 册起)	大 32	5
宪法宣传鼠标垫(常规，1000 个起订)	常规	3.5
宪法宣传纸杯(常规，2000 个起订)	常规	1
宪法宣传水写笔(常规，2000 支起订)	常规	3
宪法宣传书签(常规，10000 起订)	常规	0.5
宪法宣传茶具(普通青花瓷，1 套 7 件，即 1 壶 6 杯，现货)	7 件	160
宪法宣传茶具(优质骨瓷，1 套 11 件，现货)	11 件	360
宪法宣传茶杯(青花牡丹图，高档优质骨瓷带盖、每箱 10 杯，现货)	10 杯	420
宪法宣传茶杯(墨竹图，普通陶瓷带盖、每箱 10 杯，现货)	10 杯	190
宪法宣传笔筒(红瓷，1 个，现货)	1 个	198
宪法宣传扑克牌(72 开，高档印制，1000 起订)	72 开	5
宪法宣传扑克牌(漫画+条文，电子版，可自主署名)	72 开	10000
宪法宣传手提袋(无纺布，30cm×40cm×8cm，1000 个起订)	无纺布	3
宪法宣传围裙(防水布，长 80×宽 65cm，1000 个起订)	防水布	8
宪法宣传围裙(优质型/韩版，77×67×23cm，1000 个起)	常规	15
宪法宣传毛巾(常规，1000 个起订)	全棉	10
宪法宣传太阳伞(名牌杭州天堂伞、7-8 片，500 个起订)	7-8 片	28
宪法宣传晴雨伞(广告品牌伞、7 片-8 片、500 个起订)	7-8 片	20
宪法宣传太阳帽(常规，1000 个起订)	夏	10